Kurt Eberlein

Caspar David Friedrich

Bekenntnisse

DOGMA

Kurt Eberlein

Caspar David Friedrich

Bekenntnisse

ISBN/EAN: 9783955079819

Auflage: 1

Erscheinungsjahr: 2013

Erscheinungsort: Bremen, Deutschland

Caspar David Friedrich

Bekenntnisse

Ausgewählt und
herausgegeben von

Kurt Karl Eberlein

MCMXXIV

Klinkhardt & Biermann / Verlag / Leipzig

Andreas Aubert

dem Wiederentdecker Caspar David Friedrichs
zum Gedächtnis

1

Inhalt

★

Vorwort

Wer den Strom verstehen will, muß zu seinen Quellen zurücksuchen. Wir lassen deshalb den Künstler selbst, seine Freunde und Zeitgenossen wieder zu Wort kommen und glauben mit diesen „Bekenntnissen der Romantik" der Wissenschaft wie der Kunst, der Erkenntnis wie dem Erlebnis zu dienen. Diese Schriftquellen helfen uns Friedrichs Geist und Werk tiefer erkennen, geben uns zugleich den Bedeutungsgehalt seiner Schöpfungen wieder und lehren uns, die Kämpfe um das Eigene und Neue seiner Kunst würdigen und verstehen. Zugleich glauben wir der Gegenwart damit Lebendiges und Trostreiches zu geben, mit dem sich leben läßt in dem Zwielicht der Zeit. Im Hinblick auf Friedrichs Leben, Leiden und Schaffen werden auch wir vielleicht einer holden Hoffnung gewiß, wie er sie selbst vor einem seiner Bilder in schwerer Zeit den Freunden bekannte: „Er wird sich schon herausarbeiten der deutsche Geist aus dem Sturme und den Wolken, und dort sind Bergesgipfel, die feststehen und Sonne haben!" —

★

Einleitung
Caspar David Friedrich

In den Weihnachtstagen des Jahres 1808 gab es für den kleinen Kreis der Dresdener Kunstfreunde eine besondere Überraschung. Man pilgerte in die Wohnung des seltsamen Malers Caspar David Friedrich, um das sogenannte Altarblatt anzusehen, das da ausgestellt war. In dem kleinen weißgestrichenen Zimmer des Künstlers war ein Fenster verhängt, so daß ein angenehmes Dämmerlicht die Helligkeit dämpfte. Auf einem Tisch, über den man eine schwarze Decke gelegt hatte, stand in geschnitztem, vergoldetem Rahmen das neue Bild, das soviel Aufsehen machte. Eine eigenartige Andacht und Stimmung ging von diesem Ölgemälde aus, das als Altar für eine Hauskapelle des Schlosses Tetschen in Böhmen bestimmt war. Der Bildhauer Kühn, ein Freund des Malers, hatte nach dessen Zeichnung den Rahmen geschnitzt, an dem die christlichen Symbole den Zweck des feierlichen Bildes deutlich machten. Da in diesem Buch nicht nur eine Abbildung des Altares gegeben wird — der heute in dem Romantikersaal der Dresdener Galerie das Hauptstück ist —, sondern da auch Friedrichs Deutung des Bildes wie des Rahmens hier zum ersten Male wieder gedruckt wird, ersparen wir uns Beschreibung und Erklärung und geben nur im

3

kurzen die Geschichte dieses Kunstwerkes, das bald
der Mittelpunkt einer Zeitungsfehde, wie überhaupt
der Kunstkämpfe für und gegen die romantische
Landschaftsmalerei wurde. Schon im Jahre vorher
hatte Friedrich auf der Ausstellung der Königlichen
Kunstakademie eine unvollendete Sepiazeichnung
ausgestellt, die, wie das Altarbild, auf einem hoch-
aufragenden wolkenumflorten Berge ein einsames
Kreuz zeigte. Dies Blatt hatte vielen Beifall, aber
auch schon heftige Kritik erregt, so daß einzelne
Künstler beschlossen, ihre Werke nur noch in der
eigenen Werkstatt zu zeigen. Die junge Gräfin
Thun, die dies Blatt bewundert hatte, hatte den
Wunsch ausgesprochen, für die neue Hauskapelle
ihres Schlosses ein ähnliches Altarwerk zu erhalten, und so hatte sich der Künstler nach längerem
Bedenken bereit erklärt, das Altarbild zu malen,
das in einen entsprechenden Rahmen gefaßt, der
Räumlichkeit ihrer Kapelle angepaßt sein sollte.
Auf dringenden Wunsch der Freunde war nun dies
erste große Gemälde des seltsamen Friedrich in der
Werkstatt ausgestellt worden, und man versteht,
welches Aufsehen das Bild machte, das ein Landschaftsgemälde und doch ein Altar war und somit
alle frommen Überlieferungen und Begriffe überraschen mußte. Allgemein wurde dies Werk wegen
seiner eigenen und erhebenden Wirkung bewundert,
wenn sich auch die Einsichtigen darüber klar sein

4

mochten, daß der Künstler, der seit kurzem die Sepiamalerei mit der Ölmalerei vertauscht hatte, hier noch nicht die Höhe seiner technischen Fertigkeit erreicht habe. Um so überraschender wirkte deshalb der heftige, gehässige Angriff, den der Kammerherr von Ramdohr in der „Zeitschrift für die elegante Welt" gegen dies neue Altarwerk, gegen seinen Geist, wie gegen seine Malerei wagte. Schien es doch, als sollte mit diesem Altar zugleich der Geist der Romantik, das religiöse und künstlerische Wesen überhaupt getroffen werden, als sollte hier aus dem Lager der altklugen und schöngeistigen Klassizisten den romantischen Malern, Dichtern und Denkern, die eben das intellektuelle Dresden wie im Sturm genommen hatten, der Kampf angesagt werden. Es ist hier nicht zu erörtern, wie die Maler Hartmann und von Kügelgen, die Freunde des Phöbuskreises, den Angriff abwehrten, wie dann der kluge Bibliothekssekretär Semler zu vermitteln versuchte, wie der gewandte, geschwätzige Hofrat Böttiger, der sogenannte Herr „ubique" versöhnen mußte. Wir haben im Anhang das literarische Material für diejenigen zusammengestellt, die endlich einmal die Schriftquellen dieses bedeutenden Kunststreites nachprüfen wollen. Wichtig ist für uns, aus diesen literarischen Niederschlägen zu erkennen, was denn nun eigentlich das Neue und Ungewohnte dieser romantischen Landschaftskunst war, was denn hier eigent=

5

lich zur Diskussion stand, und warum gerade Fried=
rich der Führer und Vorkämpfer dieser romantischen
Kunst wurde, die hier im kunstfreundlichen Dresden
ihr norddeutsches Lager gegen die fränkischen und säch=
sischen Klassizisten aufgeschlagen hatte. Wir über=
blicken heute die Stammes= und Geistesgeschichte die=
ser großen Bewegung und Erhebung klar genug, um
zu wissen, warum und woher die neuen Kräfte die=
ser Epoche erwuchsen, die mit dem fatalen Namen
„Romantik" verknüpft, noch immer nicht eindeu=
tig verstanden wird. Wir haben an anderem Ort
schon auf Nadlers Verdienste hingewiesen, die
Kunstgeographie der romantischen Bewegung als er=
ster umrissen, die Führer und Truppen, die Lager=
und Kampfplätze eingezeichnet zu haben, und sind
nach wie vor der Überzeugung, daß hier der Kunst=
geschichte durch die Literaturgeschichte neue wertvolle
Hilfsmittel geschaffen worden sind. Wie kam es
nun, daß gerade Dresden die Kunst dieser nordischen
Romantik beherbergte und der Sammelplatz für die
Maler dieser neuen Geistigkeit war? War Kopen=
hagen die Kunstakademie, die aus Preußen, Pom=
mern, Schlesien, aus den Hansastädten, aus Schwe=
den und Norwegen die jungen Künstler anzog, so
war gerade um die Jahrhundertwende das kunstrei=
che, kunstliebende Dresden der Ort, wo sich diese
Kräfte wieder sammelten. Die Freundschaft Napo=
leons, die Galerie, die Künstlerschaft, die aufge=

6

klärte internationale Geselligkeit, die schöne Natur und das Zusammentreffen so vieler Reisenden und Fremden, dies alles gab der anmutigen Stadt die Bedingungen, um nach Jena und Berlin bald der Treffpunkt der künstlerischen Jugend zu werden. In der Nähe des Kriegstheaters war es dann auch in bewegter Zeit — wie Gentz sagte — „un îsle, entouré d'un océan enragé", von dem der Briefverkehr mit Berlin und Wien ungehindert ging. Hier fanden sich die Denker, Dichter, Maler, Musiker und Politiker auf der Galerie oder in den geistreichen Abendzirkeln der befreundeten Häuser. Hier war für Malerei, Musik, Dichtung, Philosophie und Religion ein empfängliches Publikum, das die Akademie-Ausstellungen, das Theater, die Bälle und die Thees besuchte und für all das Zeit, Geld, Briefpapier und Journale hatte. Hier führte der allwissende Böttiger bei Fackellicht zu den Antiken und hielt seine modischen Vorlesungen, die man schwer verstand. Hier fand der geistreiche Philosoph Krause, der sonderliche Dichter Wetzel seinen Kreis. Hier hielt 1806 im Hotel de Pologne der junge geistreiche Adam Müller aus Berlin, Philosoph, Politiker und Journalist, seine epochemachenden Vorlesungen über deutsche Wissenschaft und Literatur, dann über dramatische Kunst, im Winter 1807/08 über die Idee der Schönheit zusammen mit dem Naturphilosophen Schubert, der bei Kü-

7

gelgens wohnte. Hier konnte Müller, von dem Akademieprofessor Hartmann unterstützt, mit seinem begeisterten Freunde Heinrich von Kleist sein neues Journal „Phoebus" herausgeben, das heimlich und offen den Kampf gegen den fränkisch=schwäbischen Klassizismus aufnahm. Hier fand der Maler Runge aus Pommern für seine neue allegorisch=symbolische Kunst Anregung und Verständnis, vor allem bei Tieck, dem ebenbürtigen Helfer und Freund. Hier gärte alles und war für das neue Leben und den neuen Geist trotz aller Widerstände „Vermittler". Hier also konnte die neue Landschaftsmalerei, die Runge durch seine symbolische Formen= und Farbenlehre vorbereitet hatte, ihren ersten Sieg und damit ihre Geltung erringen. Was aber war denn nun das Neue und Aufregende in diesem Landschaftsaltar des talentvollen Friedrich? Ramdohr witterte nicht nur in Bild und Rahmen den neuen religiösen Mystizismus — wie er allerdings in einigen ästhetischen Kreisen Dresdens zu finden war —, er warf auch dem Bilde große künstlerische Mängel vor. Da war mit allen akademischen Regeln des Standpunktes, des Aufbaus, der Gründe, der Aussicht, der Zeichnung wie der Färbung gebrochen, da war ein neuer sparsamer Haushalt der Kunstmittel, eigenwillige Naturnähe, gewagter Ausschnitt und ungewohnte Farbigkeit erprobt, die allerdings dem Kunstwesen der klassischen Schulen, der Kunstan=

8

II

schauung der Klassizisten widersprachen. Dieser neudeutsche Naturalismus in der Behandlung der Teile
und der Einzelheiten, diese eigenartige Nähe des
Nebensächlichen, diese religiöse christliche Symbolik, all das mußte dem Freund der idealen, klassischen, komponierten Landschaftskunst zuwider sein.
Und nun wollte diese Landschaftsmalerei „sich in die
Kirchen schleichen und auf die Altäre kriechen". Noch
hatte dieser zähnestochernde Rezensent nicht bemerkt, daß ein neuer Geist neue Formen schafft,
daß im religiösen Kunstwerk nicht der Stoff, sondern der Geist Wert und Wirkung entscheide, und
daß eine Landschaft, wie in der Natur, so in der
Kunst, das Göttliche, Ewige offenbaren könne.
Ramdohr berief sich auf Ruysdael — dem Goethe
1816 den köstlichen Aufsatz „Ruysdael als Dichter" widmete —, verwies auf den sogenannten Ju-
denfriedhof in der Galerie und bemerkte nicht, daß
gerade bei Ruysdael die neue Symbolik ihren besten Ahnen und Zeugen finden konnte. War doch auch
in dem klassizistischen Lager der Weimarer Kunstfreunde jene neue Naturanschauung erwacht, die in
allen Gebilden die Idee — „denn was innen, das
ist außen" — physiognomisch, morphologisch als Gott-
Natur geprägt, entwickelt und gestaltet deutete. Wie
sehr sich trotz aller Gegensätze Goethes Anschauung
mit der romantischen berührte, kann schon die
Tatsache lehren, daß gerade er die Arbeiten Runges

9

und Friedrichs lobte, erwarb und besprach, wenn ihm auch die christlich-religiöse Lehre, der beide Künstler zustrebten, befremdlich sein mußte. Konnte er die religiöse und nationale Gesinnung der jungen Romantiker nicht teilen, so fand er doch gerade bei ihnen die neue Naturbetrachtung, Naturerkenntnis, Naturliebe, die für seine naturwissenschaftlichen Studien Vorbedingung war. Wie nahe lag es also, daß er Runge für seine Farbenlehre, Friedrich für seine Wolkenlehre gewinnen wollte, daß er geradezu die beiden Künstler für seine wissenschaftliche Anschauung als Zeugen und Helfer zu verpflichten suchte. Warum ihm dies bei Friedrich mißlingen mußte, werden wir noch später zu erörtern haben. Hier kam es darauf an zu zeigen, daß diese neue Landschaftskunst von anderen Wegen her auch in Weimar erahnt worden war, wo schon Fernow in einem klugen Aufsatz die verschiedenen Gattungen der Landschaftsmalerei als die natürliche, ästhetische, poetische unterschieden hatte, ohne allerdings den anthropomorphen, psychographischen und symbolischen Charakter dieser neuen Zeichensprache zu erkennen. Es mußte die Form wieder Geist werden, ehe der Geist wieder Form wurde. Es mußte sich die Plastik in Farbe, der Mensch in All, der Körper in Landschaft, das Wort in Musik lösen, dann hatte auch der Stein, die Wolke, die Blume, der Mensch wieder die lebendige Ursprache, das harmonische Ganze wieder seinen

10

Zusammenhang mit dem Universum, mit dem Unendlichen, Göttlichen. Dies religiöse Weltgefühl mußte die verlorene, oft ersehnte Religion Europas ersetzen. Dies war die offenbare Mythologie der Gott-Natur. Nun ahnen wir auch, wie alles dies der Malerei zugute kommen mußte, und wie alles zur Landschaft drängen konnte, was zuvor dem Menschen, seinem Körper und seiner Geschichte, nicht seiner Seele und ihrem Wesen gewidmet war. Hatte durch die neue Weltanschauung der Gehalt eine neue Bedeutung, die Form einen neuen Geist gefunden, hatte in dem Chaos der Erfahrungs- und Wirkungswelten sich eine neue Bedeutungswelt gestaltet, so mußte nun auch die Farbe als das eigentlich mystische Phänomen einen neuen Bedeutungsinhalt gewinnen. Das Symbolische war in allen Formen und Farben wieder lesbar, und Tischbeins Äpfel deuteten ebenso die verschiedenen Lebensstufen wie dann Friedrichs Schiffe. Man durfte das große Buch Gottes wieder lesen, nachdem man es solange nur beschaut hatte, und so wurde denn auch die Kunst eine große Bilderschrift des Göttlichen. Vor der Natur mußte man ehrfürchtig mit spitzem Stifte und Pinsel die große Zeichenschrift nachtasten, wollte man ihre organischen Formen als symbolische Formeln des Menschenlebens, der Seele, der Empfindung benutzen. Was sollten die klassischen, die heroischen, die naturfernen Formen für eine Landschaft der Seele, für eine Kunst, die das Leben wie einen fliehenden Mond festhalten wollte, um „eine gewisse Stimmung des Gemütslebens in der Nachbildung einer entsprechenden Stimmung des Naturlebens" darzustellen. Verfolgt man, was in den Schriften der romantischen Kunsttheoretiker und Künstler — wie Tieck, Runge, Müller, Rühle von Lilienstern, Kleist, Semler, Friedrich, Carus — das Wesen der neuen Landschaftsmalerei ausmacht, so begreift man, daß die Naturform, wie etwa in der Gotik und im Barock, nur das Mittel einer Idee, die Verkörperung eines Geistes, das gebannte Nahbild einer unendlichen Schau sein konnte, und daß die Naturgesetze nur Gleichnisse für eine Erkenntnis waren, die das Göttliche im Sandkorn, im Schilf, in einem verschneiten Bäumchen, oder in einem gestrandeten Schiff erkannte. So wurden in Friedrichs Bildern auch die Figuren, abgewandt und selbstvergessen, Verkörperungen dieser Einheit und dieses Gefühls, jeweilige Klangfiguren des Thema, farbige Doppelgänger des Künstlers, die melancholisch und monologisch ihr Seufzen, Hoffen, Vertrauen den zarten Farbfernen überließen. So konnte Religion und Patriotismus, Liebe und Todesahnung, durch scheinbar bekannte Naturbilder romantisiert, jenes Unbestimmte, Zeitlose, Weltgültige, jenes „Ahnen des Unendlichen in den Anschauungen" offenbaren. So konnte es

12

auch geschehen, daß in allen Kunstbereichen die Ty=
pologie der Bedeutungsformen verlassen, daß eine
neue Form= und Farbensprache gesucht wurde, daß
schließlich aus einem Landschaftsbild ein Altar wer=
den konnte, der mit den Erscheinungsformen der
Natur die christliche Heilslehre symbolisch deutete.
Auch verstehen wir nun, warum Runge, als ihm
Quistorp den Auftrag verschaffte, im Winter
1806/07 für Kosegartens Kapelle in Vitte einen
Altar zu malen, den „Petrus auf dem Meere“ dar=
stellte, eingebettet in eine Vollmondlandschaft aus
der Nähe von Rügen, so daß auch dieser Altar eben=
so eine Landschaft zu nennen war, wie etwa die be=
rühmte Tafel des Konrad Witz im Genfer Mu=
seum. Wir werden auf diese Probleme der religiö=
sen Landschaft noch zurückkommen, wenn wir Fried=
richs Leben überblickt haben, das doch der Grund
aller seiner Werke und Wirkungen sein muß.

Caspar David Friedrich ist zu Greifswald als
Sohn des Seifensieders Adolf Gottlieb Friedrich
am 5. September 1774 in dem noch heute stehen=
den Familienhause, Lange Straße 28, geboren. Die
bescheiden wohlhabende Kaufmannsfamilie war kin=
derreich. Caspar David hatte mehrere Brüder, die
er auf der Ansicht des Greifswalder Marktplatzes
beisammen in Sepiatechnik malte. Wir wissen von
einem Bruder Christian, der, Kunsttischler und
Holzschneider, im Jahre 1808 zum Entsetzen des

patriotiſchen Bruders in Lyon und Paris verweilte, und immer der Lieblingsbruder Caspar Davids geweſen zu ſein ſcheint. Ihm ſchickte er Zeichnungen für den Holzſchnitt, Pläne für die Stralſunder Kirche, Entwürfe für Möbel und derartiges. Auch wird Bruder Adolf, der Seifenſieder, Bruder Heinrich, Bruder Johann und eine verheiratete Schweſter in Brandenburg, ſowie des öfteren ein Kaufmann Praefke genannt, der offenbar ein Freund des Hauſes und ein alter Spaßvogel war. Ein älterer Bruder ſcheint auf tragiſche Weiſe dadurch ums Leben gekommen zu ſein, daß er Caspar David, der beim Schlittſchuhlaufen einbrach, zu Hilfe kam und nun bei dieſer geglückten Rettung ſelbſt ertrank. Dies furchtbare Erlebnis ſoll den empfindſamen Künſtler in ſeinem Hang zu Schwermut und Peſſimismus beſtärkt haben, ſo daß auch von einem Selbſtmordverſuch geſprochen wird, den der Jugendliche verſucht haben ſoll. Wie dem auch ſei, wir glauben ſein Charakterbild aus den folgenden Selbſtbekenntniſſen und Bekenntniſſen ſeiner Freunde ſo genau zu kennen, daß dieſe Vermutungen ſchon ihre Berechtigung haben. Auch bezeugen die verſchiedenen Selbſtbildniſſe und Bildniſſe des Künſtlers — die wir Böhndel, Lund, Kügelgen, Caroline Bardua, Kerſting, Rösler, Kühn, Finelius, Vogel, Bähr, Retzſch und Peters verdanken — die eigenartige und melancholiſche Beſeeltheit dieſes Sonderlings,

14

der die Einsamkeit der großen Menschen lebte und litt.

Seine große, schlanke, blondgelockte Bildung verriet den Niedersachsen, und wenn Kügelgens Behauptung Recht hätte, daß die Friedrichs ein altes, aus Schlesien eingewandertes Adelsgeschlecht wären, so wäre damit kunstgeographisch oder psychologisch doch nichts Wesentliches zu berichtigen. Jedenfalls hing die fromme, brave Familie an altem pommerschen Brauch und Dialekt, und Friedrich freute sich immer, mit Landsleuten Platt sprechen zu können oder aus der Heimat zu hören. Er blieb immer der Pommer, der für seine „Pommeraner" Zeit und Hilfe hatte. Der Knabe besuchte die Greifswalder Stadtschule und empfing seine ersten Kunsteindrücke bei demselben akademischen Zeichenlehrer Quistorp, der als Künstler, Sammler, Baumeister der Lehrer von Künstlern wie Giese, Titel, Klinkowström, Gladrow, von Gelehrten und Sammlern wie Schildener, Warnekros, Finelius, der Freund des Dichters Kosegarten und vor allem Freund und Gönner Runges war. Schildener hat uns diese Jugenderinnerung bewahrt, die auch Friedrich durch lange Jahre noch begleiten mochte, wenn er den alten Lehrer grüßen ließ oder in der Heimatstadt besuchte: „Zu den liebsten Erinnerungen aus meinem Leben gehört wahrlich das stille Unterrichtszimmer meines Lehrers, wo ein Dutzend Kna-

15

ben, aus dem dumpfen Gewirr der Stadtschule oder von dem tobenden Lärmen der Spielplätze kommend, sich wöchentlich einige Male versammelte. Des milden Lehrers Ruhe herrschte alsbald überall und ward dann nur hin und wieder unterbrochen durch den gefühlten Ausdruck einer Kunstregel, die er bei Gelegenheit des Urteils über eines Schülers Arbeit aussprach — eines Momentes allgemeiner Belehrung, der von den ringsum hängenden schönen Bildern seiner Sammlung schweigend bestätigt zu werden schien. In diesem Stilleben senkte sich in das zarte Gemüt des Knaben die Liebe zur Kunst ein, um es nie als mit dem letzten Lebenshauche zu verlassen." Mochte auch der treffliche Quistorp, der für Greifswald etwa die Rolle spielte, die einst Oser für Leipzig gespielt hatte, nicht eigentlich ein Künstler sein, Ehrfurcht und Liebe für die Kunst wußte er wohl zu wecken, und es spricht für ihn, daß er sich für Runges „Hieroglyphen", für Friedrichs „Erdlebenbildkunst" ein so williges und reines Organ bewahren konnte. Hier also, in der alten Kleinstadt, erwachte, angeregt und gefördert, der Kunsttrieb des begabten Knaben, der mit seinem Lehrer das Land durchwanderte, die Heidengräber, die Peeneufer oder Rügen besuchte, und sein Skizzenbuch nicht zu Hause ließ. Dann durfte der Seifensiedersohn endlich Maler werden und als schwedischer Untertan nach mancherlei Versuchen 1794 die

III

berühmte dänische Kunstakademie in Kopenhagen besuchen, die damals in Deutschland neben der Dresdener und Wiener Akademie den besten Ruf hatte
und für den Neuvorpommern, wie überhaupt für die
Norddeutschen die nächste war. Vier Jahre machte
er da vom Gipszeichnen bis zur Modellmalerei den
bekannten akademischen Lehrgang durch, der uns
nicht nur durch Runges Briefe bekannt ist; und wenn
uns auch die wenigen erhaltenen Blätter aus jener
Zeit kein großes Können verraten, so war doch gewiß Juels Naturanschauung und Abildgaards
Kunstanschauung von Nutzen. Es ist kein Zufall,
daß die besten romantischen Künstler in Kopenhagen in die Lehre gingen, daß die gepflegte zart-
vergraute Maltechnik Runges, Friedrichs oder Kerstings, ja, daß die beste deutsche Malerei jener Zeit
hierher stammt. Und noch eines ist zu beachten: es
war nicht nur die absterbende klassizistische Kunstlehre oder Juels Meistertechnik für Bildnis und
Landschaft hier zu gewinnen, es war die phantasti-
sche, dichterische Weltanschauung nordgermanischen
Geistes, jene Traum- und Zaubersphäre der Natur-
und Elementargeister, die Welt Ossians und seiner
Mythologie, die schon so stark auf die Wertherjug-
gend gewirkt hatte, die nun stärker und echter als
Kosegartens sentimentale Nachempfindung auf
Runge und Friedrich einwirkte. Dieser Geist der
nordischen Kunstwelt, der von Dänemark auf Eng-

land, Frankreich und Deutschland damals hinüber=
wirkte, war der wahre Vorkämpfer der großen
romantischen Kunstepoche, die aus Norddeutschland
und — wie es Josef Nadler erwiesen hat — vor
allem aus dem Ostraum der eingedeutschten Neu=
stämme als eine geistige, religiöse und nationale Be=
wegung hervorbrach und letzten Endes die politische
Erhebung erzwang. Sie allein verdient den Namen
Romantik und ist trotz aller Nachwirkung und Ver=
wandlung (Restauration, Nazarenertum, Pseudo=
romantik) mit den Freiheitskriegen abgeschlossen.
Welche Aufgabe gerade die Niedersachsen Neuvor=
pommerns für die Kunst übernahmen, kann im fol=
genden klar werden. Hier mußte deutlich werden,
daß Kopenhagen — bald eine Kolonie deutscher Ro=
mantik — die Keimzelle der neuen Malerei war,
und es ist wiederum geistesgeschichtlich offenbar,
warum dann Dänen und Norweger in Dresden wie
dann später in Düsseldorf und in Karlsruhe neue
Anregung und Belebung in der reifen Landschafter=
schule der letzten romantischen Erben suchen und fin=
den. Künstlerisch bereichert, aber ohne nähere Ver=
pflichtungen wandte sich Friedrich im Jahre 1798,
wie schon Runge, von Kopenhagen nach Dresden.
Er scheint sich Brotarbeiten im Geschmack der Zeit
verschafft zu haben, die, in Sepia= oder Deckfarben=
technik, Prospekte und Landschaften nach Art der
Klengel oder Seydelmann bevorzugte. Bald fan=

den sich alte und neue Freunde. 1799 kam der Kieler Johann Ludwig Lund nach Dresden, dem wir das gute Miniaturbildnis verdanken, das ich hier bekanntmache. Auch Lund war ein Schüler Abildgaards, lebte dann in Paris und Italien und starb 1867 als Professor der Kopenhagener Akademie. Die kunstfreundlichen Kreise des Münzrates Kummer, des Appellationsrates Körner, später des Malers Kügelgen und andere, wußten den seltsamen kindlichen Menschen bald zu schätzen, dessen Naturliebe, Fleiß und Frömmigkeit viel versprachen. 1801 reiste er in die Heimat und lernte im April in Greifswald durch Quistorp seinen älteren Landsmann Runge kennen, der von Wolgast herüberkam. Die beiden größten Künstler der Romantik in so naher Beziehung zu sehen, erklärt so manches und es ist gewiß verständlich, daß der einzige Erbe des frühverstorbenen Runge, Friedrich, in seiner Weise das große Vermächtnis antrat und verwaltete. 1802 kehrte Caspar David mit seinem Freunde F. A. von Klinkowström nach Dresden zurück, wo sich ein Kreis von fünf jungen Pommern zusammenfand, die alle aus Quistorps Schule kamen. Runge half dem Fleißigen und kaufte selbst zwei Sepiablätter für dreißig Taler, um sie dem Bruder Daniel zum Verkauf zu überlassen. Auch mit dem Freunde Tieck machte er Friedrich bekannt. Schon fanden sich erste Erfolge und Aufträge. Baron Racknitz, ein kunst-

sinniger Kammerherr, der selbst als Kunstschriftsteller tätig war, und Graf Putbus zu Putbus auf
Rügen — der nicht nur später einige der besten Bilder erwarb, sondern sogar in Wien von Duvivier
nach Friedrichs Sepiablättern Bilder malen ließ,
— wurden seine Gönner, und der naturliebende
Künstler konnte im Sommer 1803 in Loschwitz ein
friedliches Landquartier beziehen, wo das Abend-
und Morgenlied entstanden ist. Schon fanden seine
Sepiablätter auf der Ausstellung der Akademie Beachtung. Im Herbst 1803 hatte er das Begräbnis
im Eichenwald in Sepiatechnik gemalt, das er 1804
in Dresden, 1808 in Weimar ausstellte. Auch be-
teiligte er sich, wie schon Runge getan hatte, an der
Konkurrenz der Weimarer Kunstfreunde, die ihm
auch 1805 für zwei Sepialandschaften den halben
Preis zusprachen. 1806 finden wir ihn während
der Kriegszeit in der Heimat, wo er eine Zeitlang
krank liegt. Er besucht mit Runge das geliebte Rügen, das dieser so gern einer lebensgroßen Land-
karte verglich. Als wahren Gewinn bringt er Naturstudien mit, in denen die reine Lineatur des In-
sellandes, die Unendlichkeit des Meeres, Landschaften, Bäume und Heidengräber mit spitzem Blei umschrieben sind. Wahrscheinlich beginnt er schon 1806
mit der Ölmalerei und hat schon 1808 einige Bilder
fertig, von denen eines der ersten (drei Bäume im
Schnee mit dem Heidengrab bei Gützkow) nach

20

Greifswald kam, wo es der Maler später immer
wieder gern besah. Auch scheint eine neue Fassung
des Mönchbegräbnisses mit nächtlichem Doppellicht
von Mond und Fackeln damals entstanden zu sein.
Auf der Ausstellung finden seine Sepiablätter be=
sonderen Beifall, aber auch schon ersten Wider=
spruch. Er zeigte das bekannte Motiv der Ruine
Eldena im Schnee, das er dann in dem Berliner
Bild malte, das 1810 vom preußischen Kronprinzen
erworben wurde, und zeigte das Kreuz auf dem
wolkenumwehten Berg, das er dann für die Gräfin
Thun malen mußte. Dies Altarbild, das den an=
fangs erwähnten Ramdohr=Streit erregte und sei=
nen Erfolg entschied, entstand im Herbst 1808 und
wurde, wie ich schon schilderte, in den Weihnachts=
tagen in der Malerstube des Künstlers ausgestellt.
Von nun an ist sein Ansehen entschieden, sein Name
ist weithin bekannt und wird in Tagebüchern und
Briefwechseln, in den Kunstkritiken wie bei den
ästhetischen Thees immer wieder genannt. An ihm
scheiden sich die Geister, und es ist ergötzlich zu sehen,
wie sich z. B. in dem überschwänglichen, schöngeisti=
gen Briefwechsel, den die Malerin Therese aus dem
Winckel mit dem Herzog August von Sachsen=Gotha
führt, die beiden Schwesterseelen wegen Friedrichs
Beurteilung entzweien. Im Frühling 1809 ist
Caspar David wieder an den Kreideküsten seiner
Heimat. Wieder ist ihm Rügens Einsamkeit Trost

und Zuflucht. Er bringt nur kleine Naturstudien nach Baumgruppen und Hünengräbern mit. Frau von Kügelgen berichtet dies alles treulich ihrem Mann, der seit 1805 ein treuer Freund und Helfer geworden ist, und Friedrichs Charakterkopf in seinem Bilde „Saul und David" als Sauls Kopf verwendet hat, den wir in einem Stich des „Phoebus" wohl erkennen können. Am 22. Juni besucht sie den heimgekehrten Freund im Atelier und findet auf der Staffelei ein großes neues Bild — den Mönch am Meer —, dessen Leere und Einsamkeit ihr grausig und fremd erscheint. Es ist das Bild, das auf der Berliner Akademieausstellung 1810 der Kronprinz erwarb, das Bild, dem jene seltsame dialogische Dichtung Brentanos und Arnims gewidmet ist, die Kleist mit ein paar wundervollen Zusätzen in seinen „Berliner Abendblättern" brachte. Die neuen Freunde hatten ihn erkannt. Hatte der menschenscheue Maler auch Runge verloren, der nach Hamburg gezogen war und 1810 allzufrüh dahinstarb, so hatte er doch neue Freunde gefunden, die ihm treue Weggenossen blieben, solange das möglich war. Kügelgen wurde schon genannt, der Akademieprofessor Hartmann, die Malerinnen Luise Seidler und Caroline Bardua, alle die lieben vertrauten Gestalten ehrten und liebten ihn. 1812 kam ein Landsmann, der junge Maler Georg Friedrich Kersting, von Kopenhagen nach Dresden und

wurde ihm bald Freund. Ihm verdanken wir die
besten Bildnisse Friedrichs, vor allem das Bild in
der Malerstube, das 1811 auf der Akademieausstellung als Gegenstück zu dem Bildnisse Kügelgens das größte Aufsehen erregte. Wir bringen
hier in Abbildung die Fassung von 1819. Der
Kreis erweiterte sich: 1808 kam der Erbprinz
Bernhard von Sachsen-Weimar nach Dresden in
Garnison und besuchte den Künstler. Sein mili-
tärischer Erzieher, Rühle von Lilienstern, der Adam
Müller verehrte und kopierte, der bei Friedrich malen lernte und für ihn eine treffliche Abwehr gegen
Ramdohr schrieb, und Pfuel, ebenfalls später Ge-
neral, traten ihm näher. Auch der große unglückliche Gegner Goethes, Heinrich von Kleist, der von
1807 bis 1809 in Dresden lebte und ganz in
Friedrichs Nähe, in der Pirnaischen Vorstadt, mit
Rühle wohnte, ward sein Freund. Dies war der
kleine norddeutsche Kreis der Vaterlandsfreunde,
zu denen später Brentano und Arnim traten, die
nationale Blutsgemeinde der romantischen Patrioten, die in Dresden die Idee der nationalen Erhebung vertraten, und den Geist der romantischen
Kunst wundervoll deuteten und belebten. Der geniale Kleist hat zweifellos das Feinste und Tiefste
über Friedrichs Kunst geschrieben, und wenn man
Körners Sonette dagegen vergleicht, so begreift man
den weiten Abstand der beiden Freiheitsdichter. Au-

bert hat die Zusammenhänge erwiesen, die den größten Maler und den größten Dichter der Romantik verbanden. In Friedrichs armseliger Stube fanden sich oft die Freunde zusammen, denen damals die ahndungsvolle „Hermannsschlacht" vorgelesen wurde, hier lohte die Flamme wohlbehütet, die auch aus Friedrichs patriotischen Bildern glühte, auf die wir noch zu sprechen kommen werden. Der nationale Charakter dieser Stammeskunst scheidet alle gleichzeitige und spätere Kunst der anderen Stämme aus. Dresden war nun der Vorposten von Berlin und wendete sich nur für kurze Zeit von den klassizistischen internationalen Zielen der Südkunst ab und dem neudeutschen nordischen Ziele zu. Berlin war die Vaterstadt des neuen Geisterreiches trotz aller Widerstände der Akademiker. In Berlin fand auch Friedrich 1810 seinen größten Erfolg. Ich erwähnte schon die beiden großen Bilder — „Der Mönch am Meer" und „Die Klosterruine im Eichenwald" — die der kunstsinnige Kronprinz auf der Akademieausstellung erwarb. Diese Erwerbung entschied den Erfolg. Kleists Abendzeitung sekundierte. Unter dem Druck der Verhältnisse erwählte am 12. November 1810 die Königliche Akademie zu Berlin den Dresdener Maler zum auswärtigen Mitglied. Und noch einmal sollte dieser Erfolg sich erneuen. Friedrich hatte 1810 mit dem Freunde Kersting eine Fuß-

24

IV

wanderung nach Schlesien ins Riesengebirge gemacht und hatte oben über dem Nebelmeer auf der
Riesenkoppe ein Erlebnis gehabt, wie es schon Körner in einem Gedicht seiner „Knospen" (Sonnenaufgang auf der Riesenkoppe) umschrieben hatte.
Dies Erlebnis hatte der Künstler in dem großen
Bild „Morgen im Riesengebirge" gestaltet, und
diesmal kaufte der König selbst auf der Akademieausstellung des Jahres 1812 das Bild, dessen tiefe
Naturwahrheit er empfand. Der alte Schadow erzählt uns in seinen Aufzeichnungen, daß der König
vor diesem Bilde dem Gefolge bekannt habe, ein
ähnliches Erlebnis auf der Reise nach Töplitz gehabt zu haben, daß aber sie, die Künstler, diese rie-
sige Nebellandschaft für reine Phantasie gehalten
hätten. Nach solchen Erfolgen war man dem Dresdener Maler natürlich gram, und es überrascht den,
der die Künstler kennt, nicht weiter, wenn man liest,
daß im April 1816 von Lütke der junge Maler
Wiese aus der Liste der Akademieschüler mit der
Begründung gestrichen wurde, der Schüler finde
scheinbar „mehr Behagen an den jetzt herrschenden
mystischen Prinzipien in den Kompositionen, als an
den ungekünstelten und gefälligen Wahrheiten der
Natur, daher er auch ein großer Verehrer seines
ersten Lehrers, des Herrn Friedrich in Dresden"
sei. Auch Blechen, der 1823 in Dresden Friedrichs
und Dahls Schüler war, hatte wegen seines roman-

tischen Geistes manches Schwere zu ertragen und
trat entfremdet aus Lütkes Atelier aus. Noch in
den zwanziger Jahren wirkte also die romantische
Kunst des Dresdener „Mistikers" in Berlin wie ein
gefährliches Gift. Dann aber war er bald vergessen.
Und nicht nur Berlin, das Lager der neudeutschen
Bewegung, eroberte der Friedliche, sogar Weimar,
das Lager des fränkisch-schwäbischen Klassizismus
der Homeriden und Antichristen, war ihm offen.
Ich hatte schon erwähnt, daß seine sauberen Land=
schaften preisgekrönt worden waren, und daß Goethe
dies neue Naturstudium zu schätzen wußte. Im
September 1810 kam Goethe nach Dresden und
lernte den Sonderling kennen, der ihn im Juli
1811 auf einer Harzreise in Jena besuchte. Die
Beziehungen wurden weitergepflegt. 1812 wurden
Zeichnungen gewürdigt, 1815 vermittelte Meyer,
und 1816 übermittelte die liebliche Luise Seidler,
Kerstings Freundin und Goethes liebste Beglei=
tung in Dresden, die seltsamen „Wolkenaufträge",
die „der Unartige" schroff zurückwies, was wir spä=
ter noch zu erklären haben werden. Auf einer Fuß=
reise in den Harz mit dem Bildhauer Kühn — der
1808 den symbolischen Rahmen für den Tetschener
Altar, 1810 des Künstlers Marmorbüste gefertigt
hatte —, besuchte der Maler auch die Kollegin Ca=
roline Bardua in ihrem elterlichen Hause in Ballen=
stedt, wie es uns in den anziehenden Aufzeichnungen

ihrer Schwester Wilhelmine anschaulich geschildert wird. Auch Caroline, die wie die Seidler und die schöne Gräfin Egloffstein eine Künstlerin in Goethes Huld war, hat uns ein gutes Bildnis Friedrichs hinterlassen. Und noch eine Beziehung knüpfte sich zwischen Dichter und Maler. Ein junger Weimarer, K. W. Lieber, wurde durch Goethes Vermittlung als Schüler in Friedrichs Lehre gegeben, offenbar mit wenig Erfolg. Jedenfalls hatten Meister und Schüler übereinander zu klagen, und es scheint wegen einer Nebelkrähe und beschneiter Tannenbäume — die, wie in dem Chasseurbild, auf den Untergang des verhaßten Napoleon zielte — vollständige Entzweiung gegeben zu haben, und Goethe hatte (2. Jan. 1813) alle Mühe, den alten Lieber, der mit einer Bittschrift an Serenissimo bei ihm erschien, wieder zu beruhigen. Was wir von Lieber aus jener Zeit kennen, ist geistlose Kopie, und das große Aquarell in Goethes Besitz belehrt darüber, wie der Schüler einzelne Kompositionsteile aus Friedrichs Bildern ohne organische Kraft kopierte. Wie man in Friedrichs und wie in Goethes Kreis über Napoleon dachte, ist bekannt genug, und es waren neben den religiösen ja vor allem die nationalen und politischen Tendenzen der Romantiker und Nazarener, die der Weimarer Kunstfreund so scharf ablehnte. Indessen verdüsterte sich auch in dem franzosenfreundlichen Dresden der politische

Himmel immer mehr. Kügelgen hatte Recht, wenn er 1811 schrieb: „Die Musen fliehen beim Geklirr der Waffen — und anderes will der Zeitgeist nicht." Der Morgen rötete sich schon, und man deutete mit banger Ahnung den Kometen des Jahres als Gottes furchtbare Kriegsrute. Die norddeutschen Patrioten sollten Recht behalten. Aus Norddeutschland — von Nichtpreußen geleitet! — brach nach all den mißglückten Vorspielen die Erhebung los. Friedrich rüstete mit Kügelgen den Freund Kersting aus, der sich den Lützower Jägern anschloß, nachdem der glühende Dichterfreund Körner die sächsische Jugend zu den Waffen gerufen hatte. Wer konnte, verließ das arme Dresden, das bald zwischen zwei Feuer kam, und Friedrich zog sich in die sächsische Schweiz zurück. Sein guter Glaube sollte Recht behalten, der Sieg wurde erfochten, wenn auch die befreundeten Russen ihm, wie vielen anderen, als eine neue Gefahr erschienen. So versteht man wohl das Dankgebet nach der Befreiung Dresdens und das zweite Gebet, das um Hilfe gegen die Russen fleht. Wie ein feierlicher Grabgesang für die gefallenen Freunde, zu denen auch der edle Körner gehörte, ist Friedrichs drittes Gedicht zu verstehen, das hier die ganze Kraft und Gläubigkeit des frommen Pommern offenbart. 1813 besuchte Arndt, der pommersche Freiheitsapostel, den Künstler in dem befreiten Dresden. Er fand da bei Künstlern und Politikern noch nicht

28

den Geist, den er erhofft hatte. Man wollte immer
noch nicht preußisch, immer noch nicht deutsch fühlen.
Die Ausstellung der patriotischen Kunst, die Fürst
Repnin im Frühling 1814 in Dresden veran-
staltete, zeigte, was Friedrich in aller Stille mit
seiner symbolischen Geheimsprache geschaffen hatte.
Hier hatte der prophezeite Untergang Napoleons,
das leuchtende, noch im Tode unbesiegte Vorbild
des Arminius, die Totenklage um die gefallenen
Freunde eine eigene Bildersprache gefunden, und
hatte man schon vorher, da noch Wort und Brief
behütet sein mußten — „wir sind belauscht mit
Ohr und Blick" singt der Chor der Gefangenen
in Beethovens patriotischem „Fidelio" — in seinen
Bildern versteckte Prophezeiungen und Offenba-
rungen gesehen, so begriff man nun in dieser
Akademieausstellung zu Ehren des Friedens die
wunderbare Errettung und Erfüllung. Aber
wer sollte in solchen Zeiten, nach all den Opfern
und Lasten, Kunstwerke erwerben und den verarmten
Künstlern helfen, die mit Flinte oder Pinsel das
ihrige geleistet hatten! Friedrich hatte längst Förderung und Unterstützung erhofft, als endlich der
kunstsinnige Minister Graf Vitzthum von Eckstädt
am 16. Juni 1816 beim König die Einstellung des
Künstlers als eines außerordentlichen Professors
mit Gehalt befürwortete. Der König machte ihn
zum Mitglied seiner Akademie mit einem Gehalt

von 150 Talern. Das war Glück und Ehre für den Armen. Die Sonne schien plötzlich durch sein düsteres Leben hereinzubrechen. Ohne Wissen der Freunde verlobte sich „der Unpaarste der Unpaaren" — wie ihn die fromme Hausfrau im Gottessegenhaus nannte — mit Christiane Caroline Bommer, der armen nachgelassenen Tochter eines Faktors bei der Dresdner Blaufarbenniederlage, und ließ sich in der Frühe des 21. Januar 1818 in der Kreuzkirche mit ihr trauen. Die Arme teilte nun in der engen Wohnung am Terrassenufer mit dem Einsamen Lust und Leid und scheint ihm die trüben Stunden durch ihr frommes Wesen nach besten Kräften erhellt zu haben. Auch als dann die Dunkelheit der Schwermut hereinbrach, als er alle mied und vertrieb, sich und die Gattin — die ihm zwei Töchter und einen Sohn gebar — mit schweren sinnlosen Zweifeln quälte, hielt sie treulich aus und litt alle Qualen der Verkannten und Entsagenden. Wir kennen ihre schlanke Gestalt aus dem Bildchen der Berliner Nationalgalerie, das uns die Neuvermählte vom Rücken am Elbfenster zeigt, sowie aus einer Federzeichnung, die ebenda bewahrt wird. Zunächst blaute noch der Himmel. Man besuchte im Sommer 1818 die Verwandten in Pommern, auch oft die lieben befreundeten Kerstings auf der Albrechtsburg in Meißen, mit denen sich der Mißtrauische nach einigen Jahren ganz entzweite. Neue

Freunde waren der jungen Ehe gewonnen. Der viel=
begabte Mediziner, Dr. C. G. Carus, seit 1827
Leibarzt der königlichen Familie, der als Schüler
und Freund Friedrichs, als Künstler, Denker und
Mensch ein eigenes Buch verdient, hatte 1818 den
jungen Professor schätzen und lieben gelernt und
half, so gut er konnte, durch alle Jahre treulich
weiter. Die Erwerbungen von seiten des Hofes sind
gewiß immer wieder auf seinen Einfluß zurückzu=
führen. Als der junge norwegische Maler Johann
Christian Clausen Dahl, „der neue Everdingen"
1818 nach Dresden kam, wurde er bald Freund und
Genosse und zog mit seiner jungen Dresdener Gat=
tin in dem neuerbauten Hause Terrassenufer 13 im
Jahre 1820 mit dem Ehepaar Friedrich zusammen.
Auch Dahl galt damals als ein sonderlicher Neuerer
der Landschaftsmalerei, man lachte über seine ersten
Bilder, bis man ihren Wert begriff und sie bald
denen Friedrichs vorzog. Diese beiden Landschafts=
maler machten eine eigene Akademie aus und es ist
begreiflich, daß ihr Ansehen immer mehr stieg und
daß sich nach und nach Schüler einfanden, die durch
Fleiß und Fortschritte den Erfolg vermehrten. Es
war Mode geworden, die Werkstatt des großen Me=
lancholikers zu besuchen, Fremde einzuführen, seine
Bilder zu erklären, auch wenn man, wie der ge=
schwätzige kurzsichtige Böttiger, das komische Miß=
geschick hatte, ein Bild aus Versehen auf den Kopf

zu stellen und den Himmel als Meer anzusprechen.
Als 1820 der berühmte Führer der Neudeutschen,
Cornelius, nach Dresden kam, führte ihn Dr. Förster, Erzieher am königlichen Kadettenkorps, der uns
treffliche Aufzeichnungen hinterlassen hat, sogleich
zu Friedrich und zu Dahl und zu Friedrichs Schüler
Heinrich, der als der Begabteste und Hoffnungs-
reichste ebenfalls den beglückenden Beifall des
Münchner Meisters fand. Wie Friedrich über diesen edlen Jüngling dachte, der so früh dahinsterben
mußte, ersehen wir aus einem erhaltenen Gutachten über den armen Stipendiaten, dem Aubert eine
vorzügliche Studie gewidmet hat. Aber trotz aller
Freunde und Gönner war es schwer zu leben, und
1823 schlug deshalb Graf Vitzthum dem König
Beförderung und Gehaltserhöhung Friedrichs vor,
der am 17. Januar 1824 außerordentlicher Professor mit 200 Talern Gehalt wurde. Aber warum
wurde ihm das erhoffte Lehramt nicht gegönnt? Als
der alte Klengel 1824 starb, und seine Lehrstelle
frei war, wurden Friedrich und Dahl als Nachfolger abgelehnt. Das schmerzte den Künstler, der
schließlich zwölf Jahre später den Maler Richter
berufen sah. Die Verdüsterung nahm zu, die ersten
Anzeichen des tieferen Leidens waren zu bemerken,
das Rauschen der schwarzen Flügel, die seinen Genius nicht mehr verlassen sollten, ist zu ahnen. Indessen hatte der Künstler, der seine Heimat und

V   Phot. Fr. Bruckmann A. G.

besonders das stille Rügen immer wieder mit der Seele suchte, neben seinen Bildern ein Werk gefördert, das dieser Heimatliebe dienen sollte. 1825 hatte er schon 37 Aquarelle fertiggestellt. Sie sollten als ein größeres Sammelwerk mit dem Titel „Malerische Ansichten von Rügen" erscheinen, wozu Simon Wagner aus Stralsund die Nationaltrachten und Gebräuche beisteuern, Pastor Forchau in Stralsund den Text schreiben wollte. Leider blieb alles unvollendet. 1826 verlebte der Fleißige wieder den Sommer auf Rügen. Seine Wanderungen wurden immer einsamer und menschenscheuer. Er suchte nur noch die große Zwiesprache mit der Natur. 1828 wurde in Dresden der sächsische Kunstverein gegründet, der in den dreißiger Jahren dem Künstler durch Ankäufe seiner Ölgemälde und Sepiazeichnungen oft in der Not helfen konnte. Der kunstsinnige Leiter, Herr von Quandt, der als Sammler und Kunstschriftsteller bekannt geworden ist, wurde bald ein freundschaftlicher Helfer des armen Künstlers, der offenbar durch eine unglückliche Bürgschaft immer tiefer in Schulden geriet und 1830 die Hilfe seines Bruders Heinrich anrufen mußte. Diese trüben Erfahrungen vertiefen seine Schwermut und seinen Pessimismus, er wird immer mehr der Dürstende in der Wüste, der sich Menschenhaß aus der Fülle der Liebe trinkt. Auch die Zeit scheint sich zu verdunkeln. Alle nationalen

Träume und Hoffnungen sind vernichtet. Das junge, grüne Wäldchen, das zu früh eingeschneit ist, konnte das beste Gleichnis des neuen Deutschland sein. Von Paris her lohte das erste Flammenzeichen der Revolution. 1830 erlebte der Künstler den Dresdener Aufstand, den er genau verfolgt und beschreibt. Er versteht diese Menschen nicht mehr. Immer noch arbeitet er in dem öden grauen Atelier, freut sich der Kinder und der Kanarienvögel, übt sich im Schießen mit einem asiatischen Bogen, oder wandert bei den geliebten Bäumen am Terrassenufer, hält mit dem silbernen Monde, mit dunklen Wellen, mit sich selbst flüsternde Zwiesprache und trauert wie zwischen Schatten in sich hinein. 1835 bricht die dämonische Krankheit aus. Sein letztes Ölbild malt er 1837 für den Kunstverein. Der Schlaganfall lähmt seine Kräfte. Den Dahinsiechenden unterstützen die Freunde. In den letzten Wochen seines Lebens kaufte der russische Thronfolger seine Zeichnungen — das Einzige, was er von seinen Arbeiten übrig hatte. Am 7. Mai 1840 schloß um dreiviertelacht Uhr der große Seher seine müden Augen. Schüler und Freunde ehrten den geliebten Toten durch einen bei Fackelschein dargebrachten abendlichen Trauergesang. Am 10. Mai, sieben Uhr morgens, wurde er auf dem neuen Albertstädter Kirchhof feierlich beigesetzt. Der Maler Robert Kummer, sein Patenkind, hielt ihm die

34

Grabrede. Friedrich hinterließ die Witwe mit drei Kindern in dürftigen Verhältnissen. Der Sohn Gustav Adolf wurde Maler, ein geschätzter Tiermaler. Die älteste Tochter heiratete einen schlichten Elbfischer. Der Enkel, Professor Harald Friedrich, wurde ebenfalls Maler und lebt heute noch in Hannover. Auch Friedrich war der Ahne einer Künstlergeneration.

Und wie lebte nun der Tote in Werk und Wirkung fort? Sein Werk, weithin zerstreut, wurde, zumal in der Heimat, treulich bewahrt und hat sich als Malerei wohlerhalten. Da Friedrich selten signierte, ist vieles verschollen. In England und Frankreich wird noch manche Entdeckung zu machen sein. Leider sind zwei köstliche Landschaften bei der Prinzessin Mathilde von Sachsen durch Brand zugrunde gegangen. Am besten wird man seine Bilder in den Museen zu Dresden, Berlin, Hamburg und Weimar kennen lernen; seine Radierungen in der Sammlung der Dresdener Secundogenitur; seine Zeichnungen in den Kupferstichkabinetten in Berlin, Hamburg, Dresden, Weimar; die Holzschnitte seines Bruders im Kupferstichkabinett in Berlin. Der Privatbesitz verbirgt manches Köstliche, das gründlicher Erforschung bedarf. Verschiedene Biographen wissen wir an der Arbeit. Wir bieten hier zusammenfassend unsere vorläufigen Kenntnisse, die hoffentlich noch ergänzt werden können. Und welcher Art war nun

seine Wirkung und Nachwirkung? Man hatte ihn
noch bei Lebzeiten vergessen. Der Nekrolog im
Kunstblatt rühmt sein Verdienst und bekennt:
„Sein ganzes Leben war ein Unglück." Friedrich
hatte Schüler, nicht eigentlich eine Schule. Wir erwähnten schon seinen Freund und Schüler Carus, der
seinem Geiste am nächsten kam und der als Künstler
so hervorragendes geleistet hat, daß Bilder seiner
Hand (Dresden, Hamburg) Friedrich zugeschrieben
werden. Carus hatte ihn voll und ganz erkannt. Er
war es auch, der einige Aphorismen aus dem Nachlaß sammelte, und in dem Heftchen „Friedrich der
Landschaftsmaler" 1841 dem Vergessenen das erste
Denkmal setzte. Lieber und Wiese wurden schon als
Schüler erwähnt. Heinrich scheint der Lieblings-
schüler gewesen zu sein, er hatte wie der Meister die
tiefe Ehrfurcht vor dem Gegebenen der Gott-Natur.
Durch ihn knüpften sich auch die Beziehungen zu dem
kleinen Wiener Künstlerkreis der Olivier, die damals die neudeutsche Landschaftskunst belebten. Auch
Blechen wurde schon genannt, der so reiche Anregung
in Dresden empfing. Er hat Bilder geschaffen, die
Friedrichs Kunst sehr nahe kommen. Er ist der
reiche Erbe und schöpferische Verwalter, der die
Entwicklung in den „pleinair" seiner neuen Italien-
malerei hineinträgt. Bommer, Crola, Götzloff,
Oehme und Kirchner lernten bei Friedrich. Crola
und Oehme scheinen uns die Bedeutsamsten zu sein.

36

Daß in Berlin auch Schinkel eine Zeit unter Fried=
richs Einfluß stand, ist längst erwiesen. Wir er=
klärten schon, warum sich gerade in Berlin die Nach=
folge fand. Der Strom der Zeit nahm die Entwick=
lung dieser Kunst wie ihrer Vertreter mit sich da=
hin, und wie sollte in der Zeit der belgischen oder
der Düsseldorfer Historienmalerei, die damals
Dresden und Deutschland eroberte, wie sollte die
einsame und monologische Kunst des großen Mei=
sters, die schon in ihrer Zeit wie eine Insel im
Meere lag, weiterleben. Und doch war das Anden=
ken an ihn nicht so ganz erloschen, und verschiedene
Ausstellungen riefen immer wieder seinen Namen
zurück. 1842 brachte die Tiedge=Ausstellung in
Dresden mehrere Werke des Künstlers, die sogar
dem traurigen, nachdenklichen Carus wie Gespenster
aus einer abgelebten Zeit erscheinen mußten. Die
allgemeine deutsche Kunstausstellung in München
1858 — zweifellos eine der besten deutschen Kunst=
ausstellungen — die Kölner Ausstellung 1861, die
Berliner Jubiläumsausstellung 1886, alle zeigten
sie Bilder von Friedrich, bis dann 1906 die denk=
würdige Berliner Jahrhundertausstellung eine so
reiche Schau seines Werkes zusammenbrachte, daß
er und sein Freund Kersting die aufregenden Ent=
deckungen der Kunstforscher waren. Seit jener Zeit
ist Friedrich endlich wieder ein fester Begriff, ein
lieber Besitz, ein Meister deutscher Kunst und Art,

deſſen Ruhm immer noch im Steigen iſt. Wieviel dazu die vortreffliche Pionierarbeit des deutſch= freundlichen Aubert beigetragen hat, wurde ſchon er= wähnt. Deshalb wurde ihm, dem deutſcheſten aller Ausländer, dies Buch gewidmet. Dies Buch will nun den Künſtler ſelbſt in ſeinen eigenen Bekennt= niſſen, in Wort, Linie, Bild, wie auch in den Be= kenntniſſen ſeiner Zeitgenoſſen, menſchlich nahe bringen. Und wer könnte uns den Geiſt und das Weſen ſeiner Kunſt beſſer deuten, als er ſelbſt. Wenn wir über ſein Kunſtweſen nun doch noch einiges zu bemerken haben, ſo ſoll es nur das Gegebene er= gänzen. Doch verſagen wir uns jede Erklärung oder Deutung, die uns der Meiſter ſelbſt gegeben hat, weil wir glauben, daß man immer zu den Quel= len zurückkehren müſſe, wenn man den Strom be= greifen will. Zunächſt verſuchen wir einen Rückblick auf die hiſtoriſchen Mächte und Beziehungen, die auf ſein Werden einwirkten. Seine Jugend wie ſei= ne erſte Entwicklung — die wir die rügiſche Periode nennen — erlebte der Vielbegabte in dem kunſt= armen, lokalpatriotiſchen, politiſch verwöhnten Neu= vorpommern, das, im Gegenſatz zu Preußiſch=Pom= mern, im achtzehnten Jahrhundert von Schweden her einen Anhauch der ſchwediſch=franzöſiſchen Kul= tur empfängt und dann um die Jahrhundertwende und nach der franzöſiſchen Leidenszeit nur langſam und liebevoll von Berlin her wie ein verzogenes miß=

38

trauisches Kind in den neuen preußischen Zentral-
staat und in seine neudeutsche Kultur hineingezogen
wird. Eigenartig und eigenwillig leben diese glühenden Patrioten und Künstler, diese Verehrer
Friedrichs des Großen, diese Feinde Napoleons immer, und auch Friedrich ist immer das Kind seines
Stammes und Landes geblieben. Er gehört auch
in Dresden sein Leben lang zu dem Kreise der nie-
dersächsischen Romantik, die aus dem Ostraum her
zu dem Berliner Vormarsch stößt und der beste Vorposten in Dresden bleibt, auch nachdem die romantischen Dichter und Philosophen 1809 Dresden wieder verlassen und der liederreichen, sentimentalen
Pseudo-Romantik das Feld geräumt hatten. Kunstsinnige Persönlichkeiten wie Kosegarten und Quistorp, dann Schildener und Finelius, Gönner wie
Fürst Putbus, Freunde wie Böhndel und Runge,
bescheidene Sammler in Greifswald, Wolgast,
Stralsund mochten Anregung genug spenden. Wahrscheinlich hat der junge Maler neben den Gemälden
des Barock auch jene vielbewunderten Prospekte des
jungen Hackert kennengelernt, der 1762 für drei
Jahre in Stralsund lebte und durch die neue Naturliebe und Naturnähe seiner Landschaftsmalerei
Aufsehen erregte. In Kopenhagen tritt er dann in
den Kunstkreis der Akademie, in den Zauberbann
nordischer Naturpoesie, wie ihn die Dichtung Ossians vor allem durch Abildgaards dunkle Malerei
39

übte. Hier aber lernt er auch das saubere Handwerk, die letzten Überlieferungen der großen akademischen Kunstlehre, wie wir sie besonders in seinen Bildniszeichnungen wiederfinden, die an die gute Pariser Schule aus Willes Gefolgschaft erinnern. Die dänische Schule bleibt auch späterhin ein wichtiges Bildungselement. Seine Beziehungen bleiben rege. Sein Jugendfreund Böhndel — wie Carstens und Eckersberg, ein Schleswiger — der, wie er, auf der Kopenhagener Akademie lernte, vermittelte Beziehungen zu Dänemark und vor allem zu dem dänischen Kunsthistoriker Höyen, der auch für ihn eintrat. Die Freundschaft mit Lund, der 1799 nach Dresden kommt, Friedrich im Jahre 1800 porträtiert und noch lange mit ihm im Briefwechsel steht, bestärkt dies. Auch ist die persönliche Bekanntschaft mit Eckersberg, dem Führer der neuen dänischen Landschaftsmalerei, zu beachten. Eckersberg kommt 1816 nach Dresden, vermittelt Briefe an Lund und hat gewiß die nahe Verwandtschaft seiner Kunst mit der Friedrichs empfunden. Wie dann der Hausfreund Dahl weitervermittelt und die Verbindung mit der neuen nordischen Landschaftsmalerei darstellt, wurde schon erwähnt. In Dresden selbst tritt das Kunstelement der einheimischen Schule und ihrer eigenartigen Landschaftsmalerei nahe. Hatte schon Quistorp die bescheidenen Kunstmittel der Graffschule gelehrt, so traten nun auf den Akade-

VI

mieausstellungen Künstler wie Mechau, Klengel, Katz, Wizanh, Zingg, Oldendorp und andere als ältere Konkurrenten hervor, die dem absterbenden holländisch-französischen Barock oder, wie Katz, dem neuen italienisch-weimaranischen Klassizismus nahestanden. Und doch war auch hier mancherlei zu lernen, und es ist gerade in den frühen, rügischen Sepiazeichnungen nach 1800 etwas von der letzten klassischen Abgeklärtheit der späten Claude-Schüler zu ahnen. Wenn wir die Sepiablätter des alten Martini oder des Seydelmann betrachten, so scheint uns doch Friedrichs Kunst nicht gar so fern zu liegen. Aus diesem klassizistischen Kunstelement mußte der Romantiker seinen symbolischen Naturalismus entwickeln, um dem neuen Geiste auch eine neue Form zu geben. Es ist sicher, daß ihm der neudeutsche Geist der Nazarener wie der Veit oder Riepenhausen, die 1805 nach Dresden kamen, nie von Bedeutung gewesen ist. Von allen Romantikern hat nur Klinkowström in Rom den Anschluß an das Nazarenertum gefunden. Friedrichs Kunstmittel sind schon frühzeitig ausgebildet und fast immer dieselben. Nur tritt in dem letzten Jahrzehnt seiner Tätigkeit zugunsten einer stärkeren Aufhellung mit entsprechender Schattengebung eine lockere und leichtere Linienführung hervor. Auch er entzieht sich nicht ganz dem Kunstgesetz seiner Zeit. Hier muß über Linie und Farbe einiges Wenige gesagt werden. Die

Linie hat eine eigene Kunstgeschichte ihrer Erscheinungs= und Bedeutungswerte. Sie erhält durch die Persönlichkeit ihr Leben, durch Lehre und Gemeinschaft ihre Typologie. Sie wird aus der einmaligen beseelten Handschrift zum entseelten, formelhaften Schriftzeichen und wandert so durch Schulen und Akademien bis zum Stümper. Wir erinnern an die bekannte Manier der verschiedenen Baumschlagtypen, die sich durch die Jahrhunderte verfolgen läßt. Diese kanonische Faktur lernte der Akademieschüler des achtzehnten Jahrhunderts, und vielleicht war diese feste Schultradition das einzig Wertvolle solcher Kunstlehre. Man sollte das Lehrbare und Lernbare der Kunstmittel nicht unterschätzen, denn gerade wir kranken heute an dieser Leere der Schulranzen. Diese saubere Faktur beherrscht auch der junge Friedrich und wir erinnern an seine frühen Bildniszeichnungen, die der akademischen Crayonlinie verpflichtet sind. Aber auch späterhin bewahrt er die überlieferte Kurzschrift für Baumschlag, Gras und Schraffur. Es ist der Geist seiner Ökonomie, diese fast asiatische Zucht und Sparsamkeit der Bildzeichen, die Abstraktion in der Zahl seiner Kunstmittel, die ihn von allen Zeitgenossen unterscheidet. Dies läßt sich auch in den Radierungen von 1799, 1800, 1801 verfolgen. Mit dieser Ökonomie beherrschte er auch seine Sepia= und Ölmalerei. Der Geist, nicht die Form ist ihm wesentlich, obschon sich sein ungewöhnliches Formgefühl in seinen eigenartigen Denkmalentwürfen erweist. Es ist immer die Zeichnung, die den eigentlichen Bildbau bestimmt. Die Farbflächen, kaum gegliedert, leicht angetuscht oder dünn lasiert, hart und linear begrenzt, schaffen nicht eigentlich den Raum, tönen nur, deuten die Stofflichkeit, das Relief der Erde und die Unendlichkeit der Luft. Wir verstehen, daß Dahl sich durch diese Landschaftselegien an Silhouetten und an griechische Vasenbilder erinnert fühlte, an „Traumbilder einer ungekannten Welt". So entstehen auch die Gemälde — wie Carus bezeugt — als Kreidezeichnung, die mit der Feder übergangen wird; die Untermalung wird dann dünn überlasiert, so daß die Durchzeichnung immer noch zu sehen ist. Erst dann wird übermalt. Wir fühlen uns an die altdeutsche Technik erinnert. Niemals macht Friedrich Cartons oder Farbskizzen, niemals malt er alla prima. Sein feines, zartes Instrument klingt leis und rein. Wenn er den Himmel untermalt, darf niemand mit ihm sprechen. Es ist feierliche Handlung, heiliger Dienst der Kunst. Man versteht, daß Kleist einmal mit deutlicher Anspielung von einem spricht, der vor dem Malen das Abendmahl nehmen möchte; bekennt doch Friedrich selbst einmal (1809) von einem Natureindruck: „Hier fühlte ich das Bedürfnis, jene Gedächtnisfeier zu begehen, die selbst ein Geheimnis, das Symbol eines Andern wird, der

43

Menschwerdung und der Leiden des Sohnes Gottes." Friedrich empfindet wie Runge den stillen Segen ruhigen Handwerks, wie die Nazarener die Andacht des Gebets in Sorgfalt und Ernst. Das Ethos der Kunstmittel ist offenbar, das immer noch viel zu wenig beachtet wird. Die Wertgeschichte der Technik ist noch nicht geschrieben. So ist denn seine Olmalerei immer eine Art von Sepiamalerei. Auch die Farbe bewahrt diese kühle Distanz, starkvergraut, eine eigene Idealität, etwas Traumhaftes, Weltfernes. Seine Farbenfolgen, zumal im Himmel, sind unendlich zart chromatisch. Nur die Staffage — dieses Auge des Auges, diese Seele der Seele — leuchtet zuweilen als diatonische Klangfigur heraus. Während sich seit 1808 eine stärkere Sättigung der Farben bemerkbar macht, finden wir in den zwanziger Jahren ein kühleres Vergrauen mit seltsamem Violett, Rosa und Gelb. Die konzentrische Symmetrie, die geistige Bildmitte, das Verwehen an den Rändern, die fehlende innere Rahmung, bestärken dies traumartige Verklingen, wofür Kleist das unvergeßliche Gleichnis der weggeschnittenen Augenlider fand. Carus meinte bei einer Wanderung auf Rügen die große rhythmische Lineatur Friedrichs aus dieser unendlichen Musik der Hügel- und Meereslinien erklären zu können, und C. F. Lessing, der letzte Erbe dieser Kunst, scheint in jungen Jahren auf Rügen dasselbe Erlebnis gehabt zu haben. Es

44

bedarf anderer Augen und anderer Gesinnung, um das Kunstwesen dieser schlichten Bilderschrift zu durchschauen. Schon Goethes strenger Kunstsinn hatte in Friedrichs Bildern den halbierten und konzentrischen Aufbau bemerkt, hatte beanstandet, daß diese Bilder um einen Mittelpunkt drehbar seien und leicht von Unbefangenen auf den Kopf gestellt würden. Damit ist zwar das Gesetz dieser Bildsymmetrie, die Betonung der Bildmitte und des Horizontes, die Schärfe der sauber ausgetuschten Flächen- und Formsilhouetten, die geometrische Ordnung der Dinge in Licht und Schatten angedeutet, aber das tiefere Wesen dieses „geistigen Auges", das diese Naturbilder innerlich beschwor, ist damit nicht berührt. Diese Leere und Einsamkeit, in der die kleinste Bildung dieselbe Bedeutung gewinnt wie das einzige Wort eines Schweigsamen, wie das einzige Bild eines leeren grauen Ateliers, diese zarte Modulation der Linie, die nur von einer Gestalt oder von einem Baumornament durchschnitten wird, diese monotone Horizontale, die wie die dunkle Bühne eines Schattentheaters die verträumten Gesten der Natur ins Ewige hebt — denn diese Luft ist wie der alte Goldgrund zeitlos und überirdisch — dies alles sind die tragischen Szenen eines Einsamen, der dem Geist Rede steht. Man hat zu wenig beachtet, welche Bedeutung in diesen Bildern der Himmel hat, daß hier „Licht, Farbe und bewegendes

Leben", die schon Runges letzte Bilder durchglühen, neue Farbe, neue Musik in den luftigen Wesen der Wolken mit den „Taten des Lichts" verwebt, und daß in dem malerischen Tagebuch des genialen Carus, wie in den Luftstudien der Dahl und Blechen, die wechselnden Färbungen des Himmels eine neue fortwirkende Beachtung finden. Nun verstehen wir auch, warum Friedrich die seltsamen „Wolkenaufträge" der schönen Louise Seidler, den „großen Wunsch" Goethes um wissenschaftliche Betrachtung und Darstellung der Wolken nach Howards System mit der Begründung zurückwies, daß dies „einen Umsturz der Landschaftsmalerey" bedeuten würde. Jeder wissenschaftliche Gedanke hätte die künstlerische Gesetzlichkeit seiner Kunstwelt gestört, die viel eher der romantischen Naturphilosophie als der klassizistischen Naturwissenschaft zuneigte. Gerade in Dresden hatten 1808 die Romantiker Müller und Schubert in ihren Vorlesungen die neue Naturphilosophie verkündigt. Müller hatte im gleichen Jahre im „Phoebus" in einem geistreichen Aufsatz über Landschaftsmalerei, den Friedrich sicher kannte, den neuen Geist der romantischen Landschaftsmalerei umschrieben, den schon Runge prophezeit, den schon Tieck in seinem Sternbald-Roman gedeutet hatte. Müller, der Philosoph der Lehre vom Gegensatz, der auch in der Natur „den immerwährenden Grundakkord", die „Vermählung von

46

Himmlischem und Irdischem" empfand, gibt uns
da die beste psychologische Einführung in die neue
Kunst, die damals nur Friedrich schuf: „Ein großer
göttlicher Gedanke beherrscht und regelt alle die kleinen Vergötterungen, welche der Mensch mit der um-
gebenden Natur vorzunehmen liebt. Darum ist die
Landschaftsmalerei überhaupt mehr allegorischer als
plastischer Natur: sie neigt sich zu den redenden, tö-
nenden Künsten herüber, und wenn die Bildhauerei die Ewigkeit in einem Moment zusammendrängt,
so stellt die Landschaftsmalerei sie symbolisch in einer
Reihe, ich möchte sagen, in einer Folge von Raum-
momenten dar." Er erklärt uns auch, warum gerade die Nachtseite der Natur, Unwetter, Dämmerung, Mondnacht, Winteröde, Friedhofseinsamkeit
und Verwesung so willkommen war: „Wie möchte
auch die Darstellung einzelner trüber Stimmungen, melancholischer Launen der Natur, der Unge-
witter, der Stürme so bezaubernd sein, wenn dem
Gefühl nicht hier, wie in der Tragödie, etwas dar-
gereicht würde, von den Spuren eines über Stimmung und Laune erhabenen Weltgeists." Dies war
es auch, was die Freunde des sonnigen Südens,
heiterer Mittagswelt und naiver, friedlicher Welt-
bejahung dem Künstler zum Vorwurf machten, daß
er, wie eine Friedhofhyäne am liebsten die Gräber
und den Tod aufsuchte, und daß ihm der Schatten
lieber sei als das Licht. Sie verstanden nicht das

47

Gesetz, dem dieser Pessimismus gehorchte, sie kannten nicht den holden Trost der Nacht und des Todes, den schon Young, den schon Novalis wundervoll gedeutet hatten. Mrs. Jameson, eine reisende Engländerin, die aus Goethes Weimarer Kreis nach Dresden kam, um über die deutsche Kunstwelt ein Buch zu schreiben (Visits and scetches at home and abroad. In two volumes. New York 1834) besuchte damals auch Friedrich und stellte seine Kunst kritisch der des Turner gegenüber: „His genius revels in gloom as that of Turner revels in light"; und in der „Zeitung für die elegante Welt" faßte schon 1809 eine Dresdener Stimme das Urteil zusammen: „In solchen Szenen, wo Grab und Wiedererstehen, Leben und Tod, Erstarrung und Erwärmung miteinander im Kampf liegen, wo über dem Verödeten und Vergänglichen das Belebende und ewig Dauernde siegreich, wie der Gedanke über dem Stoff, schwebt, ist unser Friedrich ein unübertroffener Meister." Man wußte wohl, warum die nachempfundenen Friedhofbilder und Nachtlandschaften der anderen dagegen so bedeutungslos waren. „Daß er wirklich religiöse, aus seinen Symbolen hervorgehende Gedanken erweckte, darüber waren alle einig." Dies war es auch, warum jede seiner Landschaften religiös wirkte, warum er eine Landschaft zum Altar steigern konnte. Die Gesinnung, der Geist, bewirkt das Religiöse in einem

48

VII

kirchlichen Kunstwerk, nicht der Stoff. Es war über=
haupt letzten Endes seine symbolische Kraft, die seine
Werke über die aller andern hinaushob. Dies wird
gerade durch seine patriotische Kunst deutlich. Es
war auch hier die gläubige Kraft seiner physio=
gnomischen Geheimsprache, die, allen verständlich, die=
se Symbole einer hoffenden Vaterlandsliebe im
Bilde gestaltete. Hatte schon Runge in den Buch=
umschlägen für Perthes, in dem Schill=Buben sei=
nes Kartenspieles die politische Prophezeiung ver=
steckt, so vermummte nun Friedrich in seinem Chas=
seur im Walde, in seinem Adler über dem Nebel=
meer, in seinen Heldengräbern, in seinem einge=
schneiten Wäldchen die nationale Idee, sein patrioti=
sches Bekenntnis. Man muß dagegen die geschmack=
losen patriotischen Allegorien seiner Kollegen, Hart=
manns apokalyptisches Pferd oder Kügelgens hei=
ligen Michael betrachten, um den Abstand zwischen
Allegorie und Symbol, zwischen patridiotischer und
patriotischer Kunst zu begreifen. Hier, vor Fried=
richs Bildern, konnte Goethe den besten Beweis ge=
gen seine These finden, daß es nationale Kunst gar
nicht gäbe — wie wenn die von ihm geliebte griechi=
sche Kunst nicht nationale Kunst gewesen wäre!
Friedrich war auch als Patriot Landschaftsmaler.
Das Figurenstück war, wie er selbst einmal be=
kannte, so eigentlich seine Sache nicht. Er machte
deshalb auch für die Staffage=Figürchen genaue

Vorstudien nach der Natur. So sind z. B. die beiden in den Mond schauenden Männer seine Schüler Bommer und Heinrich. Die Landschaft, nicht der Mensch, war sein Element. Wir haben schon an anderem Ort die Entwicklung zu zeichnen versucht, welche die romantische Landschaftsmalerei erlebte, um zu zeigen, wie aus der topographisch=physiognomischen Landschaft die symbolische Landschaft, die psychische und physische erwuchs, die allzubald realistischen und genreartigen Motiven weichen mußte. Wir konnten auch hier nur andeuten, wie aus den alten astrologisch=ikonographischen Motiven der Jahres= und Tageszeit psychische Symbole und allzubald koloristische und naturalistische Probleme wurden; wie aus Runges klassizistischen Bedeutungszeichen organische und psychologische Naturzeichen werden, wie das Naturbild zum Seelenbild, die Landschaft zum Motiv, der Monolog zum Dialog wird. Die bildende, die symbolische Kraft, die innere Notwendigkeit und Beseelung, entscheidet doch wohl über Wert und Dauer der Kunst, die ihre eigene Welt, ihre eigene Ethik, ihre eigene Gesetzlichkeit hat. Wie sich hier Einmaliges und Typisches, Persönlichkeit und Gemeinschaft, Heute und Immer auseinandersetzen, wie hier eine neue Natur, ein neuer Kosmos Erlebnis wird, wie das Erlebte, Erliebte, Erlittene Gestalt wird — das bedingt doch wohl Wesen und Wirkung dieser Kunst. Wir wollen die pessimisti-

sche, menschenferne Einsamkeit dieser Kunst nicht verkennen. Es ist das scheue, schwermütige, vernei-
nende Wesen dieser christlichen Abgewandtheit zu
empfinden, ein Hauch jenes Schopenhauerschen Geistes, der sich immer wieder zu Tier und Pflanze
flüchtet. Es ist der Monolog eines Trostlosen, der
„Klagelaut einer unbefriedigten Existenz", die Not-
wehr eines Besessenen. Es ist trotz aller Gläubigkeit tabu und tao. Wenn wir uns nun im Bereiche
der Kunst nach einer vergleichbaren Kunst umschauen
wollen, die das Wesen der Dinge mit ähnlicher Ver-
senkung, Entrückung, Hingabe in Stille und Einsamkeit bei geheimnisvoller Armut der Mittel ge-
bannt und dargestellt hat, so bleibt uns nur die
frühe chinesische Landschaftsmalerei. Zweifellos erinnern manche Bilder Friedrichs an solche Gebilde
höchster Kultur und Offenbarung. Waren damals
die Maler wie Zauberer, wie Dämonen mit göttlichen Kräften, geehrt und geliebt, so verstand man
dann in Friedrichs Zeit auf der westlichen Halbinsel
Asiens solchen Geist und solche Kunst längst nicht
mehr. Deshalb blieb Friedrich, wie ein krankhafter
Anachronismus, im Tiefsten unverstanden. Auch er,
der dem Geist, nicht der Form, dem Wesen, nicht
den Dingen lebte, konnte wie jener ohne Studien
heimgekehrte Wu-Tao-Tse sagen: „Ich habe die
Landschaft in meinem Herzen." So tritt uns Friedrich als einer jener wenigen Großen entgegen, die

sich selbst zum trinkenden und tränkenden Gefäß
göttlichen Geistes gestaltet haben, als einer jener
Dolmetscher, Seher, Weisen, die aus dem tiefen
Schlafe der Selbstentrückung zu uns sprechen und
Zeugnis geben von dem Unaussprechlichen.

Karlsruhe   Kurt Karl Eberlein
Im Herbst 1924.

Bekenntnisse

von

Caspar David Friedrich

Lieder

1

Der Morgen

Selig wer vom Schlaf erquickt,
Wer mit frohem Auge blickt
Dankend zu dem Herrn.

Selig wer mit stillem Sinn
Schaut auf seine Arbeit hin
Und beginnt mit Freuden.

Selig wer, was er vollbringt,
Wenn es ihm nach Wunsch gelingt,
Dient zum Heil der Menschen — —

*

2

Der Abend

Stille, horchet, stille!
Nicht einmal die Grille
Zirpt im hohen Gras.

Alles ruht und schweiget.
Selbst die Blume neiget
Sanft ihr Haupt herab.

Auch ich will mich schlafen legen,
Gottes Schutz und Gottes Segen
Wird beschirmen mich.

Seelig wer mit frommem Herzen
Ohne all Gewissens Schmerzen
Ohne Not und frei von Pein
Schlummert sanft und ruhig ein.

★

VIII

Phot. Fr. Bruckmann A.-G.

3

Ach des Himmels blauer Bogen
Ist mit düstern Wolken umzogen
Und der Sonne heller Glanz
Verbirgt sich ganz.

Meines Lebens frohe Stunden
Meines Lebens einziges Glück
Sind mit dir Geliebte verschwunden
In den Erden-Schoß zurück.

Sieh des Sturmes Schrecken=Macht
Beugt die Eiche, daß sie kracht
Und die Rose auf schöner Aue
Ist geknickt vom Regen, schaue!

Tränen sind mein Los geworden
Weinend schau ich in dein Grab
Gott, wie wird es mit mir werden
Sieh doch gnädiglich herab!

Durch die düstern Wolken bricht
Blauer Himmel, Sonnenlicht
Auf den Höhen, in dem Tal
Singt die Lerche und Nachtigall.

Gott, ich dank dir, daß ich lebe
Ewig nicht für diese Welt
Stärk mich, daß mein Geist sich hebe
Auf zu deinem Sternenzelt.

4

Bleich und ernst blickt durch dunkle Wolken
Mond dein Silberschein
Schauerlich erschallt im düstern Fichtenwald
Eulen euer Schrein.

Einsam steh ich hier und zage
Furcht ergreift mich immermehr
Will's denn nimmer aus der Ferne tagen
Keine Freude mehr?

Ja, ich sehe durch der Bäume Stämme
Schwache Hoffnung, matten Schimmer
Weh mir weh: es sind die Trümmer
Längstvergangner Herrlichkeit.

★

5

Erwacht aus tiefem Schlummer
Die Luft erhellet sich
Der Morgenröte Schimmer
Verkündet das Tageslicht.

So faltet denn die Hände
Preist ihn den Gott der Macht
Er der euch Ruhe schenkte
Beschirmet diese Nacht.

★

Die Erde liegt im Dunkel
Aus düstern Wolken bricht
Des Vollmonds Silberschimmer
Der Sternlein mattes Licht.
So preiset denn den Herrn
Und schlummert ruhig ein
Träumt Seeligkeit auf Erden
Träumt glücklich nur zu sein.

★

7

Dunkelheit decket die Erde
Ungewiss ist aller Wissen doch nur
Es leuchtet im Abend der Himmel
Klarheit strahlt von oben.
Sinnet und grübelt wie ihr auch wollt
Geheimnis bleibet euch ewig der Tod
Aber Glaube und Liebe sieht
Freude und Licht jenseit dem Grabe.

★

Er ist der Herr der Erde,
Er, der da sprach: es werde,
Und alles ward.

Er sei gelobt, gepriesen,
Der uns den Weg gewiesen,
So führt zum Heil.

Dem Vater wie dem Sohne
Sei Lob und Preis zum Lohne
Von aller Welt.

Wir fallen hin in Staube,
Voll Zuversicht und Glaube
Auf deine Liebe.

Aus Gnade wirst du geben
Uns das verheissene Leben,
Des wir uns freuen.

Stärk uns zu guten Werken
Und lass uns täglich merken
Auf deine Lehr.

Vor Bösem uns behüte
Dass Sinneslust nicht wüthe
In unser Blut.

★

Gebete

Barmherziger Vater

Laſſ uns nie vergeſſen daſſ wir endlich in unſerm Wiſſen, unendlich in unſerer Fortdauer ſind. Laſſ uns immer eingedenk ſein, daſſ aller unſer Tun nur Stückwerk iſt, und daſſ deine Wege ergründen zu wollen, nicht Weisheit ſondern Frechheit iſt.

Du gabſt uns Klugheit und Vernunft zu erforſchen und begreifen irdiſche Dinge, doch himmliſche Dinge zu erkennen gabſt du uns ein Herz und legteſt in uns hohe Ahndungen.

Seelig iſt wer dieſer Stimme gehorchet feſt und unerſchütterlich glaubt, daß dieſe ewig nicht trüget.

★

Nach der Befreiung von Dresden von den Franzosen

Lasset uns singen ein hohes Lied, ein Lied voll Dankbarkeit und Liebe.
Lobsinget dem Herrn, ihr Befreiten; lobpreiset seine Güte für und für.
Denn er hat gnädiglich von uns abgewendet die Not, da wir flehten um Hilfe;
er hat erhört unser Schreien und verjaget unsere Feinde.

Sie sind in Staub getreten, die Schnöden, so seiner vergessen und nicht achteten.
Der Heimat eilen sie zu, die Flüchtigen, vom Schwerte des Nordens verfolgt;
vom Fluche des Allmächtigen getroffen.

Zertreten sind die Saaten, verheeret die Früchte der Felder;
Städte und Dörfer in Schutt und Asche verwandelt mit frevelnder Hand.
Aber der Zorn Gottes ruht schwer auf ihnen,
vom Hunger gequält, ohne Obdach und Hilfe,
ohn Mitleid und Erbarmen
hauchen sie des Lebens letzten Atem aus.

★

IX

Deine Hand, o Herr, züchtigt uns hart, aus Süden
    und Osten sendest du Peiniger zu uns.
Wir möchten schier im Elend vergehen, wende ab
    von uns deinen Zorn.
Schnöde Willkür hält das Zepter und die Habsucht
    führt das Regiment.
Die Freude ist von uns gewichen seit Jahren; unter
    dem Druck der Fremdlinge seufzen wir.
Wir flehen zu dir, o Herr, der du uns befreit hast
    vom Joche der Franzosen; erlöse uns auch von
    den Russen.
Daß der Arbeiter erfreue sich seiner Müh und ge=
    niesse deines Segens Fülle in Frieden.
Gieb Regen und Sonnenschein zu seiner Zeit, dass
    alles blühe und Früchte bringe.
Und lasse ferner nicht zu, dass wilde Horden ver=
    wüsten unsere Felder und Fluren.
Wir haben in deinem Zorn erkannt, dass du der
         Allgewaltige bist;
    lass uns auch in deiner Liebe sehn, dass du der
         Allgütige bist,
    und sei uns gnädig, sei uns gnädig, o Herr,
         und erhöre uns.

★

Friede der Gruft streitender Krieger
Siegend und fallend für Freiheit und Recht!

Friede mit euch, Kämpfer im Streit
Heiliger Sache, Vaterlands-Glück!

Ewig wir ehren
Nimmer vergessen wir;
Wie ihr gestritten,
Was ihr gelitten,
Für uns errungen,
Wen ihr bezwungen!

★

Eine Sage

Auf der Insel Rügen am kreidigen Felsenufer
der Ostsee, unweit Stubbenkammer und der Herte-
burg und Burgsee, soll, wie die Bewohner der Insel
erzählen, in dem noch jetzt schönen Buchenwald vor-
zeiten eine Grube gewesen sein. Aus dieser Grube
hat man ein immerwährendes Stöhnen und Äng-
sten gehört und des Jammerns und Klagens ist kein
Ende worden, weder Tag noch Nacht. Vom Wim-
mern und Wehklagen ist schauerlich umher die Luft
erfüllt gewesen. Und Spinnen von scheußlicher
Grösse haben mit ihrem Gewebe die Öffnung umzogen. Und das Gerassel des dürren Laubes und
das Gekrächze der flatternden Raben und das Ge-
zische der giftigen Schlangen und nächtlich das Ge-
kreische der Eulen und Uhu machte schauerlicher noch
die schauerliche Stätte. Und weit umher hat man
der lieblichen Vögel keine gesehen noch gehöret ihren
harmonischen Gesang. Zu stolzer Grösse sind ge-
wachsen die Bäume im ganzen Walde, aber im weiten Kreise um die Grube haben dürre die Eichen
und Buchen gestanden und keine Pflanze noch Blume
ist da gediehen: ausser den Distel und Schierling.

Der Magistrat zu Stralsund hat eine grosse
Summe ausgesetzt für den, der es wagen würde,

sich in diese Tiefe hinabzulassen, um zu erforschen die Ursache des Jammerns und Klagens. Doch keiner hat sich gefunden zu bestehen das Abenteuer, hinunterzusteigen ins Bodenlose, wo Elend und Verzweiflung den Wohnsitz gehabt, so sehr auch jeden der Preis gelüstet. Ein ganz Jahrhundert verfloß und des unterirdischen Jammerns und Klagens hat gewähret für und für.

Nun hat es sich zugetragen, daß in Stralsund ein armer Sünder hat hingerichtet werden sollen, beschuldet des Mordens und Brennens. Doch er war unschuldig und behauptete trotz aller Marter und Pein, so man ihm antät, er wisse von keinem Mord noch Brand, dessen man ihn beschulde. Einer im Rate verfällt auf den Gedanken, man solle ihm das Leben schenken, wiefern er sich hinablassen wolle an einem Seile in der Grube bei Stubbenkammer. Der Unglückliche ergreift, wenngleich mit Schaudern, den Vorschlag, um vielleicht noch zu retten das Leben. Und man läßt ihn mit einer Glocke hinunter in den Schlund, damit er durch Klingeln es kund tue die Zeit, wenn er wieder hinauf wolle. Und tief und immer tiefer läßt man ihn hinab; wohl 1000 Klafter und drüber: bis am schlaffen Taue man merkt er stehe nun fest. Und nun horcht man mit dem Ohr auf der Erde liegend. Und nach einer langen Weile hört man leise und dumpf den Schall der Glocke. Und beginnt sogleich ihn wieder ans

Licht zu ziehen. Begierig stehen alle voller Erwartung zu hören, was der Arme gesehen. Und er hält in seiner Rechten einen goldenen Kelch, gefüllt mit rötlichem Wein, und darin schwimmend gerundet ein Oblat. Und schweigend setzt er den Kelch wieder auf die Erde. Und mit einemmal steht von Sonnenglanz erleuchtet der geweihte Wein, das geweihte Brod im goldenen Kelch und von den blendenden zurückgeworfenen Strahlen werden geblendet die Umstehenden. Aber plötzlich erhebt sich ein Wirbelwind und keuchend beugen sich die Gipfel der Bäume zur Erde und der Boden erschüttert unter ihnen. Und nun war verschwunden die Grube, unkenntlich geworden die Stätte und des Jammerns und Klagens wurde nicht mehr gehöret.

Da erhob mit ernster Stimme der unschuldig Beschuldete zu erzählen was er gesehen: „Während ich hinunterfuhr in den Schlund," hub er an, „sah ich nichts. Nur hörte ich über mir wie unter mir und um und neben mir Zischen wie Zischen von Schlangen. Endlich kam ich an eine grosse eiserne Pforte und schob mit bebender Hand den mächtigen Riegel zurück. Aufgetan nun war die Pforte der Hölle, ich trat in ein feuriges Gemach. Es brannten die Wände, es brannte das Gewölbe, und unter mir brannte der Boden, doch mich überlief ein kalter Schauer. Sieben feurige Stufen führten unterwärts und unten auf sieben glühenden Zacken saß eine Jungfrau. Doch wie sie gestaltet und wie sie mich angesehen, davon lasst mich schweigen. Ihr im Schosse hatte ein scheusslicher Drache mit flammenden Augen seinen Kopf gelegt und auf einer Erhöhung neben der Jungfrau stand dieser goldene Kelch, ein silberner Götze und ein eisernes Unding, gestaltet, ich weiss nicht wie. ‚Nimm!' sprach die Jungfrau, ‚eines von diesen drei Teilen welches du willst, doch achte genau auf dieses Ungeheuer: wenn es dich angrinst, so lasse es stehen, und ergreife ein anderes, wo nicht, so halte es fest.' Und ich griff nach dem goldenen Kelch; denn alles im weiten Gemache brannte, nur dieser nicht. Und das Ungeheuer schwieg, schloss seine blitzenden Augen und zog den Kopf sowie die bluttriefenden Klauen aus dem Schoss der Jungfrau zurück — und ich entwich."

Hier endete er seine Erzählung und sank tot zur Erde nieder. Und aus dem hellblinkenden Kelch erhob sich mit eigener Kraft der geweihte Wein und ergoss sich über ihn. Der Sturm hatte geteilet die düsteren Wolken, und die reine lichte Bläue des Himmels stand über ihm.

Zur Zeit, wie man die Höhle entdeckt und das Geschrei vernommen, ist zu Bubbin, ein Dorf auf Jäsmund, aus der Kirche der goldne Kelch vom Altare entwandt worden. Auf eine Jungfrau, so in des Predigers Haus gewesen, hat man Verdacht gehabt und es ihr gerade ins Gesicht gesagt. Doch sie hat hoch und teuer geschworen, daſſ sie der Teufel holen sollte, wenn sie die Kirche bestohlen hätte, und gleich darauf ist sie verschwunden. Der wiedergefundene Kelch soll noch heutigen Tages in Hamburg zu sehen sein und gehört eigentlich der Kirche zu Bubbin. —

★

Aus dem Tagebuch

Ich trat soeben aus einem dunklen, finsteren Wald und befand mich auf einer ziemlichen Anhöhe. Vor mir im Thale, von fruchtbaren Hügeln umgeben, lag sie gar freundlich da, die niedliche Stadt, und im Abendglanze blinkt der neu gedeckte Schieferthurm. Durch die üppige blumenreiche Wiese schlingelte sich die Elster, gar lieblich zu schauen. Und hinter den Hügeln lagen Berge und hinter den Bergen ragten Felsen hervor; und so lag Fels an Fels gereiht bis weit hinaus in luftige Ferne. Voll hoher Freude stand ich lange da, und sah hinaus in die schöne Gegend, sah wie die Heerden der Rinder und Schafe dem Städtchen sich naheten, sah wie die fleissigen Schnitter mit den blinkenden Sensen Elsterwerda zu eilten. Da wurde ich eingedenk die schönen Mädchen, so ich vor einigen Monaten bei meiner Durchreise gesehen, und schnell eilte ich, ehe 's dunkel wurde, dem Orte zu. Langsam ging ich durch die stillen Gassen des Städtchens, und sah auch einige der schönen Mädchen; es waren dieselben so ich schon gesehen. Durch die klaren Fensterscheiben konnt ich sie gar deutlich erblicken. Und sie kaum einen freundlichen Gruß zunicken, als sie sich plötzlich rückwärts wanden und schamroth verschwanden.

★

X

Phot. Fr. Bruckmann A.-G.

Sanft sich hebende Hügel hemmen die Aussicht ins Weite; zugleich dem Wünschen und Wollen der Kinder, sie genieſſen der Gegenwart köſtliche Zeit nicht anderes, noch wollend was ferner liegt. Blühende Büſche; nährende Kräuter; duftende Blumen schlieſſen den ſtillen klaren Bach ein, in dem sich die reine lichte Bläue des unbewölkten Himmel spiegelt; wie in den Seelen der Kinder der Gottheit herrliches Bild. Kinder spielen, küſſen und freuen sich, und das eine Kind begrüſſt mit frohem Händeklatschen die kommende Sonne. Lämmer weiden im Tal und auf den Hügeln. Kein Stein iſt hier zu sehen, kein dürrer Zweig, kein abgefallen Laub, Friede, Freude und Unschuld und Leben athmet die ganze Natur.

★

Du kennſt meine Wohnung und die schöne Aussicht umher. Heute ruft mir zum erſten Mal die sonſt so herrliche Gegend Vergänglichkeit und Tod zu, da sie mir sonſt nur Freude und Leben entgegenlächelte. Der Himmel iſt trübe und ſtürmisch und heute hängt er zum erſten Mal den schönen bunten Bergen und Gefilden seinen einfarbigen Winter=Mantel über. Erblaſſt liegt die ganze Natur vor mir. —

★

Ein Brief in Versen

Es war die fünfte Stunde früh,
So meldete des Kirchturms Klocke,
Und matt erhellte der junge Tag
Durchs kleine Fenster meine Kammer.

Da lüftete ich das deckende Bett,
Vom weichen Lager mich hebend,
Lobpreisend den Herrn, der Ruh mir verlieh
Beschirmt von allen Gefahren.

Kühl war der Morgen, doch deckte ich rasch
Den Leib mit reinem wollenen Zeug.
Dann wurde gewaschen der Mund,
Gewaschen das Antlitz, die Hände.

Denn die Reinlichkeit behagt gar wohl
Erhält gesund und warm den Körper.
Da fiel mirs ein, nach Tarant zu gehen,
Den kleinen, niedlichen Städtchen.

Drei Stunden nur liegt's von Dresden entfernt
Im schönen anmuthigen Thale
Von Bergen umschlossen, mit Buchen bekränzt
Die strebende Höhe derselben.

Gleich säuberte ich die Stiefel mir,
Zog anders mich an vom Haupt bis zu Füssen,
Versehen mit Bleistift und Papier,
Des Gummi-Elastikums nicht vergessend.

Doch wartete ich noch auf's dienende Mädchen,
Die bringen würde die warme Milch, die Semmel.
Sie kam diesmal wie gewünscht sehr früh,
Und brachte das Begehrte.

Ich schlürfte behaglich aus Meissner Tasse
Die warme Milch hinunter,
Ass dann das braun geback'ne Brot,
Sechs Pfennige war es im Werte.

Indes das Mädchen das Bett gemacht,
Zur kommenden Nacht bereitet,
Die Kammer gekehrt, wie gewohnt,
Sie weiss, ich hab's gern reinlich,

Schnell eilte ich die Strassen durch,
Auf grüne Fluhr zu kommen,
Wo freier die Luft uns reiner umgiebt,
Und fröhlich der Mensch sich fühlet.

Es perlte der Tauh in duftender Saat,
Vom Sonnenglanz erleuchtet,
Es trillerte die Lerche ihr Morgenlied,
In hoher Luft sich erhebend.

Es rauschte die wilde Weisseritz
Kühl flüsterten durch Erlen die Winde.
Aus nahem Dorfe, Plauen genannt,
War hörbar schon des Wasserfalls Getöse.

Gleich hinter dem Dorfe erheben sich
Die Felsen zur Rechten und Linken,
Mit Bäumen und Büschen mancherlei Art
Und schwellendem Moose bewachsen.

Schön ists vor quaderner Brücke zu stehen,
Umgeben ringsum von Felsen,
Wo durch der Brücke Bogen man sieht
Die weisse Buschmühle liegen.

Das tosende Wasser stürzt schäumend sich
An rauer Granitwand hinunter.
Man höret sein eigenes Wort kaum noch,
Auch nicht der Mühle Geklapper.

Und weiter ging ich im Grunde fort,
Bewundernd die schöne Umgebung
Von Felsen und Bäumen, von Gärten und Wiesen,
Mich freute die Klarheit des Spiegels im Wasser,

Das Läuten der Kühe, die weidenden Schafe,
Die hüpfende Ziege im Grase,
Das Krachen der schwerbeladenen Wagen,
Das Wiehern der muthigen Hengste.

Gott grüß euch, nickten freundlich mir zu
Die Männer, Weiber und Mädchen.
Schön Dank, erwidert ich, rückte den Hut
Und lachte hin zu den Mädchen.

Die grosse Hälfte des Weges
War bereits zurück schon gelegt,
Da setzt ich mich hin, zu zeichnen
Den Windberg, den höchsten der Gegend.

Es rollte ein Wagen vorbei
Voll geputzter Herren und Damen,
Recht fröhlich schienen sie alle,
Laut schäckernd rief einer mir zu:

Nehmen Sie uns doch mit ab!
Nehmen Sie mich lieber mit auf!
Erwidert ich schnell und geschwinde
Rasch rollte der Wagen vorbei.

Drauf gieng es weiter im Grunde fort
Die Felsen wurden höher und schöner,
Es krachten die Tannen auf luftiger Höhe,
Im Thale lispelten die Birken.

Hoch über der Berge Gipfel schwebte
Die Weihe in stolzen Zügen,
Auf blumiger Wiese an kühlender Quelle
Erthönten der Nachtigall Lieder.

Ich hörte halb — es war auf elf —
Die Klocke im Thurme schon schlagen,
Drauf sah ich auch bald die alte Burg
Am felsigen Abhange liegen,

Die Kirche nachher, den spitzigen Thurn
Mit blinkendem Kreuze und Fahne,
Sehr fest gebauet, auf felsigem Grund,
Wohl deutend auf die Religion so sie lehrt.

Ich kam ins Städtchen, doch weilte ich nicht,
Gieng gleich hinauf zur Ruine,
Der schmale Fusspfad den Felsen hinan
Führt mich an der Kirche vorüber.

Ich trat ins offene Gotteshaus
Voll Rührung und Andacht im Herzen,
Blieb vor des Altars Stufen stehn
Zum Gebet die Hände gefaltet — —

Nun gieng ich weiter der Burg zu
Die stolz in Trümmern noch pranget
Mit Pfeiler und Bogen und hohem Gemäuer
In grauer Zeit noch erbauet —

Schön ist von dieser Höh zu schauen
Des Schöpfers Werke umher
Das Thal in drei Arme teilet sich
Nach Norden, Osten und Westen.

Die waldigen Höhen, die schroffen Felsen,
Die fruchtbaren Äcker und Wiesen,
Und unten das Städtchen, sehr reinlich und nett,
Wer kann die Schönheit beschreiben?

Im Innern der Ruine war einfach und edel
Ein kleiner Altar errichtet,
Der Dankbarkeit war er geweiht,
Wie eine Inschrift lehret.

Wenn Wanderer du die Pracht der Auen
Von hier mit Freuden schauest
So zoll auch hier dein Dankgefühl
Dem Schöpfer der Natur.

Spend' was dir ward, wenn wenig nur
Den Armen, deinen Brüdern,
Und preise Gott, der diese Freude
Dir heute hat verliehen.

Ich zollte, auch wenn wenig nur,
Mit frohem Herzen ihm,
Sah dann umher noch einmal hin
In Gottes schöne Werke.

Und dacht an dich, du guter Heinrich,
An dich, du lieber Preef,
Und wünschte still im Herzen noch einmal
Diese Freude mit euch, ihr guten, zu geniessen.

Nun ging ich links das Feld hinab,
Die Klocke hat zwölf geschlagen,
Zum Gasthof, der braune Hirsch genannt,
Der Mahlzeit mich erfreuend.

Wolt ihr auch wissen, was ich aff?
So will ich's auch erzählen:
Erst Suppe, dann Rindfleisch mit Kohl,
Kottlet und Brot und Bier.

Ich trat nunmehr den Rückweg an,
Damit ichs kurz erzähle,
Und nahe an der Königsmühle,
Die vorher nicht erwähnet,

Hört ich der Hörner muntern Ton,
Das Echo von den Felsen,
Drei Männer waren's, die sich zur Freud
Und vielen andern bliesen.

Vier Mahler traf ich auch noch an
Und grüßte sie und brachte dem einen
Viele Grüße von seinem Freund aus Rom
Er hat an mich geschrieben.

Die Stadt hatt' ich bereits erreicht,
Durcheilte schnell die Gassen
Nach Crämers hin, mich hungerte,
Das Abendbrot zu essen.

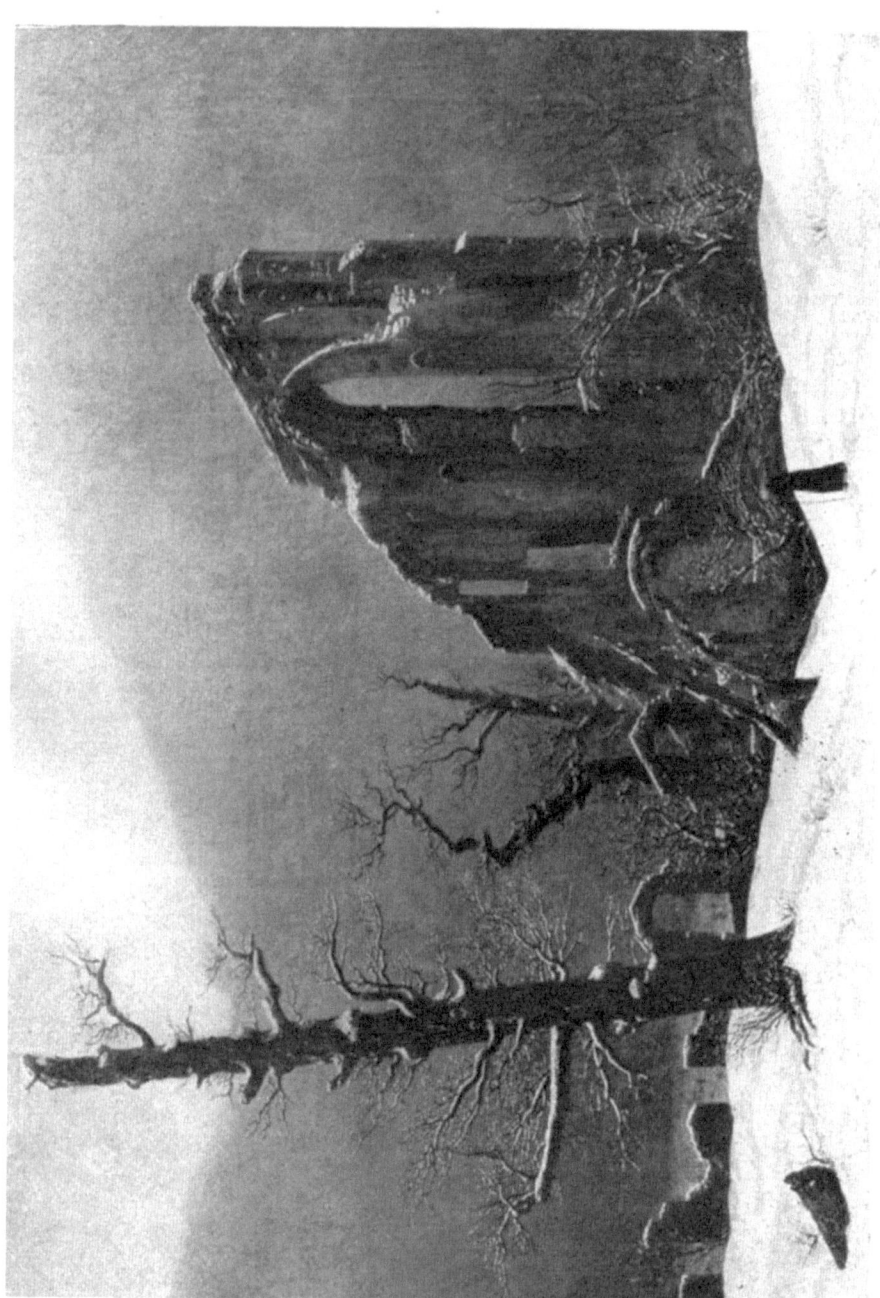

XI

Es schlug halb zehn, wie ich wieder
Zu Hause mich verfügte
Ins Bett mich legt und ruhig schlief.
Ob ich geschnarcht? Das weiß ich nicht
Ihr wollt's wohl auch nicht wissen?

★

Aus Briefen

An den Maler J. L. Lund

Dresden, d. 11. Juli 1816.

Schneller und unerwarteter als Sie es vielleicht geglaubt haben erhalten Sie Antwort auf Ihren lieben Brief durch Herrn Faber. Eckarsberg schickte mir Ihren Brief Abends vor der Abreise zu. Ich suchte ihn auf konnte aber nur wenig Worte mit ihm sprechen; er hatte die Gefälligkeit für mich einige Briefe nach Copenhagen mit zu nehmen.

Dank für die freundliche Einladung nach Rom zu kommen, aber ich gestehe frei, dass mein Sinn nie dahin getrachtet. Aber jetzt da ich einige der Zeichenbücher des H. Faber durchblättert bin ich fast anders Sinnes worden. Ich kann mir es jetzt recht schön denken nach Rom zu reisen und dort zu leben. Aber den Gedanken von da wieder zurück nach Norden könnte ich nicht ohne schaudern denken; das hiesse nach meiner Vorstellung so viel: als sich selbst lebendig begraben. Stille zu stehen lasse ich mir gefallen, ohne Murren, wenn es das Schicksal so will; aber rückwärts gehen ist meiner Natur zuwider, dagegen empört sich mein ganzes Wesen.

Ich bin eine Zeitlang faul gewesen und fühlte mich durchaus untüchtig, etwas zu machen. Von innen heraus wollte nichts fliessen, der Brunnen war versiegt ich war leer; von aussen wollte mir nichts ansprechen ich war stumpf und so glaubte ich denn am besten zu thun, nichts zu thun. Was nützt uns am Ende das Arbeiten, wenn nichts damit gemacht ist; der Samenkorn muss eine lange Weile in der Erde liegen, wenn man sich von Erde was versprechen will.

Gehaben Sie sich wohl im milderen Himmelstrich und unter erhabeneren Naturumgebungen, und grüssen Sie so mit Ihnen gleiche Schätze der Natur und Kunst geniessen, die Gebrüder Veith, Mardorf aus Dessau, Senf u. a. m. nur den Kammerherr v. Ramdor nicht.

Der Vetter wird wohl auch schreiben.

Gott befohlen!

C. D. Friedrich.

★

Dresden den 28t. Januar 1818.

Meinen Brüdern, Verwandten und Bekannten sei hiermit kund und zuwissen getan, daß ich den 21t. Januar früh um die sechste Stunde in der hiesigen Kreuzkirche mit Caroline Bommer bin getraut worden; also acht Tage schon Ehemann. Einige Stunden nach der Trauung ging ich nach Hause in der Absicht an euch zu schreiben, wurde aber daran verhindert. Und so sind ganze acht Tage vergangen und es ist immer nicht geschehen. Wenn ich gleich seit den Tag meiner Trauung mich schuldig fühle an euch schreiben zu müssen und euch davon zu benachrichtigen, so haben wir doch schon längst auf Briefe von euch gewartet und meine Frau fängt bereits an unruhig zu werden und hat euch zu wiederholten malen erinnert zu schreiben; denn auch sie will schreiben um mit ihren neuen Brüdern bekannter zu werden.

Es ist doch ein schnurrig Ding wenn man eine Frau hat; schnurrig ist es, wenn man eine Wirthschaft hat, sei sie auch noch so klein; schnurrig ist mir's wenn meine Frau mir Mittags zu Tisch zu kommen einladet. Und endlich ist es schnurrig wenn ich jetzt des Abends fein zu Hause bleibe, und nicht wie sonst im Freien umher laufe. Auch ist es mir gar schnurrig, daß alles was ich jetzt unternehme immer mit Rücksicht auf meine Frau geschieht und geschehen muß. Schlage ich nur einen Nagel in die Wand so darf er nicht so hoch sein als ich langen kann; sondern nur so hoch als meine Frau mit Bequemlichkeit langen kann. Kurz, seit sich das Ich in Wir verwandelt ist gar manches anders geworden. Es wird mehr gegessen, mehr getrunken, mehr geschlafen, mehr gelacht, mehr geschäkert, mehr ge-

84

lepfcht. Auch mehr Geld ausgegeben und vielleicht
werden wir künftig an Sorgen auch keinen Mangel
haben; doch wie es Gott gefällt, der Wille des
Herrn geschehe. Vieles und mancherlei hat sich ge=
ändert seit ich eine Frau habe. Meine alte einfache
häuffliche Einrichtung ist in manchem nicht mehr
zu erkennen und es ist mir lieb daff es jetzt sauberer
und netter bei mir aussieht. Nur in dem Raum,
so ich zu meiner Beschäftigung gebrauche, bleibt
alles beim Alten. Übrigens sind Vorhänge vor den
Fenstern nöthig geworden. Nötig geworden sind:
Kaffetrommel, Kaffemühle, Kaffetrichter, Kaffe=
sack, Kaffekanne, Kaffetasse alles alles ist nötig
geworden. Koch= und Bratofen ist nötig geworden.
Töpfe und Töpfchen, Schüssel und Schüsselchen,
Tiegel und Tiegelchen alles alles ist nötig geworden.
Alles hat sich geändert; sonst war mein Spucknapf
überall in meinem Zimmer, jetzt bin ich angewiesen
in kleine dazu eingerichtete Geschirre zu spucken; mei=
ne Liebe zur Reinlichkeit und Nettigkeit fügt sich
gern mit Freuden darin.

Der längst bestellte Schreibepult ist fertig und mit
möglichster Sauberkeit gearbeitet, er kostet 56 Tha=
ler und an den selben Tag und Stunde als ich ihn
erhielte verkaufte ich zwei Bilder wovon ich das
eine Bild dem Käufer als ein verfehltes mithin
verdorbenes Bild zeigte für 19 Luisdor. Eine Ein=
nahme, die mich umsomehr freute da die Ausgabe

von 56 mir jetzt etwas unnötig schien denn früher als ich an meine jetzige Frau dachte, hatte ich den Schreibepult bestellt.

Gott mit Euch liebe Brüder und eure Weiber und Kinder und die gesamte Familie und alle Bekannte

Euer Bruder

C D Friedrich.

★

An seine Frau Karoline

Dresden den 10 t. Juli 1822.

Wenn ich dir alles und jedes genau und umständlich beschreiben wollte, was den lieben langen Tag hindurch um mich her geschehe und gesprochen würde, wie du es gethan, liebe Line, dann erhielteſt du einen groſſen Bogen unbeschriebenes Papier als Brief von mir. Alles ist Stille — Stille — Stille um mich her; diese Stille thut mir zwar wohl, aber immer möchte ich sie nicht in einem so hohen Grade um mich haben. Allein genieſſe ich mein Frühſtück; (Wilhelm trinkt seit einigen Tagen Thee zu Hause) allein verzehre ich mein Mittageſſen; allein mein Abendbrod — Ich gehe aus einer Stube aus einer Kammer in die Andere allein und immer allein; es thut mir wohl aber immer möchte ich es nicht so haben. Die Abende gehe ich aus über Feld und Fluhr, den blauen Himmel über mir, um und neben mir grünen Saat grünen Bäume, und bin nicht allein; der so Himmel und Erde schuf ist um mich und seine Liebe stützet mich und seine Liebe stütze auch dich und euch alle im Dörfchen.

Als das Wetter am Sonnabend aufzog war ich recht besorgt um dich, habe mich aber gefreut, daß ihr es auf dem Schiffe so glücklich und ohne grosse Angst überstanden habt.

Im grossen Garten ist ein nicht unbedeutender Fleck Gras weggebrand nicht etwa von der Sonne sondern von Feuer; von Strählen ist man mit Spritzen gekommen um es zu löschen.

Ich bin gesund und guter Dinge, sei du es auch und bade dich und die Emma fleissig und schreibe bald und oft.

Unsere Tauben brüten fleissig, jedoch weniger das Weibchen als das Männchen. Heute ist das Bier gekommen und die Wäschfrau ist da gewesen.

Bald hätte ich die Hauptsache vergessen. Zu deinem Geburtstage werde ich nicht in Meissen sein und die Sandtörtchen wollen wir lieber zu einer anderen Zeit aufschieben. Die Natur bietet jetzt so viele Leckereien dar, daß man, wie ich glaube füglich die gekünstelten Leckereien entbehren kann, die ohne dies nur den Magen verderben.

den 11 t. Das Erste was ich diesen Morgen gethan habe ist: daß ich einen jungen angehenden

Menschenquäler, einen Floh, ermordet habe. — Unser Wirth den ich gestern besucht leidet noch immer an den Augen. — v. Kügelgens reisen diesen Morgen in aller Stille ohne von jemanden Abschied nehmen zu wollen von hier. — In der Nähe vom Rampischen Schlag haben Schnitter in diesen Tagen einen nackten erschlagenen Menschen gefunden im Getreide —

Eben ist H. Uhlemann hier gewesen und hat ein Loos der Gothaischen Lotterie gebracht es ist bereits die vierte Ziehung — welch eine Nachlässigkeit!

★

Dresden, den 12. Juli 1822.

Liebe Liene!

Gestern und heute hab ich wacker darauf losgepinselt an meinem großen Bilde und dieses ist der Grund Dich nicht auf den Sonntag besuchen zu können. Da ich Dich nicht in Person besuchen kann liebe Liene, so nimm meinen Glückwunsch schriftlich an: der Himmel gebe Dir was zu Deinem Frieden dienet, in diesem Wunsche ist alles begriffen das Dir dienlich ist und gut; dahin zähle ich aber keine Sandtörtchen, keine Spitzenhauben, keine Grodtenebelkleider und dergleichen. Sei aber nicht traurig, daß Du für dieses Mal keine Leckereien erhältst; sondern tröste Dich auf die rauhen Winter Abende, wenn ich mit Eiszapfen im Barte werde heim kommen, dann untersuche mitunter meine Taschen aber nicht zu oft, wenn Du nicht vergebens Dich bemüht haben willst. Wilhelm, mit dem ich gestern Abend lustwandelte, sagte, daß er Dich vielleicht einmal besuchen würde, da ich jetzt nicht könnte.

Die Buttertöpfe sind besorgt, aber die Botenfrau hat sie nur durch vieles Zureden mitgenommen.

den 13t.

Guten Morgen! Liebe Liene! Damit Du nicht so ganz leer ausgehst und eine Freude habest zu Deinem Geburtstage, so gieb einem vorübergehenden Bedürftigen, oder wenn Du sonst jemanden kennest 1 Thaler und freue Dich seiner Freude. Das ist dann eine Freude, wobei der Gaumen zwar nichts empfindet, aber der innere Mensch gewinnt.

Gehabe Dich wohl, liebe Liene, und grüße die Emma und Kerstings und die Tante, und setze ja keinen Tag aus Dich zu baden.

Gestern hat Wilhelm ausgerechnet, wie viel Dachziegel auf dem Malzhause in unserem Hofe liegen: 51 800 Ziegel.

Gestern Nachmittag hat es hier etwas geregnet, und diese Nacht soll es stark geregnet haben.

Dein F.

★

Dresden, d. 11. September 1830.

Lieber Bruder

Über all hört man von Krieg und Krieges Geschrei von Empöhrung und Aufruhr auch die Dresdner Einwohner haben sich einmal zerrüttelt und ge-
schüttelt. Euch davon zu benachrichtigen wie es ohn-
gefähr dabei sich zu getragen ist die Absicht dieses
Briefes. Doch rechnet nicht auf eine sehr geregelte
Erzehlung ich bin zu aufgeregt um es zu können wenn
ich es auch sonst noch allenfalls imstande wehre.
Schon mehrere Tage vor dem Ausbruch der Empöhrung, es war den 9t September Abends 8 oder
8½ Uhr hatten sich in Abtheilungen zu 20zigen von
jungen Leuten singend nach die Stadt von allen
Seiten begeben; schon mehrere Tage war schon jedermann auf einen Aufstandt gefasst und auf allen
Strassen wurde laut davon geredet und Menschen
so sich nichts gutes bewusst hatten ihr Geld und sonstigen Kostbarkeiten in Sicherheit bei ehrlichen Leuten zu bringen gesucht. Zwischen 7 und 8 Uhr Abens
ging ich durch die Stadt und alles war im tiefsten
Frieden. Zuhause gekommen liess ich mir eine Thee
machen und noch ehe das Wasser kochte klingelte
es und herein trat H. Filitz von Töplitz gesund und
wohl und frohen Muthes ein. (2). Wir tranken
Thee und ich fragte ihm ob er nichts von Ereignissen
in Leipzig und ander Orten gehöret und sagte dass

90

man hier ein gleiches erwartete. Um 10 Uhr gingen wir zu Bette um 11 Uhr wurde ich durch Feuerlärm geweckt und bald darauf wurde der General-Marsch der Bürger geschlagen und nu hörte man auch ein furchtbares Hura! Hura! rufen. Nicht lange hörte ich mit entsetzlichen Geschrei das Volk sich der Hauptwache nähern (so ich aus meinen Fenstern sehen kann) es fielen ohngefehr 8 bis 10 Schüsse darauf verstummte der Lärm aber nur einige Minuten. Dann begann der Lärm und das Toben um so stärker; und dies war der Augenblick wo das Volk die Soldaten von der Hauptwache weggeprügelt hatte um sie von den Bürgern besetzt zu wissen, wie ich nachher erfuhr. Wehrend dieses Vorfals hatte man im Rathhause die Fenster eingeschmissen und die Ackten aus den Fenstern geworfen und verbrant im Erdgeschoße so wohl als wie eine Treppe hoch, als man auch zwei Treppen hoch das nehmliche hatte thun wollen tritt ein Mann auf und bedeutet der empörten Menge: daß sie doch wohl bedenken möchten was was für ein grosses Unglück sie dadurch (3) anstiften würden indem da so vieles Geld aufbewart wehre so Witwen und weisen gehöre; Auf diese Anrede ist man sogleich abgezogen[1]). Darauf ins Polizei Gebeud eingedrungen Thüren und Fenster ein-

---

[1]) Nicht war, einem so aufgeregten Volk was mit so wenig Worten sich lenken läßt darf man seine Achtung nicht versagen?

geschmiſſen und alles und jedes verbrannt und mehrere Orten die Fenſter eingeschmiſſen unter andern auch bei den Catholiſchen Biſchof Mauermann. Aber es hatte den guten Leuten die Verwüſtung ſo ſie in der Polizei angerichtet wohl auch noch nicht genug gedeucht und hatten von neuen Feuer angelegt und alles und jedes verbrand[1]), erſt um 4 Uhr nachmittags hat man dieſen Leuten inhalt gethan. Von einer kleinen Reiter Abtheilung iſt ein Offizier von einen Pflaſterſtein getroffen gleich tod zur Erde gefallen, ein anderer Offizier der wohl eingeſehen daſſ durch Widerſtand nicht auszurichten ſei, hat dan Befehl gegeben an ſeine Soldaten die Bajunette abzunehmen; man mag ihm aber nicht verſtanden haben denn er iſt darauf gleich vom Volk ſo gemißhandelt worden, daſſ er bald geſtorben, auch iſt ein Bürger von einem Soldaten erſtochen worden; auch ein Knabe ſoll bei dieſer Gelegenheit ſein Tod gefunden haben. (4) Geſtern erſchien ein Anſchlagzettel woin angekündigt wurde daſſ jeder der ein Freund der Ruhe und Ordnung ſei ſich mit ein weiſſes Tuch um den linken Arm gebunden erſcheinen möchte, und daſſ der Prinz Friedrich zur beſtimmten Zeit an den verſchiedenen Plätzen in Neuſtadt, Altſtadt und Friedrichſtadt erſcheinen würde um die Beſchwerden des Volkes zu

---

[1]) Durch alle Geſchoſſe ſelbſt das Dach iſt weggebrand und niemand hat löſchen dürfen.

vernehmen. Ich war gerade zugegen als der Prinz
Friedrich mit seinem Bruder Johann und vielen
Generalen alle mit weissen Binden versehn auf dem
alten Markt erschien; der Lärm und das Schreien
und das Vivat rufen war aber so gross dass der
Prinz wohl nicht die Menschen noch die Menschen
den Prinzen verstanden. Jeder der eine weisse Binde trug und keine Waffen hatte wurden sie sogleich
im Zeughause ausgeliefert. Selbst die Schüler von
der Kreutzschule trugen Waffen sammt ihren Lehrern. Um 8 Uhr sollten die Häuser geschlossen sein
und jeder Meister dafür sorgen dass seine Gesellen
und Bursche zu Hause sein. aber diese hatten (wie
man sagt) mit wissen der Meister schon den ganzen
Tag nicht gearbeitet. Filitz hat es mit angesehen wie
gester früh um 9 Uhr ein Trup junger Leute mit
Knüppeln versehen (5) die Wache am Wilsdruffer
Thor angegriffen und in die Flucht geschlagen, bald
darauf ist die Wache von Bürgern besetzt worden.
Am Pirnaischen Thor ist des gleichen geschehen.
Diese Nacht ist alles still und ruhig zugegangen
wohl durch die starken Patrulgen der Bürger er-
zwungen. Auch hat man den ersten Abend den Minister Einsiedel die Fenster eingeworfen und ihm
laut beschimpft. Mehrere Personen sind verhaftet
und wie man sagt bereits auf den Königstein ge-
schaft die Bürger sollen ihre Auslieferung fordern.
Die Schüler von der Kreutzschule freuen sich unend-

lich denn sie haben den Befehl von ihren Lehrern erhalten sich diesen Nachmittag unter die Waffen zu stellen. Auch haben sie schon durch einen abgeordneten Offizier einen Dank erhalten für ihr gutes und tapferes Benehmen bei der Ergreifung derer so das Polizeigebeude zerstöhrt.

Ich lebe nun seit einige 30 Jahre in Dresden aber noch nie habe ich so viel freudige Gesichter gesehen als gestern. Filitz ist eben mit der weissen Binde am Arm ausgegangen. Vor allen Schlägen um die ganze Stadt liegt Militär (wie man sagt) (6) zu Pferde und zu Fuss.

Um 5 Uhr diesen Nachmittag wird der General-Marsch geschlagen werden und alle unter den Waffen sich stellen auch die Kräutzschüler.

Um die Anstifter dieses Aufruhrs zu fangen, denn die so die Fenster eingeworfen u. s. w. hält man nur für besoldete Leute, soll ein Mann auf den keken Gedanken gekommen sein einen freilich sehr grossen Hut machen zu lassen und diesen über ganz Dresden mit seinen Nebenstädten und Vorstädten plötzlich zu stülpen, so wie die Kinder die Schmetterlinge fangen; denn die unruhstifter und die so jetzt die Ruhe wiederherstellen halte viele für ein und dieselben Personen.

Abends 7 Uhr. Von den Leuten so eine weiß Binde um den Arm tragen und ein Gewehr in der

Hand so die vergangene Nacht die Ruhe der Stadt anempfohlen worden und je zu 20 und 30 einen selbstgewählten Oberen gehabt soll es so zugegangen sein: 20 Mann haben auf den Brühlschen garten die Wache gehabt, als sie eine kleine Zeit umher gegangen sprechen etliche was sollen wir denn hier es ist ja alles ruhig wir wollen (7) doch zu Hause gehen. Wie sehr auch ihr Oberer sich wiedersetzt so gehen sie doch alle bis auf zwei und diese sind den anderen auch bald nachgefolgt. Man nennt diese hier Tausendschönchen; weil sie so bundschäkig aussehen. Filitz ist zuhause gekommen und erzählt dass alles ruhig in der Stadt ist. Drei Zettel sin diesen Nachmittag an allen Ecken angeschlagen. In den einen spricht der Prinz Friderich seinen Dank zu den Bürgern aus für die Aufrechthaltung der Ruhe und Sicherheit der Stadt. Der andere Zettel kündigt an dass eine, ich glaube, Friede und Sicherheits Commiszion (nicht Polizei, denn dieser Nahme ist so verhasst) um Pässe auszufertigen. Der dritte Zettel zeigt an dass der Prinz F. von Montag an alle Beschwerden der Bürger in Person anhören will.

Die Polizei Inspectoren haben sich alle geflüchtet auf die Dörfer werden aber da von den Bewohnern nicht geduldet. Ich hätte noch vieles zu schreiben aber die Sachen werden gar zu bunt so dass ich mich nicht darauf einlassen werde alles nieder zu schreiben. — Für heute gute Nacht.

Den 12t. Guten Morgen! Diese Nacht ist so
viel ich weis alles ruhig zugegangen. Viele der Bewohner Dresden[s] sollen es sehr bedauern daß
bereits viele von denen so die (8) Fenster eingeworfen und das Polizeigebeude in Brand gesteckt bereits gefänglich verhaftet, andere glauben daß man
bei den Untersuchungen nach den Urhebern dieses
Aufruhrs wohl auf so viele Inwohner Dresdens
stossen möchte daß man wohl lieber alles mit Stillschweigen übergehen wird und alles wieder in Freiheit setzen werde; doch die Zeit wird es lehren was
geschiet.

Die Mahler Academie wird ein eigenes Corps
bilden, die Schüler (oder Studenten) haben schon
Wache gethan auch die Professoren tragen zum Teil
schon Flinten.

Filiß ist eben in die Stadt gegangen um Neuig-
keiten für meinen Brief einzusammeln. Die Forst-
studenten aus Tarand, derei Stunde Weges von
Dresden, sind gestern gekommen und thuen Dienst
zur Aufrechterhaltung der Ruhe. —

Wehrend man das Polizeigebeude zerstört hatte
man eine Polizeiunivorm ausgestopft und an einer
langen Stange zum Fenster hinaus gehangen, es
soll gar lustig ausgesehen haben. Man tadelt allgemein die Leute daß man sich so lange beim zer-
nichten des Polizeigebeudes aufgehalten wehrend
man hätte noch viele Fenster einschmeissen können

XII

und den Glasern mehr Verdienst verschaffen kön=
nen; der aber soll noch erst geboren werden der
es allen Leuten recht macht; es nachzuholen was
man verseumt möchte wohl jetzt nicht thulich sein.

(9) Filitz ist aus der Stadt zurück gekommen, al=
les ist stille und ruhig wie sich's an einen Sonntag
geziemt; auch die Schüsselgasse wo das Polizeige=
beude steht, oder soll ich sagen, gestanden, ist nicht
mehr gespärt. Die weissen Tücher sollen sich schon
etwas verliehren. Den 13 t. Alles ist ruhig und wer
könnte es auch wohl wagen bei einer so grossen An=
zahl von Menschen so unter den Waffen stehen die
Ruhe zu stöhren. Und die Besetzung der Posten ist
wohl jetzt geornter als in den ersten Tag und vom
zuhause gehen kann wohl nicht mehr die Rede sein.
Gestern Nachmittag von 3 bis 5 ist auf dem Ge=
wandhause auf der Kreutzgasse eine große Versamm=
lung gehalten wo die Bürger dem Stadtrathe ihre
Beschwerden vorgetragen. Doch ehe der Sprecher
der Bürger, ein Advocat, seine Rede begonnen so
ein und eine halbe Stunde gedauert und ein wahres
Meisterstück von Freimüthigkeit und Kraft gewesen
sein soll haben die Bürger alle laut die Forderung
gemacht daß nicht eher an einer Unterhandlung zu
gedenken sei bis die in Verhaft genommenen alle in
Freiheit gesetzt. Der Lärm soll bei dieser Gelegen=
heit ungeheuer gewesen sein und der Rath hat so=
gleich (10) die Freilassung zugestanden. Darauf

hebt der Redner auf einem Tische stehend an die Be=
schwerden der Bürger vorzutragen, und nach Be=
endigung derselben entgegnet der Rath, daß man in
vier Wochen eine Antwort erwarten dürfte. Aber
die Bürger haben gleich geäuffert, daß 14 Tage
wohl auch hinreichent wehren und daß man nicht
eher die Waffen aus den Händen legen würde bis
nach ausgemachter Sache; darauf sich alles ausein=
anderbegeben.

Eben erfahre ich daß diese und vorige Nacht die
Patrolligen durch das Haus wo ich wohne zu gehen
verlangt haben und den Garten und die daran stof=
senden Gärten auf das genaueste untersucht. Man
spricht als hätte man die Absicht das Haus eines
reichen Bürgers anzustecken und wirklich ist auch
gestern schon Feuer in der Nähe ausgebrochen aber
gleich wieder gedämpft.

Gestern Abend erfuhr ich daß in Meissen auch
Aufruhr gewesen sein soll. Nachmittag. Heute Mor=
gen war ich in der Stadt und das Neuste war: daß
der hiesige Rath abgedankt haben soll, zur grossen
Freude der Bürger. Jemand meinte es wehre wohl
das Gescheuteste was der Rath je gemacht, und füg=
te noch hinzu daß die Bürger auch wohl so gescheut
sein würden und der Obrigkeit zuvor Rechnung ab=
fordern würden. Man sagt daß auf dem Rathhause
durchaus keine Papire von Wichtigkeit verbrand
sind. Ein Beckermeister hat eine Kopfwunde be=

98

kommen. Ein Tischlergeselle hat Stich mit einem Degen durch den Arm erhalten u. s. w.

Filitz läßt seine Eltern und Geschwister und Verwante viele Grüsse, und ich thue desgleichen.

Gott mit Euch allen

Euer Bruder

C. D. Fridrich

Diesen Nachmittag an dem 13t. Septbr. 2 Uhr gebe ich diesen Brief auf die Post.

P. S.   Laut sicheren Nachrichten ist in Großenhein 7 Stunde von hier diese Nacht auch Auf[ruhr] gewesen.

★

Aphorismen

...Du nennest meine Schrift eckigt und du hast recht. Wisse aber: wer Steine bearbeiten will muß gehärteten Stahl nehmen. Und hüte dich dieser kalten herzlosen Menschenart ein Herz zu zeigen, umziehe es mit einer Eisrinde gegen sie, doch nur gegen sie.

★

...Was uns in besseren Stunden, wo sich der Mensch dem Ewigen näher fühlet, das volle Herz bewegt; das vermögen deine und keines Menschen Worte auszusprechen. Nur Tränen sind es, und diese erkennt nur der so Herz und Nieren prüfet.

★

Ihr nennt mich Menschenfeind,
Weil ich Gesellschaft meide
Ihr irret euch,
Ich liebe sie.
Doch um die Menschen nicht zu hassen
Muß ich den Umgang unterlassen.

★

Kann dich denn nie Langweile plagen?
So hör' ich öfters Leute fragen
Stets sieht man dich allein.
Um nicht von Langweil geplagt zu sein
Halt ich mich fern von euch, allein.

★

Warum, die Frag ist oft zu mir ergangen,
Wählst du zum Gegenstand der Malerei
So oft den Tod, Vergänglichkeit und Grab?
Um ewig einst zu leben
Muss man sich oft dem Tod ergeben.

★

Ihr lobt mich oft mit lauten Zungen
Wie wunderschön ist dies gelungen
Wie tief und herrlich durchgedacht.
Oft schwieg ich still. Oft hab ich auch gelacht.

Doch wenn ich das, was ich mit voller Seel emp-
funden,
Was frei voll Geist dem Pinsel mir entschwunden
Gezeigt, und Ihr seid kalt geblieben
Konnt's in der Seele mich betrüben.

★

Fürchtet nichts! Wer noch die Menschen liebt
Kann nicht die Menschen hassen!

★

Es ist Regel bei euch geworden, durch die schroff=
sten Gegensätze eure Gedanken auszudrücken. Ihr
sucht Mannigfaltigkeit, verliert die Einheit und ver=
irrt euch in Widersprüchen. Offenbart sich denn auch
die Natur nur durch Gegensatz? Preiset ihr nur
dann die Schöne des Morgens, wenn die Nacht zu=
vor stürmisch war? Oder glaubt ihr denn, daß wo
Einheit ist, keine Mannigfaltigkeit sein kann? oder
daß Einfachheit Leere ist?

Wem die Natur sich nicht offenbart im zartesten
Einklang, sondern nur im schroffsten Gegensatz erkennt
ihren Geist, dessen Sinn ist verschlossen für Kunst.

★

Die Kunst mag ein Spiel sein, aber sie ist ein
ernstes Spiel.

★

Über Kunst und Kunstgeist

Es sei mir vergönnt noch einmal in aller Kürze
meine Ansichten über das, was Kunst und Kunst=
geist in dem Menschen ist, zu zeigen.

Du sollst Gott mehr gehorchen denn den Men=
schen. Jeder trägt das Gesetz von Recht und Un=
recht in sich; sein Gewissen sagt ihm: Dieses zu tun,
jenes zu lassen. Die heiligen zehn Gebote sind der
reine lautere Ausspruch unser aller Erkenntnis vom
Wahrhaften und Guten. Jeder erkennt sie unbe=

dingt als die Stimme seines Innern, niemand kann sich dagegen empören. Willst du dich also der Kunst widmen, fühlst du einen Beruf, ihr dein Leben zu weihen, oh! so achte genau auf die Stimme deines Innern, denn sie ist Kunst in uns.

Hüte dich vor kalter Vielwisserei, vor frevelhaftem Vernünfteln; denn sie tötet das Herz, und wo das Herz und Gemüt im Menschen erstorben sind, da kann die Kunst nicht wohnen!

Bewahre einen reinen kindlichen Sinn in Dir und folge unbedingt der Stimme deines Innern; denn sie ist das Göttliche in uns und führt uns nicht irre!

Heilig sollst du halten jede reine Regung deines Gemütes; heilig achten jede fromme Ahndung; denn sie ist Kunst in uns! In begeisternder Stunde wird sie zur anschaulichen Form; und diese Form ist dein Bild!

Keiner soll mit fremdem Gute wuchern und sein eignes Pfund vergraben! Nur das ist dein eignes Pfund, was du in deinem Innern für wahr und schön, für edel und gut anerkennst!

Mit eignem Auge sollst du sehen und, wie dir die Gegenstände erscheinen, sie treulich wiedergeben; wie alles auf dich wirkt: so gib es im Bilde wieder!

Vielen wurde wenig, wenigen Viel zu teil: Jedem offenbart sich der Geist der Natur anders; darum darf auch keiner dem andern seine Lehren

und Regeln als untrügliches Geſetz aufbürden. Kei=
ner iſt Maſsſtab für alle; jeder nur Maſsſtab für
ſich und für die mehr oder weniger ihm verwand=
ten Gemüter.

So iſt der Menſch dem Menſchen nicht als unbe=
dingtes Vorbild geſetzt, ſondern das Göttliche, Un=
endliche iſt ſein Ziel. Die Kunſt iſts, nicht der
Künſtler, wonach er ſtreben ſoll! Die Kunſt iſt un=
endlich, endlich aller Künſtler Wiſſen und Können.

Nach dem Höchſten und Herrlichſten muſst Du
ringen, wenn Dir das Schöne zuteil werden ſoll.

Darum Ihr Lehrer der Kunſt, die Ihr Euch dün=
ket ſo viel mit Eurem Wiſſen und Können, hütet
Euch ſehr, daſs Ihr nicht einem Jeden tyranniſch
aufbürdet Eure Lehren und Regeln; denn dadurch
könnt Ihr leichtlich zerknicken die zarten Blumen,
zerſtören den Tempel der Eigenthümlichkeit, ohne
den der Menſch nichts Groſses vermag! Ihr ver=
möget doch nichts Beſſres aufzubauen; wie viel Ihr
Euch auch dünket, das Eigenthümliche im Menſchen
zeigt ſich auf eigene Weiſe, jeder nach ſeiner inneren
Natur auf andere Art. Eure Lehren können gut ſein,
doch für einen Jeden paſſen ſie nicht; denn nicht
jede Blume gedeihet auf jedem Boden. Nur Gottes
Geſetze gelten für Alle und ſind in aller Menſchen
Herzen geſchrieben, die heiligen zehn Gebote.

★

Nebensache hin, Nebensache her! Nichts ist Nebensache in einem Bilde, alles gehöret unumgäng-
lich zum Ganzen; darf also nichts vernachläffigt
werden. Wer dem Hauptteile seines Bildes nur
dadurch einen Wert zu geben weiss, dass er andere,
untergeordnete Teile in der Behandlung vernach-
läffiget, mit dessen Werk ist es schlecht bestellt. Alles muss und kann mit Sorgfalt ausgeführt werden, ohne dass jeder Teil sogleich zu sehen sich auf-
dringt. Die wahrhafte Unterordnung liegt nicht in
der Vernachläffigung der Nebensachen zur Hauptsache, sondern in der Anordnung der Dinge und
Verteilung von Schatten und Licht.

★

Zuruf an den Künstler

Allgemein gefallen wollen,
heisst den Gemeinen gefallen.
Nur das Gemeine ist allgemein.

★

Äußerung bei Betrachtung einer Sammlung von Gemälden von größtenteils noch lebenden und unlängst verstorbenen Künstlern

Es macht immer einen widrigen Eindruck auf mich in einem Saal oder Zimmer eine Menge Bilder wie Waare aufgestellt oder aufgespeichert zu sehen, wo der Beschauer nicht jedes Gemählde für sich getrennt betrachten kann ohne zugleich vier halbe andere Bilder mitzusehen. Die Werthschätzung solcher Anhäufung von Kunstschätzen muss wohl bei jedem Betrachter herabsinken, wenn über dies (öfter wohl gar gefliessentlich) das Widersprechende nebeneinander aufgestellt ist, mithin das eine Bild das andere wenn auch nicht ganz aufhebt doch schaden muss und der Eindruck beider oder aller geschwächt wird. Daher mag es nicht befremden, wenn bei schon eingestandener Verstimmung meine Ausserungen etwas hart klingen möchten. Bilder sehe ich nur um mich daran zu erfreuen, und wovon ich mich nicht angezogen fühle, liegt es nun in meiner Stimmung oder Verstimmung, davon wende ich mich lieber schweigend weg. Doch wohin das Auge wenden, selbst

Türe und Fenster sind nicht frei von Bildern. Doch man verlangt einmal, daß ich reden soll, wohl an denn!

Der Schöpfer dieser drei Bilder muß wohl durch gefärbtes Glas gesehen haben. Das eine ist durch blaue das andere durch rote und das dritte durch gelbe Brille gesehen worden. Möchte es doch Herrn XXX gefallen bald eine Landschaft durch schwarzes Glas zu mahlen (oho! oho! wie wird das enden, was so beginnt? — Urteile ich etwa durch schwarze Brille?) Vielleicht könnte er da auf den glücklichen Einfall kommen auch einmal ohne Brille zu malen, wo ihm dann die Gegenstände erscheinen würden wie anderen ehrlichen Leuten so nicht in Rom gewesen und gesunde Augen haben und die Natur nach der Natur und nicht nach Bildern studieren.

Die Arbeiten von XXX erinnern mich an Spielkarten, bald so bald anders gemischt, die Karten bleiben immer dieselben. So erinnere ich diese Figuren schon öfter gesehen zu haben ja selbst der Hintergrund ist mir schon aus alten Bildern und Kupferstichen bekannt. Das eine Bild schmeckt nach Rafael das andere nach Michelangelo und ihren Vorgängern. Wäre es wohl nicht besser, sie trügen alle das Gepräge des, der sie gemalt, an der Stirne? Oder ist er ohne Gepräge? Heißt das etwa die Al-

ten studieren? Das hätte man auch zu Hause nach
Kupferstichen machen können und brauchte deshalb
nicht erst nach Rom zu reisen. Aber es gehört einmal
zur Tagesordnung in der Religion wie in der Kunst,
man verleugnet den gesunden Menschenverstand und
das eigene Gefühl und belügt sich und andere. Was
unsere Urväter in kindlicher Einfalt geglaubt und
getan, das sollen auch wir bei geläuterter Erkenntnis glauben und tun. Das eben gesagte könnte wohl
auf viele Maler unserer Zeit Anwendung finden.

Schade, daß dieser Künstler bei so vielen Fähigkeiten und ausgezeichneter Geschicklichkeit geistig tot
ist, oder schlimmer noch sich selbst verleugnet und das
eigene Pfund vergräbt und mit fremdem Gute wu-
chert. — Nicht eine Spur von Phantasie oder Begeisterung leitete diesen Mann, ja nicht einmal eine
lebendige, vernünftige Vorstellung des sich aufge-
gebenen Gegenstandes. Wie hätte er ihn sonst so
verfehlen können. Es wäre wahrlich keine Bosheit,
wenn man fragte: Soll es heißen Jakob segnet
seine Söhne oder fluchet seine Kinder? Wie kann
in der Gemütsstimmung eines segnenden Vaters
eine solche heftige Körperbewegung stattfinden? Für
einen Fluchenden paßt sie eher, wenn nur die Hände
geballt statt die Finger ausgestreckt sind. Wie kann
überhaupt ein so alter Mann, und denke er sich auch
einen Orientalen, eine so heftige Bewegung machen?

108

Die Kindlein sind zu klein um so zu fühlen die Be=
deutung des Segens wie die aufgehobenen Hände be=
zeugen, aber auch zu gross, um wie das andere Kind
ohne Gefühl die Handlung mit anzusehen. Erinne=
rungen und nichts als kalte tote Erinnerungen an
Frescogemälde Italiens ist dies Bild, ja sogar der
trockene Ton der Kalkfarbe ist hier in Öl nachgeäfft.
Einmal italienisch einmal niederländisch auch alt=
teutsch sich aussprechen ehren und loben unsere Kunst=
richter, aber nach eigenem Gefühl, nach eigener Art
seine Empfindungen aussprechen, wissen sie nicht zu
erkennen.

Dies Bild ist schön gemacht doch nicht durchdacht;
es ist erfunden aber nicht empfunden.

Dies hier ist tief empfunden, doch weniger durch=
dacht und schlechter noch gemacht.

Dies Bild ist wohl empfunden und reiflich auch
durchdacht, doch weniger gut gemacht.

Dies sind also die Malereien des geistreichen
Künstler X wie der Lobhudler oder die Unkunde ihn
nennt. Was er bis jetzt geliefert, ist nichts mehr als
eine Nachäfferei nach Claude Lorrain nach Vernet
und nach Schinkel. Wer selber Geist hat kopiert
nicht andere.

Von den vielen Christusköpfen so ich gemalt gese=
hen hat mich nur der von Titian (der Zinsgroschen)

so eigentlich angesprochen. Bei manchen ist mir wohl der Gedanke eingefallen: wenn Christus wirklich so ausgesehen hätte, ich lieber ein Jude wäre. Von den beiden Köpfen hier gefällt mir dieser am besten, er scheint zu sprechen: liebet eure Feinde. Aber jener könnte eher einen Moses darstellen sprechend: Aug um Auge, Zahn um Zahn!

Dies ist ein Bild so wieder an Bilder erinnert, aber nicht an Natur. Der es gemalt, gehört zum grossen Haufen.

Des Künstlers Gefühl ist sein Gesetz. Die reine Empfindung kann nie naturwidrig, immer nur naturgemäss sein. Nie aber darf das Gefühl eines andern uns als Gesetz aufgebürdet werden. Geistige Verwandtschaft erzeugt ähnliche Werke, aber diese Verwandtschaft ist weit entfernt von Nachäfferei. Was man auch von XXX Bildern sagen mag und wie ähnlich sie auch Y Bildern sind, sie sind dennoch aus ihm selbst hervorgegangen und sind sein Eigentum.

Ja ja! Es ist schon eben recht, was der Künstler oder Mensch im Leben in der Gesellschaft ist und wie er sich geltend zu machen sucht, das ist er auch in seinen Bildern oder Werken: trotzig, anmassend, keck über die Achsel sehend trat XX von jeher gerne auf und so zeigt er sich auch hier in diesem Bilde. Einen grossen Teil des Beifalls und man möchte sagen Überschätzung des Wertes desselben hat er wohl auch eben seinen Fehlern den offenbaren Härten und Grellheiten zu verdanken, worin er verfallen, sowie er im Umgange durch seine Dreistigkeit und Keckheit gar manchen gefiel. Das wahrhaft Schöne und wirklich Gute erkennen die wenigsten seiner Lobredner. Die Landschaften des zartfühlenden Y hier daneben leiden für den Augenblick gar sehr dabei und erscheinen fast matt und weichlich dagegen. Doch an lange Dauer des Sieges der Anmassung über die Bescheidenheit glaube ich nicht. Die kindlich reine schöne edle Seele von Y, so sich in der Auffassung und Nachahmung der Natur ausspricht, findet man in XX Bildern nicht. Stattdessen spielen Takt und Manier (Lebensklugheit) hier eine Rolle. XX dachte neben den darzustellenden Gegenstand wohl auch zu viel an sich und wie er der Menge gefallen wolle und bestechen könnte. Ich ehre und erkenne seine Verdienste, und vielleicht besser als viele, aber überpolpeln lasse ich mich nicht von seinen Lobpreisern. Einen bestimmten vorausgesetzten Willen erkennt man in diesem Bilde nicht. Und die Einzelheiten sind unüberlegt und unedel in den Formen. Mit Härten sucht er Härten zu verdrängen und hebt und löst zugleich mit einer Dunkelheit die andere auf, man möchte fast sagen willenlos. Der Gegenstand ist ohne Bedeutung, doch edler aufgefasst könnte er dennoch schön sein. Ein zarterer Charakter und edlerer Mensch, mit ruhiger besonnener Überlegtheit bei so grosser ausgezeichneter Geschicklichkeit wie er konnte in solche Fehler, wie hier gemacht, nicht verfallen. Ich weiss, dass ich mit diesen Ausserungen viel Anstoss finden werde, denn was heute und gestern geboren wird immer gehätschelt von seiner Zeit und dem, was vorgestern und früher erzeugt, vorgezogen. Dafür aber auch, was vor hundert Jahren zur Welt gebracht, muss dem weichen, was zwei und drei Jahrhunderte früher sein Dasein verdankt. Das Kind wird geliebkost und gegen den Greis ist man nachsichtig, was aber dazwischen liegt, wird leider nur zu oft unbarmherzig gegeisselt.

Welch eine Überladung von Gegenständen und doch wie leer und tot das Ganze! Welch ein Aufwand von Farben aber ohne Übereinstimmung zueinander und Ton im Ganzen! Welch eine Berechnung auf Wirkung oder eigentlich welch eine Verrechnung der Wirkung; hell gegen dunkel im grellen Gegensatz ist nicht genug um eine schöne Wirkung hervorzubringen! Aber wie gross der Wust von Dingen auch ist so hier wirken sollen, die armselige Nacktheit und geistige Blösse vermögen sie doch nicht zu decken. Dies Bild gleicht einer Trödelbude wo vieles durcheinander liegt und aufgehäuft ist, aber nichts

XIII

zueinander paſſt. Der Maler X mag wohl nach dem Bilde zu ſchlieſſen ein aufgeblähter Menſch ſein, manches wiſſen, aber ohne Gefühl als die belebende Seele alles Wiſſens.

Man ſagt von dieſem Maler, er habe den Pinſel in ſeiner Gewalt. Wäre es wohl nicht richtiger zu ſagen, er ſtehe unter der Herrſchaft ſeines Pinſels. Nur durch ſeine Eitelkeit im malen zu glänzen und Pinſelfertigkeit zu erlangen opferte er das Höhere: Natur und Wahrheit und gelangte ſo zu einer leidigen Berühmtheit als praktiſcher Maler zu glänzen.

Dieſes Bild iſt allerdings von XX aber keineswegs eine freie Schöpfung von ihm, wie man wohl berechtigt wäre von XX zu erwarten, ſondern nur eine Kopie ſeiner ihm abgedrungenen Skizze. Der Künſtler fühlte ſich hier nicht mehr frei und wiederholte nur das ſchon Geſchaffene. Wie ſehr man auch die Weiſe in Schutz nimmt das beabſichtigte ins Groſſe auszuführende Bild zuvor ins Kleine zu malen, ſo bin ich doch dagegen, denn man kopiert nur zu leicht ſich ſelbſt, und die freie geiſtige Nachbildung der Natur, das eigentliche Schaffen, hört auf. Ja ſelbſt die Anlage eines Bildes kann ſchon ſtörend auf die freie Nachbildung einwirken, und wer es vermag täte wohl beſſer gleich aufs erſte Mal das Bild fertig zu malen.

Über das Gleiche und über das Nämliche läßt sich auch nur das nämliche sagen, und so könnte ich über dieses Bild von XX nur wiederholen, was ich schon so oft gesagt. Aus Nichts kann nichts hervorgehen und was der kalte nüchterne Verstand ergrübelt und erklaubelt, kann nicht zu Herzen gehn, woher es eben nicht gekommen.

Die Bilder dieses Mannes gleichen unreifem Obst so vor der Zeit vom Baume gefallen. Schade, daß seine Stellung es nicht zuläßt alles gehörig in sich reif werden zu lassen.

Wiederum eine schöne Schöpfung von XX Hand, denn anders kann man seine Bilder doch wohl nicht nennen. Ich möchte auch wohl einmal eine Schöpfung seines Geistes, oder seiner Seele oder seines Gemütes oder Gefühls oder wie man es sonst nennen will, sehen, oder gibt es solche garnicht?

Mit dem Teufel spielen gewisse Leute wie auch XX immer unter einer Decke und vertrösten andere Leute immer mit unserem Herrgott.

Wer will wissen was einzig schön ist und wer kann es lehren? Und wer was geistiger Natur ist, Grenzen setzen und Regeln dafür geben? O ihr trockenen ledernen Alltagsmenschen ersinnt immer=

114

hin Regeln! Die Menge wird euch loben für die dargebotenen Krücken, wer aber eigene Kraft fühlt verlacht euch.

Denen Herrn Kunstrichtern genügt unsere teutsche Sonne, Mond und Sterne, unsere Felsen, Bäume und Kräuter, unsere Ebenen Seen und Flüsse nicht mehr. Italienisch muß alles sein um Anspruch auf Grösse und Schönheit machen zu können.

Der Mensch richtet seinen Mitmenschen nach dem was er getan und wie er gehandelt und kann auch wohl nicht anders. Aber das höchste Wesen richtet nach dem, was der Mensch unterlassen und wie er sich selbst bekämpft: nur der so das Innere durch= schauet und ins Verborgene siehet richtet recht.

Zwei Hälften machen ein Ganzes, wer aber halber Musiker und halber Maler ist, ist immer nur eine ganze Halbheit. So mag es wohl auch ganze Vier= telheiten geben und noch mehr als das. Unsere Schu= len scheinen es darauf anzulegen.

Ist der Mensch mit reicher Phantasie begabt glücklich oder unglücklich? Er ist glücklich, denn wo die Menge stumpf oder gefühllos vorübergeht ist er zum Niedersinken voll Andacht und Anbetung zum Ewigen durchdrungen. Er ist aber auch unglücklich, denn da wo andere ruhig, ohne etwas zu ahnden vorbeigehen, fühlt er sich tieferschüttert und gedrückt. Er ist empfänglich für alles Schöne und Gute, aber auch gequält von allem häfslichen widrigen und niedrigen also im Gleichgewicht mit anderen Menschenkindern.

Es steht der Mensch Gott wie dem Teufel gleich nahe und gleich ferne. Er ist das höchste und das niedrigste Geschöpf, das Edelste und das Verworfenste, der Inbegriff alles Guten und alles Schönen, wie auch alles Verruchten und alles Verfluchten. Er ist das Erhabenste der ganzen Schöpfung, aber auch der Schandfleck alles Erschaffenen.

XXX dessen Leistungen man so oft und so grell loben wie tadeln hört ist wohl den blossen Verstandsmenschen gegenüber ein blosser Gefühlsmensch zu nennen. Ein dunkel ahndendes, dem Künstler selber selten zur Klarheit gewordenes Gefühl liegt immer seinen Bildern zum Grunde. Dem geistig sehenden XXX verwandten Seelen sprechen solche Bilder wohl an, aber den wortreichen und gefühlsarmen kalten Verstandsmenschen will so etwas nicht genügen. So lobt denn der eine Teil und der andere tadelt es.

Dieser junge Mann leistet in der kurzen Zeit wo er sich der bildenden Kunst zugewendet ausserordentliches, und seine in Öl gemalten Bilder sind fast mit Meisterschaft gemacht. Würde sein Geist und Gefühl künftig einst ebenso stark als jetzt seine Hand sich auszeichnen, so wäre man berechtigt, sich ausserordentliches von ihm zu versprechen. Dies aber, fürchte ich, geschieht nicht. Möchte man doch nicht so viel um die Bildung dieses jungen Menschen sich bekümmern und ihn selber seinen selbstgewählten Weg ungestört gehen lassen und nicht die wohlwollende Lehre mit Füssen treten: dass nur der Mensch seinem Gefühle überlassen sich selbst bilden kann.

Endlich einmal ein Bild gesehen von XXX aus der neusten Zeit neben einem Bild aus seiner besten Zeit; freilich ein grosser Abstand. Ich verdenke es XXX nicht, wenn er, wie man sagt, nichts mehr tun mag. Sich selbst rückwärts gehen sehen muss freilich ein drückendes Gefühl sein, wenn aber Not zwingt etwas zu schaffen um leben zu können ist es freilich etwas anderes, oder wenn die Tugend der Tätigkeit durch Gewohnheit zum Laster geworden oder aus eingebildeten Dünkel seine Schwäche nichts kennen lässt.

Man sieht in diesem grossen Mondscheinbilde von den mit recht berühmten Fingerkünstler XXX mehr als man zu sehen wünscht und der Wahrheit gemäss bei Mondschein gesehen werden kann. Was aber die ahndend fühlende Seele sucht und recht in jedem Bilde zu finden verlangt, sieht man hier so wenig als in allen Bildern von XXX. Stünde es in der Macht des Malers statt so vieler erfundenen Bilder lieber einige wenige tief empfundene Bilder zu malen, seine Zeitgenossen und die Nachwelt würden es ihm mehr Dank wissen.

Die Kunst tritt als Mittlerin zwischen die Natur und den Menschen. Das Urbild ist der Menge zu gross zu erhaben um es erfassen zu können. Das Abbild als Menschenwerk liegt näher den Schwachen und so erklärt sich auch wohl die öfter gehörte Ausserung, dass das Abbild mehr gefalle als die Natur (Die Wirklichkeit). Oder auch die Redensart: es ist so schön als wenn es gemahlt wäre; statt von einem Gemählde zu sagen es sei so schön als wenn es Natur wäre.

Über den Hang so vieler Menschen, alles so im Gebiete des Geistigen Unendlichen liegende, sei es Wissenschaft oder Kunst, in beengende Formen zu schmieden. Jeden freien Aufschwung der Seele möchten die Engherzigen hemmen, damit hübsch alles auf betretenen und ausgetretenen Wegen einher gehe. Lasst doch ihr weisen Herren jedes Streben ungehindert seinen Weg gehen, denn selbst die Verirrungen führen am Ende doch noch zu etwas gutem. Jede Zeit hat ihren guten und bösen Geist; erkenne nur das Bessere der Gegenwart und stelle nicht, wie viele jetzt wollen, die Vergangenheit als unbedingtes Vorbild für die Gegenwart auf. Warnen könnte man allenfalls, aber hindern sollte man nicht.

Von wem ist wohl das Tierstück? Der Hund ist vortrefflich gemahlt wie von XXX, aber der Kerl, so den Hund führt, sieht aus, als wenn ihn der Hund gemahlt hätte.

Dies ist auch ein Bild, so wieder an Bilder erinnert, aber nicht an Natur. Der es gemacht, gehört zum grossen Haufen.

Es ist jetzt einmal an der Zeit wie in Religion so auch in der Kunst. Man lästert die gesunde Vernunft und belügt das eigene Gefühl, und betrügt sich und andere als glaube man das Unglaublichste; und das nennt man echte Religiösität, oder nach den schönsten Vorbildern geläuterten Kunstsinn. Was unsere Urväter in kindlicher Unschuld oder Blindheit geglaubt und getan, das sollen auch wir trotz aller bessern Erkenntnis noch immer glauben und thun.

Die Abendmahlsfeier von XXX ist ein belehrendes Bild für junge Mahler, in einer Kunstschule aufzustellen, in Hinsicht der Zeichnung und Behandlung der Farben; aber kein Bild für eine Kirche zur Erbauung und Erhebung des Gemütes für gläubige Christen. Es ist ohne alle belebende Wärme, alles Gefühl und Leben.

Wie gross ist die Zahl derer, so sich Künstler nennen, ohne zu ahnden dass noch etwas ganz anderes dazu gehöre als blosse Geschicklichkeit der Hand. Dass die Kunst aus dem Inneren des Menschen hervorgehen muss ja von seinem sittlich religiösen Werth abhängt, ist manchen ein töricht Ding. Denn wie nur ein reiner ungetrübter Spiegel ein reines Bild wiedergeben kann, so kann auch nur aus einer reinen Seele ein wahrhaftes Kunstwerk hervorgehen.

Was uns an den alten Bildern erfreut ist vor allem die fromme Einfalt; Wir wollen aber nicht einfältig werden wie viele getan und ihre Fehler nachäffen; sondern fromm werden und ihre Tugenden nachahmen.

Der edle Mensch (Maler) erkennt in allem Gott, der gemeine Mensch (auch Maler) sieht nur die Form, nicht den Geist.

Wie mancher hat nur Auge Fehler zu sehen nicht Schönheiten zu erkennen. Dies ist Charakterzug der meisten Kunstkenner und viele von diesen Herren sehen nicht einmal die Schönheiten so sie loben und die Fehler so sie tadeln.

Die Kunst ist einem Kinde, die Wissenschaft einem Manne zu vergleichen.

Die einzig wahre Quelle der Kunst ist unser Herz, die Sprache eines reinen kindlichen Gemütes. Ein Gebilde so nicht aus diesem Borne entsprungen kann nur Künstelei sein. Jedes echte Kunstwerk wird in geweihter Stunde empfangen und in glücklicher geboren, oft dem Künstler unbewußt aus innerem Drange des Herzens.

Wie der Großvater es gemacht und die Großmutter, so machts die Menge nach; nicht wie es die Natur zu jeder Stunde lehrt und ein Bischen gesunder Menschenverstand mit ein wenig Überlegung es erheischen. Vorne dunkel, hinten hell! obs sein kann, obs möglich ist geht uns nichts an — in alten Bildern ists auch so und damit punktum.

Schliesse dein leibliches Auge, damit du mit dem geistigen Auge zuerst siehest dein Bild. Dann förderе zu Tage was du im dunkeln gesehen, dass es zurückwirke auf andere von aussen nach Innen.

Ein Bild mit den Händen anfangen und auch voll=
enden ohne im Sinne eins zu haben, findet man häufig.
Da eben und nur da nützen die Kunstregeln und tun
Wunder, denn sie schaffen mit großer Mühe aus
nichts — nichts.

Die Maler üben sich im Erfinden, im Compo=
nieren wie sies nennen, heißt das nicht etwa mit
andern Worten sie üben sich im Stücken und Flik=
ken? Ein Bild muß nicht erfunden, sondern empfun=
den sein.

Beobachte die Form genau, die Kleinste wie die
Große und trenne nicht das Kleine vom Großen,
wohl aber vom Ganzen das Kleinliche.

Die Kunstrichter haben aus Bildern Regeln ge=
zogen, woan die Künstler wohl nicht gedacht; und
glauben aus diesem Schaume lassen sich auch Bilder
schaffen. Die Toren!

Wenn der Mahler nichts als die tote Natur nach=
zuahmen versteht; oder richtiger gesagt, nichts als
die Natur tot nachahmen kann, dann ist er nicht viel
mehr als ein gebildeter Affe, oder steht mit einer
Putzmacherin gleich; diese putzt die Frau Gräfin an,
jener die Zimmer des Herrn Grafen aus, dies ist
der ganze Unterschied.

Die Kunst ist nicht Schwierigkeiten zu lösen; das heisst wohl mehr Kunststücke machen.

Sich in Widersprüche aussprechen wollen, ist eine gewöhnliche Sache bei Malern, sie nennen es Kontrast. Krumm gegen grade, kalt gegen warm, hell gegen dunkel, das sind die sauberen Krücken, an den sich die Erbärmlichkeit forthümpelt.

Willst du wissen, was Schönheit sei? befrage die Herren Ästhetiker: beim Theetisch kanns dir nützlich werden, aber vor der Staffelei nicht, da mußt du fühlen, was schön ist.

Heisst es denn wirklich ein Verdienst um die Kunst sich erworben zu haben, wenn unsere Academiker der bildenden Künste sich abmühen die Erbärmlichkeit bis zur Mittelmässigkeit hinauf zu schrauben? ich glaube es nicht!

Es gibt Schönmaler wie es Schönschreiber gibt. Den Wert dieser beurteilt man nach dem sauber geschriebenen Buchstaben unbekümmert um den Sinn desselben. Aber der Wert jener ist sehr geringe, wenn er nichts Höheres umfasst als eben schön zu malen.

Nicht alles läßt sich lehren, nicht alles erlernen und durch bloßes totes Einüben erlangen; denn was eigentlich rein geistiger Natur in der Kunst genannt werden kann, liegt über die engen Schranken des Handwerks hinaus. Es ist daher wohl ein handgreifliches Verkennen dessen, was höhere Kunst genannt werden kann, wenn junge Maler sich vereinen, um sich im sogenannten Componieren zu üben. Sein Gefühl, seine Empfindung durch Gestaltungen und Farbe aussprechen wollen kann so eigentlich weder gelehrt noch durch bloße Fingerfertigkeit erlangt werden. Was aber geübt werden kann und muß, das Handwerk, ist gröberer Art, aber auch dieses sollte nach meiner Meinung mit mehr Vorsicht und Rücksicht auf die Eigentümlichkeit des Schülers angewandt werden als eben leider geschieht; denn die Behandlungsart steht mit dem darzustellenden Gegenstand und dieser mit den Darstellenden in engerer Verbindung als man gewöhnlich zu glauben scheint. Der früher so viel versprechende und jetzt so wenig leistende XXX kann als Beweis dienen, wohin das unzeitige Belehren und Eingreifen und Besserwissenwollen anderer führt. Auf sich selbst und sein geistiges Vermögen ist doch am Ende vor allem ein Jeder angewiesen. Dies ist meine Ansicht, ganz anders ist die Meinung anderer, so da sagen: daß die Kunst wie jedes Gewerbe erlernt werden könne, und ein rühmliches Beispiel in Mengs

aufstellen. Auch Russland als Beispiel nennen, wo
Musik und Malerei auf dem Lande mit Prügel ein=
geübt werden. Aber auch die tüchtigen Mahler der
Vorzeit wie z.B. Albrecht Dürer und andere mehr
gingen auch bei einem Meister in die Lehre, wie jetzt
Schuhmacher= oder Schneiderjungs. Aber jetzt wo
der Hochmuth und Dünkel in die jungen Leute ge=
fahren und das Ey klüger als die Henne seyn will,
und die Erfahrung älterer Leute nicht beachtet wird,
und jeder sein eigener Lehrer sein will, und selber
glaubt, das zu fühlen, wo ihn der Schuh drückt, und
auf das ihm von Gott verliehene Pfand trotzt.

Es ist einmal die Richtung unserer Zeit, sich über=
all in starken Färbungen zu gefallen, und auch die
Mahler überbieten sich einander darin, nicht etwa
bloss dass sie die Backen und Lippen ihrer Bild=
nisse schminken sondern sogar die Landschaftsmahler
übertreiben die Farben und schminken Bäume, Fel=
sen Wasser und Luft, wenigstens übertreiben sie in=
soweit als sie nicht vermögend sind mit den geringen
Mitteln so ihnen zu Gebote stehen die angefangene
Schminkerei im Verhältnis zueinander durchzufüh=
ren. Als Gegensatz erinnere ich der Zeit wo man die
Farbe fast ganz unbeachtet liess, und die Olmalereien
damals Sepiazeichnungen glichen denn die braune
Farbe war einzig vorherrschend darin. Später wurde
diese von der blauen Farbe verdrängt, und diese

125

wiederum von der violetten, und endlich kam die in der Landschaftsmalerei fast ganz verdrängte grüne Farbe auch an die Reihe und Anerkennung die doch in Natur so vorherrschend ist. Gegenwärtig werden alle Farben zugleich in Anspruch genommen. Diese angedeutete Bahn hat der wechselnde Sinn der Menschen seit den letzten dreissig Jahren durchlaufen, um sie vielleicht nocheinmal von neuem zu durchlaufen. Übel ist es für diejenigen so entweder nicht mitkönnen oder wollen. Ihre Arbeiten werden gegenwärtig wenigstens übersehen und nicht beachtet. Aber wie sie sich auch sträuben mögen der Hauptrichtung der Zeit müssen dennoch alle mehr oder weniger huldigen. Dies bezeugen die Bilder von XXX sie sind jetzt doch mehr gefärbt als sonst. — Wer aber regiert mit unsichtbarer Hand die Richtung der Zeit und lenket den Sinn so vieler zugleich auf ein Ziel, bald hierhin, bald dorthin? Mehr als blosser Zufall ist es doch wohl? Ich spreche zwar hier von unbedeutenden Dingen; aber dieselbe unsichtbare Hand leitet vielleicht auch nach selben Gesetzen die grösseren Weltbegebenheiten. Die Menge folgt unbewusst, und der Einzelne muss selbst gegen alle Neigung zum Ganzen das seine beitragen.

Ihr tadelt und sprecht der Gegenstand ist in der Natur anders und XXX hat viel hineingesehen, was garnicht in der Wirklichkeit ist. Ich ehre was ihr tadelt, denn was XXX hineingesehen ist immer schön und bleibt dem Charakter des Gegenstandes und der Natur getreu ja unterstützt und erhält denselben. Ihr aber habt nicht einmal aus dem Gegenstand heraus gesehen was offenbar darin liegt, denn ihr seid geistig blind und ahmt bloss gefühllos nach.

Ist es Absicht oder Zufall dass diese Bilder nebeneinander aufgestellt sind? Denn die Verschiedenheit dieser beiden Leute und ihre Leistungen als bildende Künstler sind zu ungleich als dass man es habe passend finden sollen sie nebeneinander aufzustellen. Hat man mehrere Bilder des einen gesehen, so ist man geneigt den Verfertiger derselben für einen tiefdenkenden, wenigstens für einen tieffühlenden Mann zu halten. Und im Leben und Umgang erscheint er fast das Gegenteil. Dahingegen hört man den andern sprechen über Kunst und alles Wissenswerte, so ist man voll hoher Erwartung seiner Leistungen als darstellender Künstler zu sehen. Aber man wird nur zu bald gewahr, dass zwischen dem Worte und die Tat noch eine grosse Kluft liegt? denn in seinen Bildern ist nicht die geringste Spur von seinen glänzenden vielversprechenden Gesprächen zu erkennen im Gegenteil lauter Unwissenheit und Unkunde selbst auch in den geringfügigsten Dingen. Es ist nicht allein von der Ungeschicklichkeit der Hand hier die Rede, sondern auch in geistiger Hinsicht sind seine Schöpfungen tot. Also wenn ersterer spricht, und der andere den Pinsel in die Hand nimmt, so erscheinen alle beide als dumme Jungen und im umgekehrten Falle beide als achtbare Leute.

Wie ganz anders und viel grösser erschien mir dies Bild als ich es bei dem Künstler in seiner Werkstatt sah. Die Auffassung des Ganzen, so mich damals so sehr ansprach, erscheint mir jetzt so unbedeutend so kleinlich unter dieser Umgebung von bedeutenden Kunstwerken und grösseren Räumen. Auch die Pracht der Farben so ich damals in diesem Bilde bewunderte erscheint mir neben noch grösserem Aufwand von Farben wie erblichen. Auch die schöne Wirkung des Lichts erscheint hier wie erloschen neben noch grösseren Leistungen in dieser Art. Und die kecke dreiste Pinselführung, so ich früher lobend anerkennen musste, verschwindet hier und wird zur Unbedeutenheit. — Ist es wahr dass die Künstler sich nicht gut unter einander vertragen; so ist eine noch gewissere Wahrheit dass ihre Werke nebeneinander aufgestellt sich noch weniger vertragen, oder vielmehr offenbar schaden. Aber falsch ist es wohl zu sagen dass die grellen und schroffen Urteile der Künstler über die Leistungen anderer immer nur Neid zum Grunde haben, sondern vielmehr ein richtiger und geübter Blick und geschärfter Blick als Ursache anzunehmen ist. — Der Menschen Geschick-

128

XIV

lichkeit und Fähigkeiten werden immer von anderen übertroffen und verdunkelt. Jedes Werk hier hat für sich betrachtet seine Verdienste, doch nebeneinander schaden sie einander. Was Wunder aber! — ist es doch in Gottes Schöpfung auch nicht anders. Jede Blume jeder Halm ist für sich betrachtet bewundernswürdig und schön. Aber in einem Blumengarten wo alles zusammengepfropft nebeneinandersteht, schadet eines das andere und überbietet sich in Formen, Farben und Wohlgerüchen. — Ich bin einmal gegen alle Aufhäufungen von Kunstwerken auf einen Punkt. Nützlich können solche Sammlungen wohl sein für den ausübenden Künstler, aber für den fühlenden Menschen können sie nicht anders als störend sein.

Man spricht von XX er wisse selber nicht was er wolle — ich glaube es auch, wenigstens kann er es nicht mit Worten aussprechen. Aber dennoch sagt man auch wieder XX Bilder sprechen an und erheben Herz und Gefühl und fessele die Aufmerksamkeit. Aber XX spricht von euren Bildern dass gar kein Wille darin zu erkennen ist weder ein klarer noch ein dunkler und ich bin auch der Meinung.

Es mag eine grosse Ehre sein ein grosses Publikum für sich zu haben. Aber gewiss ist die Ehre noch grösser nur ein kleines auserlesenes Publikum für sich zu haben.

Hier in diesem Bilde ist durch Farbe und Gestaltung ausgesprochen was das Wort nicht wiederzugeben vermag.

Was den Berufenen zu tun als Tugend angerechnet wird, ist für den Unberufenen zu tun oft ein Laster.

Könnt ihr so machet Maschinen so Menschengeist in sich hegen und aus sich strömen, aber nicht müßt ihr Menschen bilden so Maschinen gleichen ohne eigenen Willen und eigene Tatkraft.

Die Bilder von XX verdienen nur als Gedanken als Empfindungen Bewunderung, nicht aber Mahlerei als Geschicklichkeit und Machwerk der Hand, sondern vielmehr als Ausstrahlung einer schönen Seele, eines tiefen frommen Gemütes haben sie hohen Wert. In eine Sammlung gehören sie nicht aber in ein stilles Kämmerlein sind sie auf ihrem Platz.

Nicht alles wies andere tun und wies andere treiben ist deshalb auch als Nachahmung für alle zu empfehlen. Was jeder in sich trägt wird und muß und kann auch nur jeder auf seine ihm eigene Weise ausüben, wer immer ängstlich links und rechts nach

130

anderen sich umsieht, wie sies tun und halten in dem möchte wohl nicht viel verborgen liegen?

Dies Bild ist gross, aber die Grösse fehlet im Bilde.

Warum ist dies Bild so gross? ist doch der Gegenstand so kleinlich, oder vielmehr die Auffassung desselben so kleinlich.

Gross ist dies Bild und dennoch wünscht man es immer noch grösser, denn die Erhabenheit in der Auffassung des Gegenstandes ist gross empfunden und fordert immer noch grössere Ausdehnung im Raume. Es ist daher immer ein Lob für ein Bild, wenn man es grösser wünscht.

Diese beiden Männer sind ungleicher Art und werden sich daher wohl nie verständigen, denn was ersterer schafft und tut ist immer die Wirkung einer kalten trockenen finsteren Überlegung ohne Geist und Gefühl. Was hingegen der andere leistet und darstellt ist wohl öfter eine ihm selbst unbewusste Eingebung also bloss Sache des Gefühls. Es ist betrübend zu sehen wenn Leute den eigenen Standpunkt verkennend und sich abmühend ja selbst erhitzen und einander die grobsten Bitterkeiten sagen, um sich zu verständigen. Die beiden hier aufgestell-

ten Bilder werden sich jeden Unbefangenen gleich
kundgeben welches aus kalter und welches aus warmer Quelle geschöpft ist. Vergleichung über den höheren Wert des einen oder des anderen anstellen zu
wollen wäre ebenso töricht, als sich streiten wollen
ob ein Scheffel oder eine Elle mehr sei. Diese Bilder sind zu widerstrebender Art sodass aller Vergleich
aufhört. Ohne ersteren allen Wert absprechen zu
wollen muss ich doch gestehen dass ich mich von dem
Andern mehr angezogen fühle. Ob bei anderen Leuten das Umgekehrte der Fall ist möchte ich wissen.
Doch warum nicht? Dem einen sind die Seebäder
auf Helgoland zuträglich, dem andern die warmen
Quellen von Teplitz.

Wenn man XX Urteil über die Gemäldesamm-
lung zu... fällen hört, so sollte man fast glauben
dass nichts auch nur von einigem Wert daselbst zu
finden sein müsste, so gar nichtig setzt er alles herab. Sieht man später des Sprechers eigene Arbeiten, so kommt man in die Versuchung zu glauben er hat seine eigenen Arbeiten beurteilt. Was
XX über Kunst spricht ist nicht ohne Wert und
hört sich gut an und ist auch lehrreich was er aber
malt sieht sich schlecht an und ist ohne allen Wert
sowohl als Schöpfung des Geistes wie auch als
Machwerk der Hand. XXX schadet sich damit dass er
sich selbst für einen Maler ausgibt denn seine Bil-

132

der machen misstrauisch gegen seine Gedanken und an seine Ansichten über Kunst verliert man allen Glauben. Ein guter Maler und guter Sprecher möchte sich im Leben wohl schwerlich in einer Person vereinigt finden.

Dass XXX nur einen Lehrer hatte, war, wenn er auch ein geschickter Mann sein mochte, vielleicht sein Unglück. Hätte er mehrere Lehrer gehabt so sich einander in ihren Ansichten und Dafürhalten widersprochen hätten, wie dies auf Academien der Fall ist, so wäre XX eher auf sich selbst aufmerksam geworden, und Vertrauen zu sich selbst gefasst. Ein so weiches bescheidenes Wesen wie er konnte aber den aufgeblähten dünkelhaften Meister nicht widersprechen und so folgte er ganz gehorsam unbedingt wie ihm geraten wurde, selbst gegen alle Neigung. Erst in späteren Jahren als er den zwar wohlgemeinten Rat nicht mehr haben konnte, und also auf sich selbst angewiesen war, schreiben sich seine letzteren eigentümlichen Arbeiten her.

Bei Betrachtung so vieler nichtssagender Gemälde sogenannter Kunstwerke mit Ausnahme einiger wenigen, wäre es da wohl einigen wenigen ehrlichen Menschen zu verdenken, wenn sie sich dahin äusserten als sei es mit der ganzen lieben Kunst soviel als nichts denn mit vieler Mühe und Fleiss und Ge=

schicklichkeit und Sauberkeit nichts, garnichts aus=
zudrücken und ausgesprochen zu haben; ja nicht ein=
mal den Schein es beabsichtigt zu haben, ist doch
wohl weniger als nichts zu nennen. Da sind die Bü=
cherschreiber eher zu loben so mit leichterer Mühe
Worte machen so nichts sagen, mithin gescheuter
sind.

Wenn es denkbar wäre einen Menschen leiblich
und geistig chemisch zu zersetzen, oder aufzulösen in
breiartiger Flüssigkeit, was würde dann wohl der
Bodensatz von XX sein? — ich glaube Worte! —
Wenn aber die Auflösung bis zur leichten Flüssigkeit
getrieben würde, was denn der Niederschlag sein? Ich
glaube Buchstaben. — Ich würde dies nicht erwäh=
nen denn bei der Denkbarkeit einer solchen Auflösung
würde es etwas ganz alltägliches sein. Aber XX
hat die Anmassung sich selbst als einen bildenden
Künstler geltend zu machen, auch die Musik nicht
ausgenommen. Dieses patzige Auftreten verdient
nach Meinung eine so derbe Zurückweisung.

Wortmacherei und nichts als Wortmacherei: ist
XX Sache und verstünde er es nur eben recht Worte
zu machen, so wären wir gewiss auch gerecht genug,
ihn für etwas rechtes zu halten, etwa gar für einen
Dichter. Er masst sich aber auch an für einen Maler
zu gelten, und auch dies würden wir gerne glauben,

134

wenn er uns etwas von seiner Malerei sehen ließe.
Er findet es aber für gut und leichter und bequemer
und auch wohl geratener uns mit Worten abzuspei-
sen und immer Worte und nichts als Worte. Klingklang und nichts Klingklang ist all sein Thun. Und
auch dies wollten wir für etwas Schönes anerkennen, und was kann XX mehr verlangen wenn es
nur schön klänge; aber es klappert ja nur, und dies
mißfällt uns, und wer kann es uns verdenken wenn
wir ihn für einen Windbeutel einen Maulmacher
und Hansnarren halten. Dieser Wisch in Öl ge-
schmiert, genannt Bild von seiner Hand, wird zur
Genüge zeigen, daß unser Urteil nicht zu hart ist.

Man sagt daß jeder Maler zu seinen Menschen-
gestalten immer die eigene Gestalt wählt, ohne es
einmal zu wissen, ist er groß so sind es auch seine
Figuren, ist er klein, so werden sie es auch. XX
wußte dies sehr wohl, so wie er überhaupt hundert-
tausenderlei Kleinigkeiten wußte. Um also nicht in
diesen Fehler zu verfallen, malte er seine Figuren
groß aber mißtrauisch gegen sich selbst malt er sie
sogar ewig lang. Dies ist alles was ich von seinen
Leistungen zu sagen weiß.

Jedes Bild ist mehr oder weniger eine Charakter-
studie dessen der es gemalt, so wie überhaupt in allem Tun und Lassen eines Jeden sich der innere gei-

stige und moralische Mensch ausspricht. Je deutlicher aber und bestimmter und übereinstimmender alles Tun und Handeln und Schaffen im Einklang steht, je echter je bestimmter ist auch wohl der Mensch, entweder gut oder schlecht. Man sieht diesen Bildern allerdings grobe Anmassung an, dies spricht sich sowohl in den Gegenständen so er sich zur Darstellung wählt aus, so z. B. hier: mit Gewalt die Aufmerksamkeit auf sich zu lenken, als auch in der theatralischen Stellung seiner Figuren und Übertreibung der Formen wie auch in der Färbung, alles erscheint hier geziert und geschminkt. Sein roher anmassender Sinn kann sich nur in Übertreibung gefallen, den zartfühlenden Menschen können solche Dinge nicht erfreuen. Indessen hat XX ein grosses Publikum für sich und daran ist ihm vor allem gelegen, ist auch das grosse Publikum nicht allemal das Beste, was kümmert es ihn?

Armer Teufel, du mühst dich vergebens ab, um dich zu erhalten! Erkennst du denn noch immer nicht, dass die Zahl deiner Gegner Legion ist, denen kein Mittel zu schlecht ist, weder einen Menschen zu schaden noch zu begünstigen, wenn es ihr Vorteil erheischt? Die Wahrheit mit Spott, die Tugend mit Verhöhnung und die Rechtlichkeit mit Verachtung zu belegen, und umgekehrt Lüge, Verrat und Verläumdung zu beschönigen, sind diesen Herrn Kleinig-

136

keiten. Klugheit und Lift gilt diesen Leuten als erstes und höchstes Gesetz. Und wer ihrem Willen sich nicht fügen will, den verfolgt man mit Spott und Verachtung, oder wenn es geratener ist mit scheinbarer Nichtbeachtung und Verläumdung und sollte auch dies nicht helfen, so wird zu dem zweischneidigen Schwert dem Hunger gegriffen. Versteht sich, soviel sichs tun läßt um sich ja nicht zu verraten und nicht etwa den Schein des Wohlwollens und der Herzensgüte aufs Spiel zu setzen, denn auf den Schein kommt alles an bei diesen Herrn. Mache was du willst, Anerkennung werden deine Leistungen nie mehr finden, und in dem Grade als man früher deine Arbeiten vielleicht übertrieben gelobt, wird man jetzt alles tadeln und verachten, denn du hast diese Ehrenmänner beleidigt und laut und unumwunden für Schufte erkannt. Die wenngleich nach ihrer Moral leichtsinnige Bubenstücke verüben, doch um alles in der Welt willen nicht als Schurken erscheinen wollen. Aber diese deine Freimuth wird dir den Hals brechen, und nimmer und nie wird man es dir verzeihen. Armer Teufel du dauerst mich! denn sei versichert, wo du gehst und wo du stehst und wo du sitzest und wo du liegest und was du tust und was du treibst man umschleicht dich von ferne (selbst dein Schreibtisch und Briefe sind diesen Leuten nicht verschlossen) und siehe es geht kein Wort über deine Zunge so diese Gauner nicht zu ver-

drehen wissen, zu deinem Nachteile und ihrem Vor=
teile. Dein Bild hier würde gewiß unter anderen
Umständen Anerkennung finden, und daß es hier
überhaupt noch aufgenommen ist, hat gewiß noch
seinen besonderen Grund, wohinter man die eigene
Schuld verstecken will und damit zu täuschen glaubt.

XX mußte wohl das Vorgefühl haben, daß einst
ein tüchtiger Mahler aus ihm werden würde, so hat
er sich öfter geäussert und zwar zu einer Zeit, als es
noch mit seinem Wissen und Können in weitem Fel=
de war. Seine Leistungen aber haben es seit Jahren
bewiesen daß er sich nicht in sich geirrt wie so viele,
sondern es ist wirklich und sogar ein ganz ausge=
zeichneter Maler aus ihm geworden. Je höher aber
sein Wert steigt und anerkannt wird, umsomehr
hört man den Wunsch laut werden, daß XX neben
das Verdienst der richtigen Auffassung und treuen
Darstellung der Natur auch eine edlere bedeutsame=
re Wahl des Gegenstandes sich angelegen sein las=
sen möchte. An Gefühl für das Erhabene in der Na=
tur fehlt es ihm doch wohl gewiß nicht? denn frühere
Bilder, ehe XX sich noch zu den geschickten Malern
zählen durfte, beweisen dies. Man meint doch wohl
Gegenstände zu wählen, so mehr und tiefer und inni=
ger den Beschauer ergreifen und fesseln könnten.
Alles in der Natur sei zwar bedeutsam und groß
und schön und edel, aber mehr oder weniger bedeut=

138

sam und darstellbar und sich eignend und ausspre=
chend für ein Bild. Aber das Schönste und das
Höchste und das Ergreifendste darzustellen, wäre
doch wohl die Aufgabe eines wahren Künstlers. Da=
mit sind aber keineswegs, unbedingt himmelhohe
Berge oder endlose Abgründe gemeint. Bis wir et=
was besseres gesehen aus neuerer Zeit fühlen wir
uns dankbar verpflichtet gegen Herrn XX für das
was er seit einigen Jahren geliefert. Wer aber gei=
stig etwas besseres erkannt hat, wie wir recht gerne
glauben wollen, und auch darstellen kann wie XX
dem werden wir uns doppelt verpflichtet fühlen.
Wie aber andere sich aussprechen, so ist in XX Bil=
dern schon alles erfüllt was je die Landschaftsmale=
rei auszudrücken vermag, sodass dessen Bilder, als
Vorbilder für alle Zeiten aufgestellt werden könn=
ten. Kann denn wohl je die Malerei oder irgend
eine Kunst erschöpft werden? oder hört sie schon
deshalb nicht auf eine Kunst zu sein, wenn ihr je
ein Ziel gesetzt werden könnte?

XXX fühlt sich von seiner Zeit überflügelt und
möchte gern die gute alte Vergangenheit wo er galt
und seine Lehren und Ansichten für gültig anerkannt
wurden, erhalten, und lieber alles neue verdächtigen
wenn er es vermöchte. Seine beschränkte Lage ge=
stattet es indes nicht und vielleicht noch weniger sein
beschränkter Sinn zu machen wie es der edle XXX

139

getan: und die ganze Kunst samt Palette schweigend
an den Nagel zu hängen; denn mit der Zeit fortschrei=
tend fühlte er, vermochte er nicht und gegen sie an=
kämpfen erkannte er für unvernünftig und niedrig.
Unsere grosse und verhängnisvolle Zeit, die Zeit
der Aufregung und Umgestaltung so durch alle Zwei=
ge der Gewerbe und Künste und Wissenschaften
greift spricht er, hält keines Menschen Macht auf,
denn ein Gott hat sie herbeigeführt und wird sie
auch durchführen und es hiesse sich gegen den Willen
des Allmächtigen auflehnen und das sei ferne von
mir. Und ferner spricht der fromme Mann: oh dass
man doch jetzt die Worte der heiligen Schrift er=
kennen möchte! Warum toben doch die Heiden und
die Menschen reden so vergeblich, die Könige der
Erde treten zusammen und ihre Fürsten nehmen für,
das umsonst ist.

Die wechselnden Ansichten und Meinungen, oder
vielmehr die wechselnden Redereien und Labbereien
über Kunst und Handwerk derselben und ihre Lehr=
art ist wunderbar widersprechend. So z. B. ist XX
in seinen gesamten Bildern eine wahre Musterkarte
von Manieren und Schulen und Arten und Weisen,
und ebenso sind auch seine Gespräche über Kunst als
Musterkarte aller Meinungen und Ansichten zu be=
trachten. Dass er dabei in die grössten Widersprü=
che mit sich selbst geraten muss, versteht sich von

140

selbst, und ebenso, daß er für seine Person so eigent=
lich ohne alle eigentliche Meinung sein muß. Die
Alten soll man ehren und vor einem grauen Haupt
soll man aufstehen, spricht der Herr und so spricht
auch XX und empfiehlt die Weise unserer Vorfah=
ren, wo die jungen Leute bei einem tüchtigen Meister
unter strenger Aufsicht in die Lehre gegeben wur=
den, um sozusagen die edle Malerkunst von der Pike
auf zu erlernen, und zuallererst das Farbenreiben,
darin glaubt er das Heil der Kunst auch für unsere
Zeit zu finden, ohne zu bedenken daß so etwas zu
nichts führen kann, und am wenigsten für unsere Ta=
ge paßt. Ein andermal predigt er das Gegenteil
und möchte lieber, daß man den angehenden Künst=
ler wie das liebe Vieh in die freie Natur hinaus=
jagte, um nur bei Leibesleben keine Manier sich an=
zueignen, als wenn überhaupt etwas geschehen könnte
ohne eine Art von Vortrag oder Manier, nur braucht
sie nicht von andern geflissentlich als etwas wesent=
liches erlernt zu werden sondern die Weise und Art
sich auszusprechen, wird sich von selbst finden. Wie=
derum spricht er die angeborene Eigentümlichkeit
eines jungen Mannes sich ungestört entwickeln zu
lassen, ist erste und ernste Berücksichtigung eines
jeden Lehrers, somit aller Zwang aufgehoben. Bald
ist unter den vielen Meinungen auch das seine Mei=
nung: strenge Nachahmung der Natur bis in jede
Einzelheit sei Forderung der Kunst. Dann aber

141

auch strenge sklavische Nachahmung der Natur und übergrosse Ausführung sei die verfehlte Kunst. Die Kunst müsse überhaupt nicht täuschen wollen, und eine so grosse Ausführung beenge die Einbildungskraft des Beschauers; andeuten müsse das Bild nur, vor allem aber geistig aufregen und der Phantasie Spielraum geben und lassen, denn das Bild soll nicht die Natur selbst darstellen wollen sondern nur daran erinnern. Nicht die treue Darstellung von Luft, Wasser, Felsen und Bäumen ist die Aufgabe des Bildners, sondern seine Seele, seine Empfindung soll sich darin wiederspiegeln. Den Geist der Natur erkennen und mit ganzem Herzen und Gemüt durchdringen und aufnehmen und wiedergeben ist die Aufgabe eines Kunstwerks. Bald wird gelehret, das Licht auf einen Punkt zusammenzuziehen ist durchaus nötig um eine Wirkung zu erzielen und Rembrandt sei in diesem Falle als das grösste Vorbild anzuerkennen. Dann wird auch wieder gelehret, solche gemeine Mittel, um Knalleffekte hervorzubringen, müsste der echte Künstler verachten. Bald wird angeraten, recht viel Farbe aufzutragen, denn sonst hätte die Malerei keine Dauer. Dann wieder das Gegenteil: oh recht sparsam die Farbe aufgetragen und öfter übermalt, denn sonst kann man keine Klarheit erhalten. Auch wird geraten so viel als möglich alles aufs erste Mal fertig zu machen um Klarheit und Leichtigkeit und Freiheit in Farbe und

Pinsel zu erhalten, denn jede spätere Übermalung wäre immer gebunden an der früheren Übermalung mithin gebunden. Was ist nun aber bei so vielen widersprechenden Meinungen und Lehren zu tun und zu lassen? Folge der inneren Stimme und nimm an, was dir zusagt und lasse anderen was jenen recht erscheint oder beachte nichts von allem, denn nicht alles ist für Alle! Soviel und verschieden und widersprechend auch die hier angegebenen Meinungen sein mögen, so besitzen wir doch aus früheren Zeiten in jeder Art vortreffliches und kann also als Beweis dienen, daß es weniger auf das Wie als auf das Was ankommt.

Dieser saubere Stahlstich ist bewunderungswürdig schön im Ton gehalten, und ist gewiß von einem Engländer oder durch eine Maschine gefördert. Ein Teutscher kann so etwas Gott sei Dank nicht und die Briten sind stolz darauf es allein zu vermögen.

Ein Wort gibt das andere wie das Sprichwort sagt, eine Erzählung die andere, und so auch ein Bild das andere. Jetzt arbeite ich wieder an einem grossen Gemälde, das grösste, so ich je gemacht: drei Ellen zwölf Zoll hoch und zwei Ellen zwölf Zoll breit. Es stellt ebenfalls, wie das in meinem letzten Brief erwähnte Bild, das Innere einer zerfallenen Kirche dar. Und zwar hab ich den schönen noch bestehenden

und gut erhaltenen Dom zu Meissen zu Grunde ge=
legt. Aus dem hohen Schutt, der den inneren
Raum anfüllt, ragen die mächtigen Pfeiler mit
schlanken zierlichen Säulen hervor, und tragen zum
Teil noch die hochgespannte Wölbung. Die Zeit der
Herrlichkeit des Tempels und seiner Diener ist da=
hin, und aus dem zertrümmerten Ganzen eine an=
dere Zeit und anderes Verlangen nach Klarheit und
Wahrheit hervorgegangen. Hohe schlanke, immer=
grüne Fichten sind dem Schutte entwachsen und auf
morschen Heiligenbildern, zerstörten Altären und
zerbrochenen Weihkesseln steht, mit der Bibel in der
linken Hand, und die rechte aufs Herz gelegt, an den
Überresten eines bischöflichen Denkmales gelehnt,
ein evangelischer Geistlicher, die Augen zum blauen
Himmel gerichtet, sinnend die lichten leichten Wölk=
chen betrachtend.

Was jetzt von den Hochschulen der Wissenschaften
so oft gesagt wird, gilt auch von den Hochschulen der
Künste. Die Zahl der Schüler wird immer grösser
und ist nicht wohl abzusehen wie diese Menschen in
der Folge alle ihren Unterhalt finden werden, ge=
setzt auch, es würde ein jeder geschickt in seinem Fa=
che, was doch wohl nicht anzunehmen ist. Aber die
Menschen sind einmal da und ihre Neigung treibt
sie unwiderstehlich zur Kunst, wie sie vorgeben.
Wenn dem wirklich so ist, so glaube ich, hat auch

XV

niemand das Recht, jemanden zurückzuweisen, auch den Ärmsten nicht. Dem jungen Manne es an der Nase ansehen wollen was später aus ihm werden könne, ja selbst nach einem oder einiger Jahre Prüfung möchte wohl schwieriger sein, als mancher Herr Professor es glaubt. Aber an die oberen Behörden solcher Lehranstalten könnte man wohl die Frage richten: wie kommt es, da man mit Besorgnis findet, daß die Zahl der zudrängenden Kunstschüler mit jedem Jahre sich vergrössert, daß man dennoch alljährlich verführerische Reizmittel als silberne und goldene Ehrenzeichen, Geld und Belobungsschreiben unter die Schüler verteilt? Verführt man nicht etwa die jungen Menschen dadurch etwas zu erwählen wozu sie doch keinen inneren Beruf fühlen? Nur falscher Ehrgeiz die Triebfeder ist? Wer wahrhafte Neigung und Liebe zur Kunst in sich fühlt, bedarf solcher Lockungen nicht, und wer dieser eitlen Dinge bedarf, dessen Sinn ist unlauter und in ihm ist die Liebe nicht, und von ihm ist für die Folge nichts zu erwarten. Es ist wohl klar und bedarf der Erinnerung nicht, daß, wer nicht aus innerem Antriebe die Kunst erwählt, nur um Gold oder leidiger Ehre willen sie treibt. Der kann allenfalls wohl bei grossem Fleisse ein tüchtiger Maler werden, aber Künstler nie. Hat denn die Kunst nicht etwa soviel Anziehendes in sich selbst, als daß sie solcher unlauterer Reizungen bedürfe? Oder ist hier mit der Menge

etwas ausgerichtet und bedarf es ein Heer von Malern, um die Kunst zu fördern? Und wäre es wirklich
ein Gewinn für die Kunst, wenn in solchen Lehranstalten mit Mühe und Not des Lehrers wie des
Schülers die Erbärmlichkeit bis zur Mittelmässigkeit heraufgeschraubt werden könnte? Und endlich
frage ich und frage am stärksten: glaubt man denn
wirklich, daß es möglich sei, da wo die Natur dem
Menschen Anlage und Neigung versagt hat, durch
Lehren und Regeln und maschinenmässiges Üben etwas Gescheutes hineinzutrichtern? Wohl liesse sich
zur Aufmunterung der Künstler und Förderung der
Kunst ein Sporn denken, derart als ich ihn eben ver-
worfen und gar für sündhaft erkannt habe. Aber
dieser müsste auch so hoch gestellt sein, daß er den
Unberufenen nicht verführen und die Erbärmlichkeit
sich nicht hinanträumen könnte. Nur wer schon als
Auserwählter sich erwiesen, würde danach streben
können. Die leidige Ehrsucht, eine Auszeichnung zu
erringen, ist den Schwachen zu nahe gelegt, und hat
schon manchen verleitet. Und hat er endlich durch
eisernen Fleiß das Stückchen Silber erhalten unter Pauken und Trompetenschall dann lüstet ihn zu
oft auch nach dem goldenen Ehrenzeichen. Er verliert
abermals einige Jahre wo er sich besser und der
Welt nützlicher zu einem tüchtigen Geschäftsmann
hätte umbilden können. Ehrsucht, leidige Eitelkeit
war die Triebfeder seines Fleisses und die Frucht

146

seiner Mühen ein Stückchen Silber und wenn es hoch kommt, auch ein Stückchen Gold.

Die äussere Form des Bildes ist hier nicht in Übereinstimmung mit dem dargestellten Gegenstand und zu hoch für die Länge, also ein wesentlicher Fehlgriff und für den zu bezeichnenden Charakter des Gemäldes sehr nachteilig. Ein Fehler, der aus Unkunde sowohl als auch aus Mangel an feinerem Gefühl sehr oft begangen wird. Wenn ich nicht allen Anmassungen, wozu ich auch alle sogenannten Kunstregeln zähle, herzlich gram wäre, so könnte man vielleicht im Allgemeinen annehmen, dass Darstellungen von Seestücken und flachen Gegenden ein mehr oder weniger längliches Viereck bedürfen. Hier sieht man es sehr deutlich, wie schwer es dem Maler geworden, das Bild dem gegebenen Raum anzupassen. Indes wäre ich doch der Meinung, dass XX den Raum dennoch besser für den Gegenstand hätte benutzen können. Übrigens habe ich mich über die anerkannten Verdienste dieses Künstlers schon früher lobend ausgesprochen.

Mir scheint es als hätte der Maler diesen Gegenstand nicht richtig aufgefasst statt die Keuschheit des Josefs darzustellen macht er die Wollust der Potifar zum Hauptgegenstand.

Anders verkannt ist die Darstellung des heiligen Abendmahls von XXX. Es ist nichts als ein Abendessen wo es sich die lieben Leute gut schmecken lassen, und der dicke Mann da scheint es sich wohl zur Aufgabe gemacht zu haben, den Becher auf einen Zug zu leeren, und zwar so, dass er die Nagelprobe besteht, denn sonst brauchte er den Becher wohl nicht so hoch zu halten. Alle sind beschäftigt mit Essen und Trinken, und an den Herrn und Meister so sprechend dargestellt ist kehrt sich niemand.

Wenn doch XXX lieber auf dem ihm seiner Natur nach angewiesenen engen Kreise bliebe, wo er schon so manches Schöne geleistet. Was soll z. B. hier mit einem Male das Kreuz? Würde nicht an dessen Statt ein wiederkäuender Ochse viel besser sich dahingepasst haben? Äfft doch nicht gleich alles nach, wenn ihr euch nicht berufen dazu fühlt.

Viele Bilder habe ich heute gesehen, der grösste Teil schmeckt nach Fabrik, viele nach Akademie, und ein kleiner Teil ist allenfalls eigene Schöpfung zu nennen.

Wenn der Maler mit seiner Nachahmung täuschen will, als sei er ein Gott, so ist er ein Lump. Strebt er aber bei der Nachahmung der unerreichbaren Natur nach edler Wahrheit, so ist er zu achten. Eben

148

darin liegt ein hoher Genuß für den Menschen, wenn
das Kunstwerk sich gleich als Menschenwerk dar=
stellt und nicht als Gott, als Naturwerk täuschen
will. Augenblicklich erscheint hier z. B. die darge=
stellte Sonne in diesem Bilde von XX zu blenden,
aber auch welche grobe Unwahrheit und Übertreibung
hat sich der Maler schuldig gemacht, um diese augen=
blickliche Täuschung zu bewirken. Durch Lüge wird
der Mensch nie für die Dauer etwas Gutes be=
wirken.

Ich suche vergebens nach dem Namen dieses Mei=
sters, er ist aber auf dem Bilde geschrieben nicht zu
finden. Doch das tut ja auch zur Sache nichts; ist
doch der Name des Künstlers unverkennbar im Bil=
de ausgesprochen. Es ist gewiß von XX? Ja!

Auf den ersten Blick stellt sich dieses Bild die
Trümmer eines verfallenen Klosters als eine Er=
innerung einer düsteren Vergangenheit dar. Die
Gegenwart erhellet die Vorzeit. In dem anbrechen=
den Tag erkennt man noch die weichende Nacht. Das
Auge wird im Bilde geleitet vom Lichte in die Däm=
merung, von der Dämmerung weiter in die Dunkel=
heit, von der Dunkelheit noch weiter in die Finster=
nis. Vielleicht ist dieser Künstler ein Protestant,
und ihm hat, kann sein, bei der Darstellung von
dem ebengesagten so etwas vorgeschwebt.

Dies Bild von XX erinnert mich wieder an das oft schon gesagte: dass wenn auch in unserer Zeit wiederum ein Rafael oder sonst ein ausgezeichneter Künstler wie die der Vorzeit aufstünde, mit ebenso grossen Naturanlagen und Fähigkeiten wie seine Vorgänger, er würde dennoch nicht wie jene malen. Seine Werke würden und müssten immer das Gepräge seiner Zeit an sich tragen, und der zweite Rafael würde also dennoch sehr verschieden von dem ersten in seinen Darstellungen sein, wenngleich beide einen Gegenstand behandelten. Darum ihr Herrn von A bis Z, die ihr ewig Rafael oder Michelangelo u. a. m. nachäfft, man wird eure Werke ebenso wenig für eines dieser Meister erkennen als einen Affen für einen Menschen halten, wie er auch den Menschen nachahmt, wohl aber könnte man in Versuchung geraten, euch Herrn, für nicht viel mehr als für Affen zu halten. Darum werdet gescheut und prüfet und erkennet euch selbst und eure Zeit.

Es ist wohl ein schwer Ding streng gerecht gegen andere zu sein, und sich selbst nicht zu überschätzen, so mit der Zeit so mit dem einzelnen Menschen. Jede Zeit trägt ihr eigenes Gepräge. Jeder Mensch hat seine Art und Weise. Je mehr aber der Menschen Tun und Treiben der Natur oder Menschheit gemäss ist, jemehr verdient es Achtung und Nachahmung. Mit dem Fortschreiten der Zeit besteht ein ewiger

Krieg, denn wo in der Welt sich etwas neues ge=
stalten will, und wäre es auch noch so entschieden
wahr und schön, wird dennoch vom Alten bestehenden
bekriegt und nur durch Kampf und Streit kann sich
das Neue Platz machen und behaupten, bis es wie=
der verdrängt dem Neueren weichen muss. Aber
nicht alles Verdrängen des Bestandenen vom Be=
stehenden ist allemal als ein Fortschreiten der Zeit
in der Erkenntnis anzunehmen. Und dies in gegen=
wärtiger Zeit auf bildende Kunst angewendet, frag=
te sichs wohl noch: ob die neuere Landschaftsmale=
rei als Fortschritt der Zeit in der Kunst betrachtet
werden könne. Ich glaube nicht, dass die Land=
schaftsmalerei je so würdig aufgefasst und dargestellt
worden ist als in ihrem Wesen nach geschehen könn=
te und müsste. Aber ich glaube auch dass sie ihrem
Ziele schon nähergestanden als gegenwärtig. Wo
man mit Lüge beginnt und mit Lüge endigt,
wo man durch Anhäufung von Gegenständen
aneinander, hintereinander und übereinander die
Bilder überladet, ich glaube Reichhaltigkeit ge=
ben will. Denn was die neueren Landschaftsma=
ler in der Natur in einem Kreis von 100
Graden gesehen, pressen sie unbarmherzig in den
Sehwinkel von 45 Graden zusammen. Und was
also in der Natur durch grosse Zwischenräume ge=
trennt lag, berührt sich hier im gedrängten Raume,
überfüllt und übersättigt das Auge, und macht auf

151

den Beschauer einen widrigen beängstigenden Ein=
druck. Und das Element des Wassers zieht immer
den Kürzeren dabei und das Meer wird zur Pfüt=
ze —. Dieses naturwidrige prahlerische Streben
nach Reichtum und Fülle, wird dem Beschauer dop=
pelt drückend und fühlbar dadurch: dass die neueren
Maler immer den reinen dunstfreien italienischen
Himmel annehmen, wo selbst die sehr entfernten
Gegenstände näher erscheinen, ausserordentlich deut=
lich scharf, bestimmt und dunkel vortreten. Sie be=
ginnen mit einer reinen dunkelblauen Luft, wo der
Unbefangene gleich beim ersten Blick übersehen kann,
dass bei so geringen Mitteln als dem Maler über=
haupt zu Gebote stehen, das Bild nicht im gleichen
Ton durchgeführt werden kann. Und da kann es
denn nicht fehlen, dass im Mittelgrund schon alle
Kraft und Saft der Farben verwendet ist, und für
den Vordergrund nichts übrig bleibt. Dann sollen
ängstlich, dürftig scharf gezeichnete einzelne Pflanzen
und Kräuter, ja Pfeigen und Aprikosen und Wein=
trauben, selbst Schnäken und Ungeziefer alles vor=
setzen. Aber man mag gestehen, oder ist die Rech=
nung nicht doch ohne Wirth gemacht. Wirft man
diesen Herrn vor: Luft und Ferne sind zu dunkel
angefangen und zu sehr ins einzelne ausgeführt, so
entgegnen sie: in Italien erscheint die Natur so!
Ich will es keineswegs bestreiten. Aber ich frage
ob ein vernünftiger Mensch wohl eine Sache be=

ginnen darf, ohne zuvor zu überlegen ob er auch die Mittel habe es durchzuführen bis ans Ende? das heißt hier bis auf den Vordergrund. Und muß denn der verjüngte Maßstab in dem die Natur wiedergegeben wird nicht auch berücksichtigt werden? Oder glaubt man wohl gar man müsse die Natur in einzelne Teile so nahe als möglich zu kommen suchen und wenn auch der Zusammenhang des Ganzen dadurch beeinträchtigt würde, und beinah möchte man es denken, denn aus dem vorhergegangenen ersehen daß man mehr ein Zusammenquetschen als ein Zusammenhängen beabsichtigt. Ein ganz anderes ist es wenn der Maler zu seiner Übung eine Ferne der Luft oder sonst einen Gegenstand wählt, da mag er immerhin auf dem gewählten Teil, seine ganze Palette verwenden: denn die Sache steht für sich allein. Die treue Nachahmung des landschaftlichen Vorbildes in der Natur ist man geflissentlich umgangen, und in den einzelnen Teilen nimmt man es ebensowenig genau als es auf den ersten Blick wohl scheinen möchte. Es ist zwar nicht der leidige flüchtige Takt der jüngst vergangenen Zeit; aber der Takt einer längst vergangenen Zeit, peinlich, ängstlich, dürr und dürftig wobei vielleicht mehr verloren als gewonnen ist, wenigstens kein Vorgeschrittener gemacht. Noch hab ich kein Bild der neueren Schule gesehen, so auf mich einen günstigen Eindruck gemacht hätte, wohl einen quälenden durch das Zusam-

menpreſſen der Gegenſtände. Und einen Zurück-
ſtoſſenden durch die Härte der Farben und Formen
und den Mangel an Luftperſpective, ohne gerade
einen nordiſchen grauen Himmel zu wünſchen. Und
endlich einen widrigen Eindruck, weil man nirgends
den reinen Willen ſieht die Natur, einfach edel und
groſſ darzuſtellen wie ſie iſt, wenn man Sinn, Gemüth und Gefühl hat es zu erkennen und aufzufaſ-
ſen. Wohl aber glaube ich überall das leidige Streben wahrzunehmen, alte Gemählde und Kupferſti-
che nachzuäffen. O! heilige Natur! wie oft muſſt du
der Mode weichen und Menſchenſaßungen Plaß machen. Von dem groſſen hiſtoriſchen Styl, wodurch
ſich eben die neuere Landſchaftsmalerei ſo beſonders
günſtig auszeichnen ſoll, will ich ſchweigen; bis erſt
die Maler ſo ſie üben und die Kunſtrichter ſo ſie
lobpreiſen beſtimmter zeigen und wiſſen, was denn
ſo eigentlich mit dieſen Worten gemeint iſt.

Wie einfach und edel auch die Gegenſtände ſind,
ſo XX in dieſen drei Landſchaften hat darſtellen wollen, ſo iſt er doch keineswegs von der Schönheit der
Natur durchdrungen geweſen, ſondern alle drei Bilder ſchmecken nach C und K in R. ſo jeßt eben Mode
ſind. Dieſer Mann hat kein lebendiges Gefühl
weder für Form noch Farbe noch ſchöner Auffaſſung
der einfach groſſen Natur, und iſt wohl eher ein
Landſchaftsſchreiber als Landſchaftsmaler zu nennen.

154

Es läfst sich der geringfügigfte ja wohl felbft schmutige Gegenftand in der Natur oder Wirklich= keit malerisch aufgefafst, dem Auge wohlgefällig als Bild wiedergeben. Aber ein edler Gegenftand dich= terisch malerisch schön und gefällig dargeftellt, fef= felt und bleibt felbft noch bei geringerer Ausführung dennoch anziehend; dies bezeugen diese beiden Bil= der von XXX und XXX.

Ift gleich XX kein vorzüglicher Maler aber ein befferer Landschaftsmaler oder Landschaftsdichter ift er gewifs als viele so die Kunft mit dem Pinfel zu wackeln schulgerecht erlernt haben.

Er ift mir vor vielen lieb, und in seinen Bildern erkennt man immer ein tiefes Gemüt und einen den= kenden Mann, so dafs man allenfalls über die Dich= tung das Machwerk vergifst. Freilich beides ge= paart gibt erft die Vollendung.

Mehrere Schüler des Herrn X haben schon in auf= fallend kurzer Zeit es zu einem hohen Grad von tech= nischer Fertigkeit im Malen gebracht womit sie ihrem Meifter Ehre gemacht. Merkwürdig ift aber dafs noch bis jetzt alle diese Schüler bei der angeübten toten Geschicklichkeit stehen geblieben und sie auch nur als einziges Ziel und Streben der Kunft anzu= erkennen scheinen. Ob wohl die seltene Fähigkeit des Meifters seine Zöglinge zu schnellen und geschickten

155

praktischen Malern zu bilden oder einzuhetzen schuld an die Nichtbeachtung alles höheren Verlangens ja Hintenansetzung des eigenen Willens sei? Oder soll man annehmen sie wären alle geborene Affen und nichts weiter? Man wird versucht zu glauben daß die angeübte Meisterschaft der Pinselführung zur Anmassung und Dünkel verleite, Anmassung aber stehe der kindlich suchenden Bescheidenheit entgegen und diese wiederum unbedingte Voraussetzung zur Erkenntnis alles Guten und Schönen und Wahren also Natur, und ich möchte hinzusetzen: Feind aller nichtssagenden Pinselbraveure. Die Lehrart des Meisters erspart ferner dem Schüler alles Selbstdenken und Suchen und Versuchen und verbittet es wohl öfter, wenn es auch gerade hier nicht der Fall sein mag. Die schnellen Fortschritte schmeicheln dem Lehrer wie dem Lernenden. Ersterer möchte sich wohl gar in seinem Schüler wie in einem Spiegel wiedererkennen, und wohl gar die stille Eitelkeit hegen eine Schule zu bilden um so gewisser seinen Namen und Art und Weise zu malen auf die Nachwelt überzutragen, ohne zu bedenken, daß er eben dadurch zum Mörder des unantastbaren Eigentums — die Eigentümlichkeit seiner Schüler wird, und also dessen beraubt wodurch sie in der Folge einst als wahrhafte Künstler auftreten können. Der auf solche Weise eingehetzte Schüler wenn er je später zur Erkenntnis kommen sollte daß ihn seine Manier abseits geführt, möchte wohl schwerer haben sie wieder abzulegen als er Mühe gehabt sie sich anzueignen. Nach einer Manier zu erlernen muß man nicht trachten, diese kommt leider nur zu früh von selbst, ohne daß man sich erst Mühe darum zu geben gebrauche. Wie jeder Mensch seine eigene Art und Weise hat zu gehen, zu stehen, zu liegen, zu sprechen usw., so wird auch ein jeder eine Art zu malen bekommen ohne zuvor ein besonderes Studium daraus gemacht zu haben: Daß aber auf diese Weise erlangte Manier ist so eigentlich unser Eigentum und unserm Wesen anpassend. Dieser Meister aber könnte einer Malerschule sehr nützlich werden, wenn ihm ein anderer Lehrer zur Seite oder gegenüberstände, so nicht allein durch Worte, sondern auch durch das, was er leistete, auf eine höhere, edlere und mannigfaltigere Auffassung der Natur aufmerksam mache, damit nicht der Pinsel einzig die Herrschaft über den Pinsler davon trüge.

Wenn ich diese Bilder von XX und XX nicht mit Stillschweigen übergehen will, so muß ich kürzlich wiederholen was ich hier von andern Bildern mehr schon öfter gesagt. Gegeneinander verglichen erscheint ersteres Bild mir mit so vieler Ausführung und Sauberkeit und dennoch mit so grosser technischer Fertigkeit gemalt einer geschmückten Leiche nicht unähnlich, das andere hingegen gleicht einer sinnig schö-

nen denkenden Jungfrau mit Lumpen behangen.
Über das erste Bild ärgert man sich, weil mit so
vieler Mühe und Sorgfalt und Sauberkeit nichts
gesagt ist. Bei dem andern hingegen tut es uns leid,
einen so schönen Edelgestein in unedlem Metall in
Blei gefasst zu sehen.

Dieses Bild gibt einen Beweis mehr gegen das
widersinnige Verfahren gewisser Herren durchaus
den Künstlern Aufgaben zu stellen, um wie man
sagt als Kunstkenner und Kunstrichter also in der
Kunstgeschichte besser unterrichtete der Kunst oder
vielmehr denen Künstlern eine höhere Richtung zu
geben. Ohne leugnen zu wollen dass dies nicht etwa
recht nottun sollte, sieht man doch deutlich die leidige
Eitelkeit im Hintergrund, gerne Vorschriften geben
zu wollen und Preisaufgaben öffentlich ankündigen
zu können und sich als Beschützer und Beförderer
der Kunst breit zu machen. Dieser so sinnige Künstler, in dessen sonstigen Arbeiten immer ein tiefes
Gemüt vorherrscht und jedes seiner Bilder ein Ab-
druck seiner reinen Seele ist, ist hier geistlos und tot
zu nennen; denn die hier zu lösende Aufgabe war seinem Wesen durchaus fremde. Nur der ausgesetzte
Preis zog ihn an, und hierzu zwang ihn seine drük-
kende Lage. Zwar ist ihm der Preis zuerkannt, aber
der Verein hat kein gutes Bild dafür erhalten, wozu man doch wohl als von einem so anerkannten ge-

schickten Maler berechtigt sein konnte. Es ist dieses Bild nicht einmal mit der von ihm gewohnten Sauberkeit ausgeführt. Sollte es wohl nicht geratener sein, um die Kunst zu fördern, wenn jeder Künstler sich selbst die Aufgabe machte? Denen aber, so gerne im Voraus die Zusicherung haben möchten, nach gelungener Vollendung das Bild verkauft zu wissen, aufzufordern, zuvor eine Skizze dem Verein zur Prüfung vorzulegen, ob die gewählte Aufgabe für würdig anerkannt und die Auffassung des Gegenstandes der Gesellschaft genüge. Ebensowenig müsste von den Herrn Kunstrichtern irgend ein Zweig der Kunst (Blumenstücke) z. B. usw. ausgeschlossen sein, denn jede Gattung ist gewiss einer höheren Ansicht und Ausbildung fähig um auf ein Kunstwerk Ansprüche machen zu können. Aber durch solche barbarischen Ausschliessungen kann freilich nichts gefördert werden.

Man kann diesen Bildern von XX die grosse Geschicklichkeit und Sauberkeit, mit der sie dargestellt sind, nicht absprechen. Was die Hand zu leisten vermag, ist hier geleistet, was Herz und Gefühl anspricht, sucht man vergebens. Die Herrn wissen wohl was Kunst ist und sein soll, aber ihr fühlet es dennoch nicht und seid nie lebendig davon durchdrungen gewesen: darum ist euer Wissen tot, und euer Machwerk spricht nicht zu Herzen. Hättet ihr Nüchternen einmal wahrhaft empfunden, eure Bilder würden nicht Leichnamen gleichen ohne Empfindung und Gefühl, ohne Wärme. Man könnte hier wohl die Worte der heiligen Schrift anwenden: Und hättest du aller Welt Weisheit und hättest die Liebe nicht, so wärst du wie ein tönend Erz und eine klingende Schelle — Oder: Und verstündest du die Kunst mit dem Pinsel zu wackeln besser als jemand auf dem ganzen Erdenrund und dir mangelt das belebende Gefühl, so ist all deine Geschicklichkeit toter Kram.

Der liebe Gott lässt zwar seine Sonne scheinen über Gerechte und ungerechte und spannt den Bogen der Gnade aus über die ganze Erde, will aber der Maler und überdies bei den Unvollkommenheiten der Mittel so ihm zu Gebote stehen, einen Regenbogen darstellen, so muss er auch diese himmlische Erscheinung über eine dem erhabenen Gegenstand würdige Landschaft ausspannen, und nicht wie XX hier über ein paar wohlbekannte Bierkneipen erscheinen lassen. Es soll hiermit keineswegs gesagt sein: dass es unbedingt eine ganz besondere Gegend sein müsste, etwa eine grosse Schweizerpartie oder das unbegrenzte Meer, sondern ein blosses Kornfeld wäre hinreichend oder sonst ein einfacher aber nur würdiger Gegenstand.

XVI

Wie einfach und rein natürlich ist dieses Bild aufgefasst, und eben diese ungeschminkte, ungezierte Wahrheit wirkt so wohltuend auf den Beschauer und selbst noch auf den Verdorbenen den Lügner wie ich Gelegenheit gehabt zu beobachten. Die reinlich gekleidete Bauernfrau bindet mit stillem Wohlbehagen der hübschen Tochter eine neue Schürze um, und das junge Mädchen, den Kopf etwas gesenkt, und den Blick auf die Schürze geheftet, erfreut, halbverschämt, mit erhöhter Röte im Gesicht des schönen Geschenkes. Man sieht an dem Gesangbuche, dem Taschentuche und Blumenstrauss auf dem Tisch, dass es Sonntag ist und Mutter und Tochter in die Kirche gehen wollen. Die Ausführung des Bildes ist der Auffassung gleich: sauber gemalt und bestimmt gezeichnet. Dieser Kreis von Bildern wird freilich von den Malern nur zu oft verkannt, und man glaubt nur Gemeinheiten im Leben darstellen zu dürfen, während sie doch wohl zu den höchsten und schönsten und edelsten Familienleben ja Weltleben darzustellen berechtigt sein dürften. Als ob nicht in unserer bewegten, verhängnisvollen Zeit und was gestern und vorgestern geschehen nicht ebenso würdig der Darstellung wäre als so manches so vor Jahrhunderten oder Tausenden geschehen? Unsere Bekleidungen mögen immerhin ein grosses Hindernis sein, aber ein tüchtiger Künstler muss auch diese Schwierigkeit zu besiegen wissen, und Rauch in Berlin hat es hinreichend bewiesen daß sie besiegt werden können.

Mit welcher Meisterschaft ich möchte fast sagen mit welcher Anmaßung ist dies Bild gemalt, wie dreist wie keck und voll die Farben aufgetragen. Aber nicht die Natur wollte der Maler XXX so eigentlich darstellen sondern wohl mehr seine Geschicklichkeit seine Pinselfertigkeit wollte er hier zur Schau stellen und opferte lieber aus Eitelkeit die Wahrheit auf. So schindet ja lieber mancher Maler seine Gestalten um seine Kenntnis in der Anatomie zeigen zu können. So wird selbst eine gute Handlung zum Laster wenn sie aus unreiner Absicht entspringt; nicht sich, sondern die Natur soll der Künstler darstellen wollen. Wie ist es aber möglich bei der hier angenommenen Beleuchtung die Gegenstände alle so scharf und bestimmt erkennen zu können und überhaupt so viel Farbe und Einzelheiten zu sehen; ich glaube recht gern daß der Künstler unter Umständen etwas mehr sehen lassen muß als er in der Wirklichkeit gesehen hat, um im Bilde zu befriedigen, aber die Nacht darf nie Tag werden, und zwischen Ahndung und bestimmter Gewißheit ist noch ein Mittelding.

Und Sie gehen so ganz schweigend diesem Bilde vorüber? Nun wie sollte ich reden, dies Bild for-

162

dert mich nicht dazu auf und nimmt weder das geistige noch leibliche Auge in Anspruch? Mag dieses Bild von XX immerhin alle Kunstregeln erfüllen: krumm gegen grade, kalt gegen warm, hell gegen dunkel und dergleichen saubere Dinge mehr. So lange man mir von Malereien dieser Art nicht wird sagen können sie seien vermittels einer Dampfmaschine gefertigt, werde ich auch keine Achtung dafür haben, denn von einem Menschen fordere ich mehr. Sie mögen mir immerhin schon lange im stillen den Vorwurf gemacht haben, daß ich so ziemlich über jedes Bild dasselbe gesagt habe; aber es frägt sich wohl noch, ob mich oder die Gemälde hier der Vorwurf trifft.

Sollte denn das wohl der hochgepriesene Kunstsinn unserer Zeit sein, sich in knechtischer Nachäffung einer früheren wenn gleich schönen Kunstzeit zu gefallen? Sollte man wohl je Fug und Recht haben einem Jahrhundert alle Kraft des Selberschaffens absprechen zu dürfen ohne sich selbst zu beleidigen und an dem neunzehnten Jahrhundert zu versündigen. Die Sklavenseelen unserer Tage verkennen ihre Zeit und einige auch sich selbst bei wirklich schönen Anlagen und Fähigkeiten. Zu dieser Knechtschaft führt aber des ewige Reden und Predigen des unbedingten Gehorsams und Gehorchens und des Aufgebens des eigenen Willens und selbständiger Kraft.

Das Vertrauen auf sich selbst und das ihm von Gott anvertraute Pfund darf der Mensch nie aufgeben, ohne sich an seiner Menschennatur und an seiner Zeit zu versündigen. Ist es aber nicht, wenn wir aufrichtig sein wollen, etwas Widriges, ja oft Ekelhaftes: vertrocknete Marien mit einem verhungerten Jesuskind im Arme zu sehen und mit papierenen Gewändern bekleidet. Oft auch wohl mit Absicht verzeichnet und geflissentlich Verstöße gegen Linien- und Luftperspective gemacht? Alle Fehler jener Zeit äfft man täuschend nach, aber das gute jener Bildwerke: das tiefe, fromme, kindliche Gemüt, was diese Bilder so eigentlich beseelt läßt sich freilich nicht mit den Fingern nachahmen und es wird den Heuchlern nie gelingen, selbst dann noch nicht, wenn man auch mit der Verstellung so weit gegangen und katholisch geworden. Was unsere Vorfahren in kindlicher Einfalt taten, das dürfen wir bei besserer Erkenntnis nicht mehr tun. Wenn grosse Leute wie die Kinder in die Stube scheissen wollten um damit ihre Unschuld oder Schuldlosigkeit beweisen zu wollen, möchte wohl nicht gut aufgenommen und geglaubt werden.

In dem grossen Farbenaufwand so vieler Bilder hier widerspiegelt sich wie mich bedünkt, so recht unsere Zeit. Mit Gewalt will sich jeder geltend machen, jeder es den andern zuvortun. Hier in diesem

seinsollenden Mondschein will sogar die Nacht dem
Tag nichts ab Farbenpracht nachgeben und ebenso-
wenig an Deutlichkeit und Ausführung des einzel-
nen der Gegenstände. Man sollte fast glauben, der
Maler kenne nicht einmal die Redensart: es ist ein
Unterschied wie zwischen Tag und Nacht.

Vieles hab ich von diesem Künstler und seinen
Eigenheiten und Arbeiten reden hören lobend und
tadelnd. Ich meinesteils muss gestehen dass seine
Bilder wenn auch nicht alle doch oft reine Schöpfungen aus ihm selbst hervorgegangen und frei von
aller Nachäffung zu nennen sind. Ein Verdienst
was umso mehr zu beachten ist, je seltner es in unserer Zeit geworden. Gesetzt auch XX hätte nicht allemal das dabei gedacht und empfunden was seine
Lobredner darin zu sehen glauben so ist es doch schon
ein grosser Verdienst und vielleicht das grösste
eines Künstlers geistig anzuregen und in dem Beschauer Gedanken Gefühle und Empfindungen zur
Erweckung und wären sie auch nicht die seinen. Ich
gebe zu dass der Maler nur zu oft den Wert einer
Malerei nach dem Grad der Geschicklichkeit und
Fertigkeit des Pinsels und der Behandlung und
Auftragung der Farben beurteilen vermag, findet
die Gemälde von XX nicht allemal lobenswert.
XX ist vor allen Dingen nur um den darzustellenden
Gegenstand und was er dabei empfindet, zu tun, und

165

leider nur zu oft mit Vernachläſſigung der beſtimm=
ten und ſauberen Ausführung. Er denkt nur an den
darzuſtellenden Gegenſtand, und will vor allen Din=
gen dieſen und die Natur, nicht ſich und ſeine Ge=
ſchicklichkeit zeigen. Die Zahl derer ſo in den entge=
gengeſetzten Fehler verfallen iſt Legion. Beides ver=
bunden macht erſt ein Ganzes, doch hätte ich zu wäh=
len, ich zählte mich lieber zur Zahl der erſteren.

Wie doch ſo mancher Menſch erpicht iſt, Dinge,
ſo weder möglich ſind, und wenn ſie auch durch
Mühe und Fleiſſ erreicht werden könnten, nie der
geträumten Erwartung entſprechen würden, ja wohl
gar ſtatt einem erfreulichen einen widrigen Eindruck
machen würden. Alle Täuſchung macht einen wid=
rigen Eindruck wie aller Betrug. Z. B. Wachsfiguren
werden immer etwas zurückſtoſſendes haben je täu=
ſchender ſie gemacht ſind. Ein Bild muſſ ſich als
Bild, als Menſchenwerk gleich darſtellen, nicht aber
als Natur täuſchen wollen. Doch ſtrebet immerhin
ihr Maler nach Wahrheit, wahrhaftiglich täuſchen
werdet ihr doch nie und iſt auch nicht Forderung der
Kunſt. Hier z. B. hat ſich XX zur beſonderen Auf=
gabe gemacht, die Klarheit im Schatten täuſchend
nachzuahmen und das reine unvermiſchte Weiſſ im
Schatten im Waſſerfall gebraucht, und behauptet
obendrein: in der Natur ſei der Schaum noch viel
heller und hat allerdings recht. Aber wie konnte XX

166

so unüberlegt handeln, da er einmal alle Helligkeit der Farben so ihm zu Gebot standen, der Klarheit des Schattens aufgeopfert, nun auch noch im selben Bilde Sonnenlicht darstellen wolte; da er wie jemand sich ausdrückt alle Trümpfe im Schatten schon ausgespielt. Also wiederum einmal nicht wirtschaftlich mit den geringen Mitteln umgegangen, so dem Künstler zu Gebote stehen und hier auf Rechnung des Schattens das Licht geopfert. Hier im Bilde daneben hat der Künstler sich ähnliche Sünde zu Schulde kommen lassen, nur daß alles hier dem Lichte geopfert worden, um rechten Knalleffekt hervorzubringen. Wie schwer es doch hält, die rechte Mittelstraße zu halten.

Schon wieder ein Bild wie es hier und überall so viele gibt, weder durchdacht, noch gefühlt, noch empfunden; alles hübsch nach Vorschrift gemacht so mag es auch wohl für stumpfe Seelen das liebste und beste sein. Leute derart möchten gerne in der Wissenschaft wie in der Kunst für alles und jedes ein Gesetz haben, um allen Selbstdenkens, Fühlens und Empfindens überhoben zu sein.

Will man einem Menschen wohl, so ist fünf gerade und man lobt selbst seine Fehler. Will man aber einem Menschen übel, so ist selbst sechs nicht einmal gerade, und man tadelt selbst seine Tugenden.

Dies ist leider bei XX der Fall. XX besitzt indes Ruhe genug, (wenigstens anscheinend) seiner Feinde Verachtung und Spott mit gleicher gebührender Verachtung zu begegnen. Aber wie stark und als nichts beachtend er sich auch zeigt die üblen Folgen der Verleumdungen muss er längst schon hart empfunden haben und wäre es auch nur daran, dass man ihm sein täglich Brot dadurch schmälert und dies ist wahrlich schon Übels genug. Wenn er aber nicht aufhören sollte, Trotz mit Trotz zu begegnen, und Schurken für Schurken frei und offen wie bisher mit anscheinender Ruhe zu erklären, fürchte ich, um diesen lästigen Menschen los zu werden, behandelt man ihm als sei er wahnsinnig und kerkert ihn ein. Für verrückt hat man schon vorläufig beliebt ihn zu erklären; also gebrauchte man nur einen Schritt weiter zu gehen, ohne befürchten zu dürfen, den Schein einer Niederträchtigkeit auf sich zu laden. Den Schein zu vermeiden, versagen sich diese Leute alles, aber die Tat zu begehen, und wäre sie auch noch so niederträchtig, wenn es ohne Verdacht geschehen kann, nichts. Ich will über dies Bild hier nichts sagen, noch über XX Wert als Künstler und als Mensch überhaupt, aber das getraue ich mir sagen zu dürfen, und fühle mich verpflichtet es sagen zu müssen, dass er so wenig als irgend ein Mensch so wertlos und verrucht sein kann, als dass man sich ohne hart an der Menschheit zu versündigen, je so

168

niederträchtige geheime Schleichereien und verworfene Gaunerstreiche erlauben dürfe, so man sich seit acht bis zehn Jahren gegen ihn erlaubt hat und wohl nie öffentlich gerechtfertigt werden kann. Was insgeheim geschieht, bei verschlossenen Türen und verhängten Fenstern, mit jesuitischen Grundsätzen, ist etwas anderes. Man wird zwar leicht nach gewohnter Art entgegnen, daß diese Äußerungen wohl von einem schuldbewußten Gewissen herrühren mögen, so überall nur Böses sieht. Aber Schreiber dieses kann Tatsachen anführen und Personen nennen, so ihn wohl berechtigen, solche Meinungen auszusprechen.

Ich getraue mir nicht meine Meinung über diese Bilder von XX wie sie mir heute erscheinen, auszusprechen, denn sie missfallen mir gerade jetzt zu. Vor einem Jahre sah ich eben diese Bilder freilich unter anderen Umgebung, und nicht zwischen einer so stark gefärbten oder geschminkten Umgebung, wie sie zur Zeit Mode geworden, und in besserer Beleuchtung, und vielleicht auch besserer Stimmung und in Gesellschaft von sachkundigen Leuten, und alle waren erfreut darüber. Mein heutiges Missfallen kann also nichts als Tadel für diese Bilder genommen werden, sondern ist vielleicht nur meine augenblickliche Unempfindlichkeit für ihre Schönheiten zuzuschreiben. Läßt es sich doch selbst die Natur wenn

sie uns erbärmlichen Menschen nicht allemal gefällt und anspricht, gefallen. Was bekümmert sie
sich darum, wenn wir unempfindlich und stumpfsin-
nig gegen ihre Schönheiten sind. Wieviel mehr sollten daher die Menschen bescheiden und geduldig und
ruhig ertragen wenn dessen Leistungen nicht immer
und allemal jedem gefallen. Manche Maler sagen
zwar so einer Ungewissheit können sie nicht begegnen und sie würden gewiss jedesmal gleich den Wert
oder Unwert eines Bildes zu beurteilen wissen. Aber
solche Maler beurteilen auch öfter nur ein Bild
nach der Art und Behandlung der Farben und Auftrag derselben, und sind diese nur mit Sicherheit
oder Fertigkeit oder gar Keckheit und im Gegensatze
mit Sauberkeit und Zartheit behandelt, so ist alles,
was man von einem Bilde fordern kann, erfüllt, und
weiter gehört zur Beurteilung eines Bildes auch
nichts, wie diese Herren meinen. Ob ein Bild (eine
Landschaft z. B.) wirklich Charakter hat, und dieser
überall richtig durchgeführt ist? Ob überhaupt der
Beschauer dadurch in eine Stimmung versetzt wird,
oder sich ergriffen fühlt? Ob Dunkelheit oder Hell-
heit gehörig gegeneinander abgewogen? Ob die Linien schön und sanft ineinander greifen? Oder schön
und schroff gegeneinanderstossen? wie es der Charakter des Bildes eben fordert oder ob der Ton zum
Charakter des Ganzen und die Farbe des Einzelnen
glücklich gewählt ist? Kurz, das Ganze richtig und

tief empfunden, oder blos kalt und tot erfunden. Dieses kann der Maler nicht zu jeder Zeit und der Beschauer ebensowenig zu jeder Stunde beurteilen. Dazu gehört die rechte Stimmung so nicht in des Menschen Gewalt steht und beruht auch nicht auf Regeln, so der Verstand ergrübelt, sondern auf einem feinen Gefühl, wofür ich keine Worte weiß, es auch vielleicht keine gibt, und wohl nur immer Meinung nach jedes besonderer Eigentümlichkeit bleiben wird.

Die Blumen dieses Künstlers, die, wenn sie gleich auch nicht immer die strenge Beurteilung eines Pflanzenkundigen aushalten mögen, haben dennoch vielen Wert und verdienen die Anerkennung eines jeden Malers. Und dennoch mußte XX bei aller seiner Geschicklichkeit Hunger leiden und hatte nicht einmal seine Blöße zu decken. Jetzt aber da er tot ist werden seine Arbeiten mehr beachtet und von Kunstfreunden besser bezahlt. Seine Bilder werden sogar nachgeahmt und unter seinem Namen ver= kauft. Wie oft geschieht es nicht, daß ausgezeichnete Leute ihr ganzes Leben hindurch unbeachtet bleiben, und erst nach ihrem Tode die verdiente Anerkennung finden. Dahingegen andere, so im Leben viel gal= ten und bewundert und reichlich bezahlt wurden, gleich aber nach ihrem Hinscheiden wieder vergessen und ihrer nicht mehr gedacht, sodaß selbst die Zeit=

genossen sich nicht genug verwundern können über die eigene Verblendung. Selbst da noch, als schon einige Männer es wagten, sich für und gegen diese Personen zu erklären, aber sie wurden verachtet und verlacht, und für bestochen und für Verleumder gehalten und nicht beachtet.

Aber wie in aller Welt ist es möglich daß XX mit so grossem wenigstens scheinbaren Gleichmut den Tadel und die Verspottung annimmt, ohne alle Entgegnung, womit jetzt seine Leistungen aufgenommen werden? Wer ihn früher schon gekannt und also weiss, daß er sonst ebenso gleichgültig jedes Lob so ihm sonst in reichem Masse in vielen öffentlichen Blättern gespendet wurde, aufnahm, als er jetzt den Tadel aufnimmt, und doch wohl selber wissen muss, daß seine Leistungen jetzt mehr Wert haben, als seine früheren Arbeiten. Wird man sich dann noch mehr wundern, oder sich sein Benehmen erklären können?

Über XX Leistungen habe ich mich bereits ausgesprochen, aber dies Bild erinnert mich an einen Gaunerstreich, so man sich neuerlich wieder gegen diesen Mann erlaubte: die Jesuiten oder ihre sinnverwandten Brüder so sich bekanntlich jedes Mittel erlauben zur Erreichung ihres Willens und Sinn und Wortverdrehung nicht verschmähen, wenn es etwa zu dem beabsichtigten Ziele führen könnte. So hat dieser saubere Verein nach vieljährigen tausend= fältigen vergebens versuchten Kniffen und Ränken aller Art auch noch den albernen lächerlichen Ver= such gemacht, durch Schmeicheleien ja sogar durch besondere ehrenvolle Auszeichnungen ihn für sich zu stimmen, denn die früheren Versuche ihn durch Krän= kungen zum Schweigen zu vermögen, haben ihre Ab= sicht verfehlt. Da nämlich XX durchaus sich nicht will einreden lassen, daß O — X einander ähnlich sehe, (worauf hier viel ankommt) so dreht man das Ding um, und wird, mit vieler Schlauheit, mit Be= nützung augenblicklicher Umstände plötzlich gewahr, daß X = O ähnlich sehe. Aber es blitzte auch diesaml ab.

Wäre ich nicht durch das Viele und Vielerlei Gesehene für heute zu abgestumpft, diese Landschaft von XX würde gewiß auf mich einen noch grösse= ren und tieferen Eindruck gemacht haben, als es jetzt der Fall ist. In ruhiger stiller Dämmerung der Scheide zwischen Tag und Nacht stehen noch die ge= waltigen Überreste vergangener Jahrhunderte und erheben sich in Spitzbogen und Wölbungen als Zeu= gen früherer grosser Vergangenheit über die krän= kelnde Gegenwart. Im Innern der Mauern, noch stark genug die jüngere Zeit stützen und schützen zu können, lehnt sich die auch schon morsch gewordene

Hütte eines Greises. Er selbst, gelehnt auf seine Krücken, sieht über eine zertrümmerte Mauer in die offene See hinaus und scheint einem neben ihm stehenden Jüngling seine Lebensgeschichte zu erzählen. Wie unter gleicher Umgebung mir einst ein Greis seine Lebensschicksale erzählte: wie er selbst schon Ruine unter doppelten Ruinen lebe und wie er drei Söhne gehabt, so die Stütze seines Alters hätten sein können, aber allen dreien im Meeresgrunde der Ostsee, der Nordsee und der Südsee ihr Grab bereitet worden vom harten Geschicke.

Ist das Bild wahrhaft empfunden so schadet das Hineinreden anderer nur zu leicht. Ist aber das Bild nicht empfunden und alles nur Machwerk der Hand, so ist auch das Belehren und Hineinreden anderer ebenfalls nur unnütze; denn wer so steht erfaßt auch nicht das tiefempfundene Wort. Auf sein geistiges Selbst ist der Mensch, der Maler angewiesen. Daher die Eigentümlichkeit und Einheit in diesem Bilde. In der Abgeschiedenheit worin XX lebt, weiß er von so vielem nicht, was Anmaßung und Dünkel zum Gesetz erhoben und als solches lehren ihn also auch nicht verleiten können. Nicht unterwiesen zu sein, ist oft für geistig begabte Menschen ein Glück. Das viele Lehren und Unterweisen ertötet nur zu leicht wie schon gesagt, das Geistige im Menschen, und erhebt etwa die Erbärmlichkeit zum Mit-

telmäſſigen empor. Der Schade iſt gröſſer als der
etwaige Gewinn.

Nicht die geiſtige Auffaſſung eines Gegenſtandes
in der Landſchaftsmalerei gilt jetzt mehr als Auf=
gabe, wenn auch mit dem ernſten Beſtreben, treu
und wahr die Natur nachzubilden, ſondern die For=
derung der Zeit iſt treue Nachäffung der Körper
alſo Längen, Breiten und Höhen und Formen und
Farben; denn damit hätte man auch ſchon den Geiſt
erfaſſt nach dieſer Herren Meinung, denn eben dar=
in könne ſich ja nur der Geiſt ausſprechen. Man
nennt dies reine demütige kindliche Hingebung und
Aufopferung des eigenen Willens. Alſo nicht Wol=
len, ſondern nur Malen ſoll der Maler! Denn ſelbſt
das, was durch das leibliche Auge vom geiſtigen
Auge aufgenommen worden, hält man ſchon für An=
maſſung und rechnet es ſchon als Sünde an. Habe
ich dieſe Herren anders recht verſtanden, oder hat
man ſich ſelbſt verſtanden wie ich kaum glaube, denn
es widerſpricht meinem Gefühl und meiner Ver=
nunft, aber das Gefühl, lehren dieſe Herren iſt ſchon
Sünde. Alſo nur was man mit leiblichen Augen
geſehen, und ſtrenge und getreu nachgeäfft, ſei Auf=
gabe und Forderung unſerer Zeit, der Kunſt. Ich
geſtehe frei und offen, daſſ ich nimmer und nie die=
ſer Meinung beiſtimmen werde. Allerdings geſtehe
ich gerne, daſſ dieſe Bilder von XX ſo allen dieſen

Forderungen dieser Zeit entsprechen sollen, viele und grosse Verdienst haben und ich mich der treuen Nachahmung des Einzelnen erfreut. Aber das Ganze hat für mich wenig Anziehung, eben weil ich das innige geistige Durchdrungensein des Künstlers von der Natur vermisse. Es sind also auch diese Gemälde bei allen Vortrefflichkeiten wie so viele andere für mich wenigstens ohne belebende Seele. Ich bin weit entfernt, den Forderungen der Zeit, wenn es nicht anders blosse Mode ist, entgegenzuarbeiten, und gegen den Strom anschwimmen zu wollen, sondern lebe vielmehr der Hoffnung, dass die Zeit ihre eigene Geburt vernichten wird und das bald. Aber noch weniger bin ich so schwach gegen meine Überzeugung den Forderungen meiner Zeit zu huldigen. Ich spinne mich in meiner Puppe ein, mögen andere ein Gleiches tun, und überlasse es der Zeit, was aus dem Gespinste herauskommen wird, ob ein bunter Schmetterling oder eine Made.

XX malt mit Worten und spricht sein Gefühl sehr oft mit Glück in Worten aus. Will er aber als vorgeblicher Maler sich in Formen und Farben aussprechen so ist es mit seinen Bemühungen eitel nichts wie Figura zeigt. Es frägt sich wohl noch, ob ihm nicht sein Wissen mehr im Wege steht, als es ihn fördert. Denn was er fühlet und empfindet, widerspiegelt sich in seiner Seele als Gedanke in Wor-

Phot. Fr. Bruckmann A.-G.

ten, nicht aber als Bild in Form und Farbe und Gedanke. Glücklich ist, wo Kopf und Herz und Hand gleichen Schritt halten.

Umstände ändern die Sache! Sonderbar genug, daß was man an XX Bildern seit einer langen Reihe von Jahren ausschließlich und allgemein als lobenswert anerkannt, ja sogar als nachahmenswürdig anempfohlen, jetzt als tadelns= und bedauernswerte Verirrung warnend gerügt wird. Sollte man nicht glauben, die früheren Lobredner wären unverschämte Lobhudler gewesen, oder die jetzigen Tadler schamlose Schufte, man hat aber Ursache zu vermuten, daß die Lobhudler wie die Tadler ein und dieselbe Person sind, mithin Doppelschufte. Der Eingeweihte mag tiefer sehen und den Grund des Wechsels der Dinge erkennen, ich bin nur Laie. Aber nach meinem Dafürhalten hat XX sich in seinen Leistungen gebessert.

Das Einzelne in XX Bildern ist verfehlt und ermangelt aller Wahrheit aller Natur, und das Ganze ist nicht als ein Ganzes erfunden, also auch kein Ganzes, was bleibt übrig? Ein Bild.

XX galt für einen Künstler als er noch keiner war, jetzt da er es ist, gilt er nichts mehr. Früher galt er bei Andern, jetzt gilt er sich selbst etwas. Viele ziehen das Erste, wenige das Zweite vor.

Wiederum ein Bild des hochgepriesenen genialen XX. Ich muss aber gestehen dass ich mehr seine Geschicklichkeit als seine Genialität bewundere. Seine grosse Sauberkeit und Fertigkeit im Malen nimmt meine ganze Achtung in Anspruch wie ich das Gewebe einer Spinne bewundere; aber Geistestiefe geht ihm ab. Was er darstellt ist ziemlich immer dasselbe und vom Alltäglichen wenig entfernt. Wie er es aber vorträgt oder ausführt, wenngleich immer nach einem gewissen Schnitt und Takt, doch immer mit zu ehrender grosser Geschicklichkeit. Wenn der Ruf ihn genial nennt, so ist es wohl weiter nichts als eine Verwechslung des Körperlichen mit dem Geistigen, wie es im Leben wohl öfter verwechselt wird und insbesondere bei Würdigung eines Gemäldes, denn sind die Farben nur dreist und dick aufgetragen und rasch gemalt so nennt man den Pinsler genial. Ebenso verhält es sich auch mit dem, was man öfter Idee in einem Gemälde nennt. Auch die grösste Flachheit kommt öfter zu dieser Ehre.

Dieser Maler lebt einzig vom Diebstahl. Man kann XX einen frechen aber auch zugleich einen bescheidenen Dieb nennen. Denn da wo er nicht ganze Gruppen stehlen kann begnügt er sich auch mit ein-

178

zelnen Figuren. Und wo auch das nicht zulässig ist, mit einzelnen Armen und Beinen, ja bescheidet sich wohl gar mit blossen Händen und Füssen usw. Um jedoch seinen Diebstahl zu verbergen, zeichnet er seine Studien wie er [es] nennt durch klares Papier um es leichter umdrehen zu können und sich so sicherer hinter die Verkehrtheit oder Umgekehrtheit zu verstek-ken. Gütige Kunstrichter nennen so etwas die Alten studiert haben und klüglich benutzen, aber strengere Kenner nennen es Armseligkeit. Viele Köpfe unter einen Hut bringen wäre die zu lösende und zu emp-fehlende Aufgabe solcher Maler; wer aber dies ver-steht, braucht nicht zu betteln und braut kein Ragout aus Anderer Schmaus.

Man tadelt XX dass er so wenig Abwechslung in seinen Darstellungen zeigt und fast immer dieselben Gegenstände auftischt. Ich finde diesen Tadel un-gerecht, denn wenngleich in den Gegenständen nicht grosse Mannigfaltigkeit ist, so sind sie doch immer in der Auffassung eigentümlich dem Gegenstand an-gemessen aufgefasst und verfehlen daher nie die Wir-kung auf den Beschauer. Und es möchte wohl eine unbillige Forderung unserer Zeit zu nennen sein, und als Schuld unserer Erziehung erkannt werden können, von einem alles zu fordern, allumfassend zu sein. Die Natur gab nicht einem alles, aber je-dem etwas. In jedem einzelnen Gegenstand aber liegt eine Unendlichkeit der Auffassung und Vielseitigkeit der Darstellung. Ich erkenne und ehre auch darin eine Grösse, wenn jeder, wie schon gesagt, die ihm von der Natur angewiesene Grenze erkennt, und sich bescheidentlich darin zu halten weiss und nach Kräften wirkt als sich gewaltsam über sich selbst hinaus schwingen zu wollen.

Ein schönerer landschaftlicher Gegenstand möchte wohl schwer in der Natur mehr zu finden sein, als der hier dargestellte. XX aber hat mir unbegreiflich dies erhabene Naturbild so ganz verkannt und so garnicht empfunden. Nur ängstlich peinlich treu die schönen Formen der Natur wie das Unschöne so Menschen durch Hunger und Not getrieben nach und nach daran und darin verhunzt durch Anbau von Wohnungen und widrig sich durchkreuzende Felderabteilungen und Hinweghauung der Wälder nachgeschrieben. Sollte wohl nicht XX besser getan haben und überhaupt den Landschaftsmalern anzuempfehlen sein bei so ausgezeichneten Gegenständen in der Natur sich dieselbe rein in ihrer ursprünglichen oder Urgestalt zurückzudenken. Hier z. B. sollte ich meinen müsste bei einiger Einbildungskraft und Erhebung des Geistes die Aufgabe nicht so schwer zu lösen gewesen sein.

Es ist immer ein eigener Gedanke zu nennen für einen Landschaftsmaler die Weihnachtsfeier und

Chriſtbeſcheerung darſtellen zu wollen. Die Auffaſſung des Gegenſtandes iſt ebenfalls eigen zu nennen
und die Ausführung ſauber und als gelungen zu
betrachten trotz der vielen zu beſiegenden Schwierigkeiten denn ſo tief dunkel auch hier der Schnee gehalten werden muſſte, erkennt man dennoch den
Schnee. Was ſich XX als Ziel geſetzt darf man
wohl ſagen, hat er auch erreicht; ob aber dieſer Gegenſtand nicht höher und würdiger hätte können und
müſſen aufgegriffen werden, wäre wohl eine zu ma-
chende Frage. Es iſt zwar unverkennbar im Bilde
das Weihnachtsfeſt ausgeſprochen: man ſieht am
dämmernden Himmel den Morgenſtern leuchten und
die Muſikanten vom Turme blaſen und ſtattlich gekleidete Männer und Frauen trippeln durch die enge
beſchneite Gaſſe, aus der Frühkirche der Wohnung
zu. Auch den Chriſtbaum ſieht man durch das Fenſter Erker glänzen und erkennt ſogar den erfreuten
Sohn wie er dankbar küſſt die Hand des Vaters.
Aber trotz aller gebührenden Anerkennung ſollte
man meinen, der Beſchauer dürfte wohl noch höhere
Anforderung an eine bildliche Darſtellung dieſes
Feſtes machen, nur frage man beileibe mich nicht,
wie es geſchehen könnte. Eine leiſe Ahndung glaube
ich indes doch davon zu haben.

Über Gebühr wurde XX ſonſt in öffentlichen
Blättern gelobt, über Gebühr wird er jetzt in eben

den Blättern und vielleicht von eben den Leuten getadelt. Mit auffallender Gleichgültigkeit hat er die
Lobhudeleien aufgenommen, und mit wenigstens
scheinbarer verachtender Gleichmütigkeit nimmt er
den Tadel an. Die Zeit seines Ruhmes wußte oder
benützte er nicht um sich Geld zu erwerben; ob er
aber mit seinem Gleichmut den Schaden wird ab-
wehren können, die ihm die Tadler zu bereiten
suchen, bezweifle ich fast. Diese Herren tragen Bosheit im Herzen und man sieht wohl daß es im Rate
der Geheimnisvollen beschlossen ist, diesen Mann
zu vernichten. Seit Jahren hat man seine Leistungen
mit Stillschweigen übergangen und dennoch sind
seine Bilder jetzt erwiesen besser als sonst. Jetzt
fängt man an zu tadeln und eben das zu tadeln und
nichtig zu machen, wodurch er sich jederzeit lobenswert ausgezeichnet und halb und halb zu loben was
nicht zu loben ist — echt jesuitisch. Wie wir aus vielem zu erkennen glauben, trägt diese Clique kein Bedenken auch das niedrigste Mittel in Anwendung
zu bringen. Wir möchten XX raten ja auf seiner
Hut zu sein. Doch was sage ich, sich hüten! Vor diesen Filzläusen der Menschheit kann sich niemand hüten! Hier könnte man wohl die Worte der heiligen
Schrift anführen, jedoch in entgegen gesetzter Bedeutung: „Und hättest du auch Flügel der Morgenröte, und flögest bis am äussersten Rande des Meeres." Diese Luder sind auch da. Bei schon vorge-

182

rückten Jahren wird XX unsicher und sein Auge stumpf wenngleich sein Geist noch lebendig ist. Aber dies wäre schon genug für seine Gegner ihm zu schaden. Für wahnsinnig erklärt man ihn jetzt schon und möchte ihn lieber in ein Irrenhaus eingekerkert wissen um ihn los zu sein. Den lustigen Trotzkopf, der durchaus nicht glauben will, daß schwarz weiß sei.

XX ist bekannt wegen seiner Neigung düstere Gegenstände zu malen. Ohne daß man jedoch in seinem Umgang Heiterkeit des Herzens vermißte. Seine Freunde aber sind bemüht, ihn von dieser Neigung abzulenken und beauftragen ihn deshalb, heitere Gegenstände zu malen. Seiner Natur nach kann er doch nie mit Wohlgefallen und Lust solche Aufträge ausführen während er mit heiterem Sinne trübe Lüfte und ernste düstere Landschaften darstellen würde. — O ihr Gutmütigen! Die ihr so ganz und garnicht das innere Drängen und Treiben der Seele erkennet! Und nicht den Menschen wie ihn der liebe Gott geschaffen und geprägt und gestempelt hat wollet, sondern wie die Zeit und die Mode es will. Über Charakterlosigkeit klagt unsere Zeit und doch wo sie [er] nur einigermassen angetroffen wird, sucht man sie [ihn] zu unterdrücken. — O Herr! Vergib diesen Herren! Denn sie wissen nicht, was sie tun, denn sie bewirken das Gegenteil von dem, was sie beabsichtigen.

Diesem jungen Manne wäre bei seinen schönen Anlagen und Fähigkeiten zu wünschen, daß er künftig mehr Zutrauen zu sich faßte und nicht zuviel auf anderer guten Rat baute. Seine Bilder, wenn sie anders sein zu nennen sind, schmecken zu sehr nach fremder Eingebung. XX würde wohl tun, wenn er sich nicht eher um die Meinung anderer befragte, bis er mit seinem Bilde so weit sein würde, als sein Wissen und Können reicht, und was dann von anderer Meinung seiner Natur und seinem Sinn entspräche, in sich aufnehmen und verarbeiten und auf seine Weise wiedergeben wollte.

Wer könnte wohl jetzt noch von diesem Mann mit Wohlgefallen ein Bild ansehen? und doch machte dieser Mann vor einem halben Jahrhundert großes Aufsehen. Wer möchte jetzt wohl noch Reden über Kunst von ihm vortragen hören, womit er zu seiner Zeit die Menschen fesselte, sodaß sie gläubig die Mäuler aufsperrten als flössen Worte der Weisheit wie Honigseim von seinen Lippen. Und wird es nicht etwa nach 50 Jahren eben so stehen mit dem was jetzt gemalt, geschrieben und geredet wird? Und wird man dann nicht ebenso urteilen über unsere Ansichten und Meinungen über Kunst? Wird man nicht alles für beschränkte Engherzigkeit und Unwürdigkeit halten? Und wenn unsere Zeit das Schicksal hätte verlacht zu werden von unserer Nachkom=

menschaft, wäre es nicht eher für Gewinn, für Glück, als für Unglück zu nehmen? Wäre es nicht ein Zeichen, daß die Menschheit immer höher in der Erkenntnis der Ansichten und in den Fähigkeiten und Geschicklichkeiten der Ausübung gestiegen? Der Trost bei allem Wechsel der Zeiten ist und bleibt doch wohl ewig, daß die Besseren aller Zeiten immer von den Besseren der Nachkommenschaft achtend anerkannt worden von dem Standpunkte der Vorzeit aus betrachtet. Und endlich darf man denn nicht wohl zur Ehre der Gegenwart sagen daß man nicht mehr so störrisch und dumm dem Fortschreitenden Geist in den Weg tritt oder wohl gar lieber steinigen möchte, als es wohl früher gewesen sein mag? Man läßt allenfalls jetzt eher die Eigentümlichkeit eines Jeden gehen und ehrt auch das Gute von Heute und Gestern in seiner Art, und es bedarf nicht erst zur Anerkennung, daß es nach diesem oder jenem alten Meister schmecke oder in seiner Manier sei.

Wo X auf sich selbst angewiesen ist und das Nachschreiben nicht ausreicht da ermangelt ihm aller Sinn, wie unüberlegt sind die Dunkelheiten angebracht; aber es ist jetzt einmal Mode. Den Vordergrund in diesem Bilde hat der Pinsel, nicht der Maler gemacht. Wie willenlos ist alles, alles ist dem Zufall überlassen. Wenn der hohe Berg so im Nebel liegt, wie kann denn in der Niederung alles so klar erscheinen? Zwar gibt es Erscheinungen in der Natur wo es stattfindet, doch diese sind hier nicht angenommen und auch wohl nicht rätlich es zu tun.

Dieser Maler X ist auch einer von den vielen jetziger Zeit deren Studien nach der Natur gezeichnet oder gemalt ganz vortrefflich sind; wenn aber diese Studien zu Bildern benutzt werden sollen, und die Urbilder dem leiblichen Auge entrückt sind und der Maler auch auf sein geistiges Auge angewiesen ist, da erkennt man nichts mehr von den früheren eigenen Studien. Andere Maler zeichnen ängstlich oft unbehülflich nach der Natur wenn es aber dahinkommt, das Gezeichnete zu Bildern zu benutzen, so gewinnet alles Leben und Seele.

Die Bilder dieses Mannes nötigen doch jeden die Anerkennung seiner ausßerordentlichen Geschicklichkeit ab. Die Sauberkeit und Leichtigkeit bei einem so hohen Grad der Ausführung ist bewunderungswürdig. Aber zugleich muß man auch gestehen, daß seine Bilder öfter grell in der Farbe gehalten sind und selten ein Ton durchgeführt oder überhaupt Ton in seinen Gemälden herrscht. Seine Ölbilder erscheinen als Musterfarbengemälde, aber den einzelnen Teilen fehlt immer Charakteristik bei genauer Betrachtung. Der Art wie die Bilder gemalt sind ist mirs immer als hörte eine Taschenuhr recht geschwinde schlagen: Tick, Tack, Tick, Tack, Tick, Tack. So ermangeln auch seinen Formen der feinere Sinn für Übereinstimmung des Ganzen, und die Bilder sind ohne Charakter. Ein namhafter Künstler sagt von ihm er sei einer übersprudelnden Champagner= flasche zu vergleichen, ich aber möchte, bei aller An= erkennung seiner grossen Verdienste, ihn einem schön geschliffenen Glase mit Wasser gefüllt vergleichen, so wohl wert war, dass sie Champagner enthielte.

Wäre X nicht nach Rom gereist, er wäre viel= leicht jetzt weiter in seiner Kunst. Seit er von da zurück ist, hat er sich sehr gebessert. Er huldigte in Rom auch der Mode und ward ein Anhänger von Koch, nicht Schüler der Natur mehr. Seit er aber zur Erkenntnis gekommen ist, dass die Natur die beste, nie irrende Leiterin ist, haben seine Leistungen bedeutend gewonnen. Als malender Dichter wird er wohl nie etwas von Bedeutung leisten. Er sieht im gewöhnlichen Leben nur das Gewöhnliche, was tiefer liegt, bleibt ihm fremde. Die Poesie, zu der er sich zuweilen gehoben fühlt, ist eigentlich nichts als eine kränkelnde Hypochondrie. Ihm fehlt der Kom= pass, der innere Magnet durchs Gebiet zu steuern. Daher sieht er sich immer nach der allgemeinen Heerstrasse um, dass er sie ja nicht aus den Augen verliert, sonst ist er auch verloren.

Dahingegen ist sein Freund X, der mit ihm zugleich in Rom lebte, ein treuer Knecht von Koch geblieben. Und ist zu verwundern, dass das schöne Italien, Rom und Neapel ihn soweit auftauen konnten, seine frühere trockene Manier zu verlassen. Nach Norden zurückgekehrt ist wohl nicht denkbar, dass ihn je die Natur für Natur erwärmen werde. Trocken und tot schreibt er nach wies andere vor ihm geschrieben haben, und gehört also zu dem großen Haufen derer, so mit so vieler Geschicklichkeit und Sauberkeit nichts zu sagen erlernt haben.

X wollte einen Felsen im Meere darstellen, und ist ein Stein im Wasser daraus geworden; solche Fehlgriffe sind nicht selten. Er wollte indes doch etwas und dies muss man wenigstens ehren, als wenn man nichts und auch garnichts als die Absicht sehen lässt zu zeigen wie weit man es in der Kunst mit dem Pinsel wackeln zu können gebracht hat —

Auch ein Bild von X — Du guter Mensch hast dich immer in jeder deiner Leistungen treu wieder gegeben was du warest im Leben. Eitel, gefallsüchtig und ruhmbegierig; eigentlich ohne Charakter, gebildet, zierlich, glatt. Deine Gefallsucht spricht sich in dem jedesmaligen Aufwand von Farben aus, und die glatte ja geleckte Art zu malen. Kleinlich und süsslich behandeltest du selbst den ernsten Gegen-

188

stand. Mit deinem Verschwinden ist auch dein Name
vergessen.

Bilder malen lernen wie man etwa erlernen kann
auf einem Beine zu stehen oder auf einem Seile zu
gehen, das heisst: so lange die Hand zu üben wie jene
die Füsse bis man es endlich kann, ist doch wohl nicht
der rechte Weg; oder Pinselkünstler und Seilkünst-
ler stehen auch auf gleicher Stufe. — Dass es leider
im allgemeinen so ist, gebe ich zu, aber nicht so sein
sollte, behaupte ich.

Und was haben wir denn alles gesehen? — weniger mehr als einige hübsche Schalen ohne Körner,
taube Nüsse, die schlechten Schalen garnicht zu gedenken so sich hier befinden. Man könnte die hier
aufgestellten Bilder etwa einer Conchylien-Samm-
lung vergleichen, was jene einst alle belebte, ist ge-
storben, von diesen lebt nur ein kleiner Teil, die
meisten sind tot zur Welt gekommen.

Welche Riesenschritte macht doch XX seit ohnge-
fähr 5 bis 6 Jahren, jedes neue Bild übertrifft das
frühere bei weitem, und was man in früheren Bildern tadeln musste, findet man in den nachfolgen-
den nicht mehr und was man in seinen Landschaften
sonst lobend anerkennen musste, muss man in den
späteren Bildern bewundern. Sodass ich fast mit

189

seinen Lobrednern einstimmig sagen möchte, daß er
wohl mit Recht als ein Vorbild unserer Zeit anempfohlen werden könnte, wenn auch nicht als unbedingtes Vorbild wie jene meinen, denn das bleibt
immer und ewig die Natur. XX ist immer ein Kind
seiner Zeit, wie alle Menschen und auch ihm tritt
vielleicht die nächstfolgende Zeit auf den Nacken.
Wohl ihm wenn er nicht nach eitlem Ruhme jagt,
sondern immer nur, wie jetzt, das Rechte und Wahre
will, Natur und Wahrheit. So hat er seine Pflicht
erfüllt und wird gewiß zu allen Zeiten immer als
ein bedeutender Mann seiner Zeit anerkannt werden, wie ihn auch etwa die ferne Zukunft überflü-
geln möchte.

Man ehret diesen Mann außer seiner grossen
Fertigkeit und Geschicklichkeit im Malen auch noch
insbesondere deshalb, daß er so viele geschickte Schüler gezogen hat, denen er allen unverkennbar sein
Siegel aufgedrückt. Ob das letztere so recht eigentlich zu loben sei, möchte wohl noch dahin gestellt sein.
Ich glaube daß es wohl eigentlich für einen Tadel
gelten könnte, so den Stempler wie den Gestempel-
ten träfe. Zu loben wäre es nach Meinung eher
wenn der Meister seinem Schüler nicht sein Stempel aufgedrückt, sondern weniger eitel gewesen und
mit weiser Klugheit die jedem seiner Schüler angeborene Eigentümlichkeit und Neigung genau beach-

tet und unangetastet gelassen: denn was die Natur einem jeden insbesondere verliehen das ist eben das gegebene Pfund womit der Mensch wuchern soll. Denen Schülern aber möchte man zurufen: „habet Achtung für die Stimme der Natur in euch."

Ich muss bei diesem Bilde von XX wiederholen was ich schon so oft und vielfältig gesagt, nämlich: daß die Kunst nicht eine bloße Geschicklichkeit ist und sein soll, wie selbst viele Maler zu glauben scheinen; sondern so eigentlich und so recht eigentlich, die Sprache unserer Empfindung, unserer Gemütsstimmung, ja selbst unsere Andacht unser Gebet sein sollte. Und ich freue mich, hier einmal wieder gefunden zu haben, was man so selten findet. Ich vermag es nicht auszusprechen, was ich jedesmal empfinde, bei Betrachtung dieses Bildes, aber ich fühle mich gehoben, ergriffen und bewegt. Der Gegenstand ist es nicht, so mich ergreift; denn er ist eben nicht aussergewöhnlich. Das Machwerk einer Meisterhand ist es auch nicht; wohl aber der Erguss einer reinen, tief und innig ergriffenen bewegten Seele. Und es frägt sich ob der Maler im ganzen Umfange es weiss, was er hier auf der Tafel dargestellt hat, viel weniger daß er es in Worten aussprechen könnte. Was wir hier als überlegt und klüglich angeordnet gelobt, ist ihm vielleicht selbst unbewusst geworden; denn der Künstler war bei der Ausführung dieses

Bildes in reiner Harmonie aufgelöst und sein Gefühl wurde sein Gesetz, und seine Stimmung, seine
geistige Erhebung könnte nur solche Früchte tragen
als dieses Bild. — So betet der fromme Mensch
und redet kein Wort und der Höchste vernimmt ihn;
und so malet der fühlende Künstler und der fühlende Mensch versteht und erkennt es, aber auch
der Stumpfere ahndet es wenigstens.

Wie ganz anders sind dieses Malers Ansichten
über Kunst, wie ich sie aus seinem Munde vernommen: Er spricht: „Sinnliche Schönheit, versteht
sich rein erhöhte Sinnlichkeit, ist erste, ist einzige
Forderung, so man an ein Kunstwerk zu machen hat.
Aber keineswegs ist es Forderung, daß ein echtes
Kunstwerk religiöse heilige Empfindungen in uns
erwecken soll, wie nach Hegels Philosophie gelehrt
wird, ebensowenig daß die Landschaftsmalerei oder
sonst ein Zweig der bildlichen Darstellung davon
ausgeschlossen sei; denn alles kann für den sinnigen
Menschen Bedeutsamkeit erhalten und von einer
schönen Seite aufgefaßt werden, und den Beschauer
in eine erhöhte Stimmung versetzen. Ein schönes
Gesicht fährt unser Sprecher fort, oder ein schöner
Arsch sind beides würdige Gegenstände für den
Bildner, denn es ist beides Natur, und der Schöpfer offenbart sich in der Natur dem Menschen durch
Schönheit und Mannigfaltigkeit der Gestaltungen

XVIII

und Pracht der Farbe aller Art, und dies soll und muß der Künstler einzig auch nur wollen, und nichts anderes, wenn die Kunst nicht in kränkelnde Empfindsamkeit ausarten soll, statt heitere Lebenslust zu erwecken." Mit dieser Anschauung über Kunst so nach seiner Behauptung auch die Meinung der alten Griechen und besseren Italiener gewesen sein sollen, gestehe ich, kann und mag ich mich nicht befreunden. Ich meinesteils fordere von einem Kunstwerk Erhebung des Geistes und wenn auch nicht allein und ausschließlich religiösen Aufschwung. Es ist zwar nicht zu leugnen daß dieses Bild hier einen schönen wohlgefälligen Eindruck auf den Beschauer macht, als vermeinter einziger Zweck der Kunst, aber auch weiter nichts. Und dieses wollte ich mir allenfalls noch gefallen lassen, wenn es nicht jetzt als einzig geltend aufgestellt, empfohlen und gelehrt würde und gelehrt werden sollte.

Spottet nicht! Dieser Maler hat mehr Verstand in seinen Fingerspitzen als ihr Herren alle! — freilich nur in den Fingerspitzen, übrigens ist der Kerl hohl.

Der Maler soll nicht blos malen, was er vor sich sieht, sondern auch was er in sich sieht. Sieht er er aber nichts in sich, so unterlasse er auch zu malen, was er vor sich sieht. Sonst werden seine Bilder den Spanischen Wänden gleichen, hinter denen man nur Kranke oder gar Tote erwartet. Dieser Herr XX hat nichts gesehen was nicht jeder andere auch sieht, so nicht geradezu blind ist, und vom Künstler verlangt man doch, dass er mehr sehen soll.

Dieser Maler weiss was er macht, und jener fühlt was er macht; könnte man doch aus beiden Einen machen!

In diesem Bilde liegt eine strenge beobachtete oder vielmehr eine strenge beabsichtigte Symmetrie, jedoch nicht aus dem inneren Sinn für Symmetrie hervorgegangen, sondern wohl nur aus Nachäfferei entstanden. Denn wie wäre es wohl sonst möglich, einen so groben Fehlgriff machen zu können als hier geschehen bei der Anordnung der Strahlen hinter dem Kreuze und der Nebelzüge, wodurch gewissermassen das Bild schief geworden. Auch der Gegenstand sowie die ganze Auffassung ist nicht aus des Malers freier Neigung hervorgegangen, daher auch das Ganze verfehlt und ohne die beabsichtigte Wirkung geblieben; auch möchte dieser Gegenstand wohl zu hoch für dieses Menschen Sinn stehen. Dieses Bild wenngleich als Landschaft aufgefasst würde doch wohl sich für eine Kirche eignen, wie es denn auch wohl beabsichtigt war; aber ein tieferes, zarteres, christlich frommes Gemüt gehörte zur Ausführung blosse Malerkünste und Geschicklichkeit reicht hier freilich nicht aus, wie überhaupt wohl nirgends, wo etwas gediegenes hervortreten soll. Dem Künstler fehlte die Weihe für Gegenstände dieser Art, ihm fehlte das innere Licht und die religiöse Wärme und Erhebung. — Ich ehre übrigens diesen Mann und sein rühmliches Streben; denn er steht über viele seinesgleichen hinaus. Aber hier in diesem Bilde hat er sich selbst verkannt und den ihm von Natur angewiesenen Kreis überschritten. Ich table nicht die Symmetrie in diesem Bilde sondern nur das Verfehlte derselben. Ich table ebensowenig dass er weiterging als seine Kräfte reichten, ich erinnere nur daran.

Dies Bild gibt mir wieder Gelegenheit mein altes Steckenpferd reiten zu können über das unbefugte und unzeitige Lehren und Gesetze geben über das was eigentlich Kunst sei, als wenn je ein Gesetz für alle Zeiten und Menschen darüber festgestellt werden könnte. Gehört nicht eine ungeheure Beschränktheit und Anmassung dazu zu glauben, jungen Leuten seine Ansichten und Meinungen aufbürden und eintrichtern zu können und zu dürfen? Ists nicht wahrhaft bestialisch und dumm und unduldsam nicht gelten zu lassen und andern zu gewähren, was nicht eben unsere Ansicht ist? Man lasse doch einem jeden seine Weise und seine Art sich auszusprechen und stelle sich dem Schüler nur beratend zur Seite, nicht befehlend gegenüber; denn nur ein jeder kann, darf, soll und muss singen wie ihm der liebe Gott den Schnabel hat wachsen lassen und wie er ihm den Sinn dazu gegeben. Anmasslich aufgedrungene Lehren hemmen den fortschreitenden Geist und stören die Entwicklung und Eigentümlichkeit des Schülers. Durch gegebene wider Willen aufgenommene Lehren kann man höchstens grobe Fehler verhüten, aber leicht durch unzeitiges Hineinmischen stille echte Genialität unterdrücken. XX Bilder beurkunden jetzt das oft gesagte. Er ging den wohlmeinenden aber störenden Hemmschuhen aus dem Wege, und brach sich selbst die seinem Wesen zusagende ihm angemessene eigene Bahn. Wäre er länger unter eurer schützenden Obhut geblieben, so ihr ihm, den Knabenjahren entwachsen, wolltet ferner väterlich angedeihen lassen, um ihn vor jedem Stein des Anstosses warnend zu schützen, er wäre gewiss zu grunde gegangen, und sein reiner freier Geist hätte sich nicht entwickeln können. Aber sich selbst frei gemacht, eilte er über Stock und Stein, wenngleich manchen Purzelbaum machend, dem sich selbst aus innerem Antriebe gesteckten Ziele zu. — Seht immer neidisch hin auf diesen Mann, eure stille Achtung könnt ihr ihm doch nicht versagen, wenn ihr auch nicht den Mut habt, es offen zu erkennen.

Da spuken einmal recht die Manen der Verstorbenen in die Gegenwart herüber. Dietrichs Geist ist

in diesem Bildern von XX von neuem auferstan-
den. Schwerlich aber glaube ich dass diese Mumme-
rei jetzt so günstig aufgenommen wird, als weiland
geschehen. Es gibt doch Menschen, so durchaus kein
inneres Leben haben, sondern nur von andern ihr
Dasein erborgen müssen, und hier gar von einem
Selbstborger zu borgen, das ist doch zu arg.

XXX Gemälde bestechen und überraschen auf den
ersten Augenblick, aber auf die Dauer unterhalten
sie nicht; sie gleichen einer seelenlosen Schönheit so
man bald überdrüssig wird. Er strebte nach Grösse
und glaubte es durch die Hinweglassung der Unter-
abteilungen oder Nichtbeachtung des Kleinen zu finden und wurde leer. Was untergeordnet in seinen
Bildern sein sollte, vernachlässigt er in der Ausführung wie es eben zu jener Zeit üblich war und fast
als unerlässliche Klugheit von jedem Maler damals
beobachtet wurde. Seine Malereien sind blosses lee-
res sinnliches Sinnenspiel oder Farbenreiz. Aber
hierin ist er auch Meister, wie es vielleicht wenige
gibt; wie gross auch immer der Aufwand von Farben
in seinen Gemälden ist, sind sie dennoch nie bunt und
grell, immer die zartesten Übergänge und reinster
Einklang der Farben zu einander. Die neuste Zeit
hat diesen leeren Sinnenschmeichel erkannt, und auch
gewürdigt, so weit es zu würdigen ist; aber das Bedürfnis nach etwas Ernsterem und Höherem in der

bildenden Kunst zu streben, wurde immer fühlbarer. Man sucht und glaubte es gefunden und in den Kunstwerken einer früheren Zeit schon ausgesprochen zu sehen. Gleich äffte man unbedingt diese nach, selbst die gröbsten Verzeichnungen und in die Augen fallendsten Fehler gegen Linien und Luftperspektiv wurden nachgeäfft, ohne jedoch den kindlich frommen Sinn, das tiefe reine Gemüt woaus diese Bilder hervorgegangen und wohl ihr eigentlicher höchster Wert ausmachen, mithin wurde Frömmigkeit Heuchelei, reine Kindlichkeit nichts als kindisch sein; und alles Lug und Trug. Die Kunstleistungen dieser Zeit vor ungefähr 30 Jahren machten der jetzt bestehenden Platz doch nicht ohne Widerstand. Schreiber dieses war Zeuge davon mit und kann nicht zugeben, daß das was in Heuchelei und Lüge besteht, das Wahre sein kann; so wenig er der früheren Zeit das Wort reden mag, mithin wird auch dies zugrunde gehen.

Es liegt eine grosse Tugend darin, seine Schwäche zu fühlen und zu erkennen, und sich bescheiden auf die uns von der Natur angewiesenen engen Grenzen zu beschränken und darin nach Kräften zu wirken und zu schaffen. So ist der jüngst verstorbene XX durch seine Kopien in seiner Art gross zu nennen, und steht als einzig da und verdient alle Achtung, wovon diese Zeichnung zenget.

198

Dieser XX will mit Gewalt Original sein und wählt als Mittel dazu aus dem Kehricht der andern als nichts bedeutend übersehene Nahrung für sich zu suchen und das möchte man ihm immerhin gönnen, nur sollte er nicht das grössere Publikum darauf einladen. Eine alte formlose, keineswegs einmal malerische Brettbude, oder irgend ein Pisswinkel sind seine Gegenstände, und diese hübsch ängstlich mit feinen Strichen, steif und trocken ausgeführt, so recht nach Art alter Kupferstiche. Dann wählt er auch wieder Gegenstände so ich glaube gar keiner bildlichen Darstellung fähig sind wie z. B. seine ... Er scheint es auch selbst zu fühlen; denn mit schönen goldenen Buchstaben ist darunter bemerkt, was jedes bedeuten soll, möchte auch wohl sonst niemand entfernt auf den Gedanken kommen; denn ohne allen Plan und inneren Zusammenhang sind hier 7 Zeichnungen zu einen Heft als ein Ganzes vereinigt doch nur mit Zwirn. Wohl besser durch dacht und überlegt und unter sich zusammenhangend und ineinandergreifend sind die 7 Zeichnungen von XX; nur fragt es sich ob der gewählte Gedanke für die darstellende Kunst geeignet ist und nicht die Grenzen der Bildnerei überschreitet.

Diese vier Jahreszeiten von XX kenne ich schon, und ich gestehe frei, dass es mir leid tut, von diesem sonst so ausgezeichneten, so geistreichen, genialen

Künstler so etwas gesehen zu haben. Was er indes früher schon geleistet und hoffentlich ferner noch leisten wird, lässt uns diese vier Bilder leicht übersehen.

So lange sich XX in dem ihm von der Natur angewiesenen engen Ideenkreis nach seiner ihm eigentümlichen Art und Weise bewegte, hat er doch manches schöne und treffliche Bild gefördert; auch wurde er vom Publikum als den ausgezeichneten Mann geachtet der er wirklich war. Aber in der besten Zeit seines Ruhms nahm die Landschaftsmalerei eine andere Richtung und zunächst durch seinen Schüler X und andere mehr. XX fühlte, dass seine Bilder nicht mehr den ungeteilten Beifall fanden, und er erkannte die Forderungen der Zeit, aber wiederholte Versuche, sich derselben anzuschliessen, misslangen. Hierzu kam noch dass die durchaus braune Farbe womit er Gras und Kräuter, Bäume und Felsen malte, nicht mehr genügen wollte; man verlangte grünes Gras, grüne Kräuter, grüne Bäume; doch darin konnte er sich durchaus nicht finden, ja nicht einmal zugeben, dass es auch sein möchte. Er glaubte, das Publikum für immer blind gegen die grüne Farbe gemacht zu haben, und sagte dass die grüne Farbe kalt sei und sich nicht für die Landschaftsmalerei eigne wie die alten Meister gar wohl gewusst und wer es verlange, nur damit bewiese, dass der von Kunst nichts verstehe u. d. m. Er würde auch seine Ver-

200

ehrer in diesem Traum erhalten haben, bis an ihr und sein seeliges Ende, wenn nicht junge, naseweise Maler die Menschen auf das Braune der Bilder und das Grüne in der Natur mit der Nase gedrückt hätten. Diese aber übertrieben ihrerseits das Grüne auch mit solcher Plumpheit, daß das Publikum das Grüne wie das Braune überdrüssig wurde; indes führte doch die Übertreibung von beiden Seiten in der Folge zu etwas Gutem. —

Eigen war diesem Künstler, daß er was ihn in der Natur besonders ansprach, oft ohne alle Rücksicht auf Zeit, Gegenstand und Ort anwandte. So liebt er z. B. den Abendhimmel mit aller Farbenglut gleich nach Sonnenuntergang, aber seine Landschaft war immer noch im Sonnenlicht, und die Schlagschatten der Gegenstände oft ganz kurz wie am Mittag. Die Färbung eines Kiefernwaldes in der Natur entzückte sein Auge, und ohne Rücksicht wandte er auch dies auf Laubholzwaldung an. Verschüttete Ruinen so er in Bergschluchten etwa gesehen, und gezeichnet, versetzte er auf Felsengipfel wo sie doch nicht verschüttet sein konnten.

Zum Schluß möchte ich die Frage aufwerfen: macht der Mensch die Zeit, oder die Zeit den Menschen? Bei Betrachtung einer Reihenfolge von älteren und neueren Kunstwerken scheint mir die Frage sehr nahe zu liegen wie jeder Zeit ihre Grenze gesteckt ist und über das Ziel der Zeit hinaus auch der genialste Mensch nicht kommen kann; oder wo es einmal gelungen, die Grenze zu überschreiten, von der Mitwelt durchaus nicht anerkannt, oder wohl gar für verrückt erklärt wurde, die spätere Nachkommenschaft erkannte es erst. Ist der Menschengeist wirklich frei oder an Zeit und Ort gebunden? Die Arten der gewählten Darstellungen oder das Darstellungsvermögen im Gebiete der bildenden Kunst erscheint in gewissen Zeitabschnitten sich sehr deutlich und deutsch auszusprechen, sowohl in der Verschiedenheit der geistigen Richtung als in der Verschiedenheit der praktischen Ausführung. Selbst die Art Gewänder zu zeichnen, die Art alles hart oder alles weich und verblassend zu sehen, oder es doch zu machen; oder alles flach oder alles rund zu sehen. Oder auch Luftperspektiv entweder garnicht beachtet, oder zu stark bezeichnet. Auch in der Ferne entweder alles übertrieben braun oder blau oder violet, oder grün zu sehen. Diese Wahrnehmungen, so sonderbar, ja lächerlich sie auch klingen mögen, sprechen für die Meinung: die Menschen sind nicht so frei über Zeit und Ort erhoben, als es viele glauben —

Ein Wunder daß sich hier zwei Bilder von XX noch erhalten haben und nicht längst ihren Platz neuern Leistungen einräumen müssen; ein Winter-

und ein Nebelbild, beide jetzt verschriene Gegenstände und der bildenden Kunst unwürdig und überdies von geringem Gehalt wie man meint. Erfreuen soll die Kunst, so will es die Mode, vor einigen Jahren konnte der ernste Winter im Bild auch erfreuen, jetzt aber nicht mehr. Wessen Auge und Sinn zu stumpf ist, das grosse weisse Tuch, der Inbegriff der höchsten Reinheit, worunter die Natur sich zu einem neuen Leben vorbereitet, mit seinem zarten Farbenspiel nicht erkennen kann; oder wessen Phantasie arm ist und im Nebel nichts als grau sieht, lässt sich die Abneigung wohl erklären. Wenn eine Gegend sich in Nebel hüllt, erscheint sie grösser, erhabener und erhöht die Einbildungskraft und spannt die Erwartung; gleich einem verschleierten Mädchen. Auge und Phantasie fühlen sich im allgemeinen mehr von der duftigen Ferne angezogen als von dem, so nah und klar vor Augen liegt. Aber Nebel und Winter sind einmal in Verschiss gekommen und wer verbürgt es uns, ob nicht der raue, todverkündende Herbst bald ein gleiches Schicksal bedroht. Und wie alles im ewigen Wechsel sich kreisst, so kann der schwüle drückende Sommer auch einmal von unsern Kunstrichtern die Schüppe bekommen und mit dem zarten Jüngling, dem Frühling wird man auch nicht viel Umstände machen, und so kommt dann natürlich der Winter wieder zu Ehren. Alles ist der Mode unterworfen, sei nur ein Narr mit, das Widerstreben

ist vergeblich! Jetzt reist man aus schönen Gebirgs=
gegenden nach Paris und wenn es sein kann über
Holland oder über Berlin nach Dresden, München,
Wien und Florenz nach Rom und Neapel um die
alten Meister auf den dortigen Galerien zu studie=
ren und sich einen edlen Stil und schöne Manier
in der Landschaftsmalerei anzueignen. Und was ge=
legentlich auf dem Wege von einem Ort zum andern
der älteste Meister aller Meister für jedermann auf=
gestellt hat, wenn auch stil= und manierlos, wird
natürlich wohl mitbetrachtet, so weit es der Eilwa=
gen gestattet jedoch vorsichtig und für jetzt mit
K......brillen oder Grillen das will sagen:
alles was man sieht, und wäre es auch ringsum,
in einem Bilde zusammenzuquetschen, und dies nennt
man Reichtum in der Komposition.

Wer unbesonnen genug von einer Naturerschei=
nung behauptet, sie sei der bildenden Kunst unwür=
dig, verdient wohl keiner Beachtung, und dennoch
haben unsere Kunstrichter noch neuerdings dies ge=
tan. Wohl jede Erscheinung in der Natur richtig
und würdig und sinnig aufgefasst, kann ein Gegen=
stand der Kunst werden. Und wäre es bis jetzt noch
von keinem Bildner so aufgefasst, so ist damit noch
nicht gesagt, dass es künftig nicht geschehen wird;
darum verrammle man den Leuten nicht den Weg
wie der X (H. v. O.) es will.

★

Der Tetschener Altar

Beschreibung des Bildes

Auf dem Gipfel des Felsens steht hoch aufgerichtet das Kreuz umgeben von immer grünen Tannen und immer grüner Epheu umwindet des Kreuzes Stamm. Strahlend sinkt die Sonne und im Purpur des Abendrothes leuchtet der Heiland am Kreuz.

Beschreibung des Rahmens

Der Rahmen ist nach Herrn Friedrichs Angabe von Bildhauer Kühn gefertigt worden. Zur Seite bildet der Rahmen zwei gothische Säulen. Palmzweige steigen daraus empor und wölben sich über dem Bilde. In den Palmzweigen sind fünf Engelsköpfe, die alle anbetend niederschauen auf das Kreuz. Über dem mittelsten Engel steht im reinsten Silberglanze der Abendstern. Unten ist in länglicher Füllung das allsehende Auge Gottes, vom heiligen Dreizack eingeschlossen mit Strahlen umgeben. Kornähren und Weinranken neigen sich zu beiden Seiten gegen das allsehende Auge, und deuten auf Leib und Blut dessen, der an das Kreuz geheftet ist.

Deutung des Bildes

Jesus Christus an das Holz geheftet, ist hier der sinkenden Sonne zugekehrt, als das Bild des ewigen allbelebenden Vaters. Es starb mit Jesu Lehre eine alte Welt, die Zeit, wo Gott der Vater unmittelbar wandelte auf Erden. Diese Sonne sank und die Erde vermochte nicht mehr zu fassen das scheidende Licht. Da leuchtet vom reinsten edelsten Metall der Heiland am Kreuz im Golde des Abendroths und wiederstrahlt so im gemilderten Glanz auf Erden. Auf einem Felsen steht aufgerichtet das Kreuz unerschütterlich fest wie unser Glaube an Jesum Christum. Immergrün, durch alle Zeiten während, stehen die Tannen um das Kreuz, wie die Hoffnung der Menschen auf ihn, den Gekreuzigten.

★

Ein Gutachten

Gutachten über ein Bild des Schülers August Heinrich

...Das Bild zeugt bei näherer Betrachtung und Untersuchung von seiner Fähigkeit in der Darstellung und einem reinen Sinn und Liebe für Natur und Wahrheit. Aber mehr, als Heinrich bis jetzt geleistet hat, ist vielleicht zu berücksichtigen, was in der Folge von ihm zu erwarten steht. Denn unter der treuen Nachahmung der Natur fühlt Heinrich es recht lebendig, daß die Kunst noch eine höhere Forderung an Künstler, und wiederum der Mensch vom Kunstwerk, zu machen hat. Nach meiner Überzeugung wäre gerade das reinere höhere Streben, was an Heinrich beachtet und belohnt zu werden verdient; um so mehr, da es so selten ist.

★

Bekenntnisse

zu

Caspar David Friedrich

Tieck

Ferdinand, wie ich ihn der Abkürzung wegen nennen will, führte mich sogleich zu einem wackern Schwaben, einem Maler Hartmann hin, so wie zu einem sehr poetischen eigenthümlichen Landschaftmaler, Friedrich, aus Schwedisch=Pommern gebürtig. Diese wahrhaft wunderbare Natur hat mich heftig ergriffen, wenn mir gleich Vieles in seinem Wesen dunkel geblieben ist. Jene religiöse Stimmung und Aufreizung, die seit Kurzem unsere deutsche Welt wieder auf eigenthümliche Weise zu beleben scheint, eine feierliche Wehmut sucht er feinsinnig in landschaftlichen Vorwürfen auszudrücken und anzudeuten. Dieses Bestreben findet viele Freunde und Bewunderer, und, was noch mehr zu begreifen ist, viele Gegner. Historie, und noch mehr viele Kirchenbilder haben sich wie oft ganz in Symbolik oder Allegorie aufgelöset, und die Landschaft scheint mehr dazu gemacht, ein sinnendes Träumen, ein Wohlbehagen, oder Freude an der nachgeahmten Wirklichkeit, an die sich von selbst ein anmutiges Sehnen und Phantasiren knüpft, hervorzurufen. Friedrich strebt dagegen mehr, ein bestimmtes Gefühl, eine wirkliche Anschauung, und in dieser festgestellte Gedanken und Begriffe zu erzeugen, die mit jener Wehmut und Feierlichkeit aufgehn und eins werden. So versucht er also in Licht und Schatten belebte und erstorbene Natur, Schnee und Wasser, und ebenso in der Staffage Allegorie und Symbolik einzuführen, ja gewissermaßen die Landschaft, die uns immer als ein so unbestimmter Vorwurf, als Traum und Willkür erschien, über Geschichte und Legende durch die bestimmte Deutlichkeit der Begriffe und der Absichtlichkeit in der Phantasie zu erheben. Dies Streben ist neu, und es ist zu verwundern, wie viel er mehr wie einmal mit wenigen Mitteln erreicht hat. So meldet sich bei uns in Poesie und Kunst, wie in der Philosophie und Geschichte, ein neues Frühlingsleben.

★

Goethe

... Auch wurden uns im Spätjahr eine Anzahl landschaftlicher Zeichnungen von Friedrich die angenehmste Betrachtung und Unterhaltung. Sein schönes Talent war bei uns gekannt und geschätzt, die Gedanken seiner Arbeiten zart, ja fromm, aber in einem strengeren Kunstsinne nicht durchgängig zu billigen. Wie dem auch sei, manche schöne Zeugnisse seines Verdienstes sind bei uns einheimisch geworden.

★

Hierbey, mein theurer Freund, erhalten Sie die Friedrich'schen Kunstwerke, wohl verwahrt und eingeklebt, wie sie zu mir gelangt sind. Es thut mir sehr leid, daß wir sie nicht zusammen haben sehen können; denn wie selten ist das Vollendete! So daß man es auch in der wunderlichsten Art hoch schätzen und sich daran erfreuen muß.

★

Kurz nach Runge glückte es einem anderen gleichfalls aus Pommern gebürtigen und in Dresden wohnenden Künstler, genannt Friedrich, ehrenvoll bekannt zu werden vermittelst bewunderungswürdig sauber getuschter Landschaften, in denen er teils durch

213

die Landschaft selbst, teils durch die Staffage my= stisch=religiöse Begriffe anzudeuten suchte. Auf die= sem Wege wird, wie auch gedachtem Runge in seiner Art begegnet ist, eben um der Bedeutung willen, manches Ungewöhnliche, ja das Unschöne selbst gefor= dert. Darum hat auch Friedrich von Personen, wel= che die bezielten Allegorieen entweder nicht faßten oder nicht billigten, viel Widerspruch erfahren, alle aber mußten zugeben, daß er den Charakter mancher Gegenstände z. B. verschiedene Baumarten, alt=ver= fallene Gebäude und dergleichen mit redlichstem Fleiß und Treue darzustellen wisse.

★

... Obgenannter Friedrich ist noch immer der einzige geblieben, welcher in landschaftliche Gemähl= de und Zeichnungen mystisch=religiöse Bedeutung zu legen versuchte. Er unterscheidet sich übrigens von denen, so ähnliches mit Figuren beabsichtigten, dar= in, daß er nicht alte Meister, sondern unmittelbar die Natur nachzuahmen beflissen ist. Seine Erfin= dungen haben durchgängig das ehrenwerte Verdienst, daß sie gedacht sind; weil aber düstere Religions= allegorien anmuthiger und schöner Darstellung mei= stens nicht zusagen, er überdem die Kunst der Be= leuchtung entweder nicht kennt, oder verschmäht, wie er denn auch bei Anwendung der Farben deren Mil= derung und Übereinstimmung nicht beachtet, so be=

friedigen seine saubern Bisterzeichnungen das Auge
besser als die Gemählde und Friedrich befindet sich
wegen Vernachlässigung der Kunstregeln mit allen
seinen Geschmacksgenossen, welchem Fach sie auch
zugehören, im gleichen Nachtheil. Das Kunstwerk
soll zwar den Geist des Beschauers unterhalten, des=
sen Gemüth aussprechen, aber eben darum, weil es
geschauet werden muß, verlangt das Auge zugleich
wohlthuende Befriedigung, und was hindert den
Künstler wahres Colorit, gefällige Beleuchtung und
Formen der schönen Natur bedeutend zu gebrauchen?
Eben in geschickter Vereinigung des geistig Bedeu=
tenden und des sinnlich Rührenden feiert die echte
Kunst ihren Triumph.

★

Rühle von Lilienstern

Für jetzt sind es nur zwei, aber gerade ein solches Paar, daß eine ganze Legion Anderer meinen individuellen Zwecken, Wünschen und Neigungen nicht vollständiger zu entsprechen vermöchte, als diese Beiden. Gerhard von Kügelgen nämlich und Friedrich. Beide gleich schätzbare, tüchtigem Streben hingegebene, originell producirende Künstler, und nebenbei, oder wenn Du lieber willst: Allem andern zuvor, gleich liebenswürdige und Achtung einflößende teutsch gesinnte Männer. Übrigens aber Jeder geschieden vom Andern durch die bestimmteste, dem äußeren Ausdrucke nach fast contrastirende, Eigenthümlichkeit. Friedrich, der Landschafter, ganz nordisch-ossianische Natur, groß gezogen in ihrer eisigen Luft und an des Baltischen Meeres dunkel-umfluteten Kreidefelsküsten; alles, was er ist, durch sich selbst, und durch aufmerksames Studium der ihm einzig theuern Heimath; daher mit festem Sinne und der eigenen Kraft vertrauend, allen Künsteleien und Vorurtheilen der Schule fremd, begriffen, sich selbst den neuen, originellen Pfad zu bahnen. Kügelgen dagegen, der Geschichtsmaler, aufgewachsen zwischen den sieben Hügeln, unter den erhabensten Denkmalen alter und neuerer Kunst, und in der Kunstschule Europens;

späterhin — durch Laune oder Schicksal bis in die Hauptstadt des Nordens verschlagen, und jetzt, um ungetheilt der Kunst zu leben, flüchtig angesiedelt in Teutschland, ausgestattet mit dem ganzen Reichthum des vielseitigsten, practischen und theoretischen Studiums, und mit jenem geschmeidigen, jeglicher Schönheit und Wahrheit gleich aufgeschlossenem Gemüthe, welches seinen persönlichen Umgang so anziehend und lehrreich macht, und eben deshalb vertraut mit allem, was die Erfahrung der vorangeschrittenen und noch lebenden Künstlerwelt, der selbst schöpferischen Kraft ihrer Genossen an hülfreichen Lehren, Kunstgriffen und Andeutungen zu erwerben im Stande seyn mag.

Wenn das, was ich mir einbilde, von der freigebigen Hand der Natur, an günstigen Anlagen zum Maler empfangen zu haben, in dieser Schule nicht bald und unverkennbar lustig und kräftig emporsprossende Keime treibt, die dereinst schöne Blüten und schwellende Früchte verheißen, so mag ich nur bei Zeiten den Pinsel und die Palette mit anderem Handwerkszeuge vertauschen.

★

v. Schubert

Ich hatte indeß sehr bald vertraute Bekanntschaft und Freundschaft geschlossen mit einem Manne, bei dem man von dem Toben der äußeren, politischen Stürme am öftesten etwas hören konnte. Das war kein Kriegsmann oder berühmter Diplomat, sondern der edle Pommer Casp. Dav. Friedrich, der zu seiner Zeit und in dem Kreise, der ihn erkannte, hochgeachtete Landschaftsmaler. Ich muß hier von diesem höchst originellen Menschen von allen meinen Dresdner Bekannten zuerst reden, denn er gehört mir zu den liebsten Erinnerungen an die inneren wie äußeren Aufregungen aus jener Zeit einer gewaltsamen Wiedererweckung der lange schlummernden deutschen Kraft.

Friedrich wohnte draußen an der Pirnaschen Vorstadt in einem nahe bei der Elbe gelegenen Hause, welches, wie die meisten Häuser in der Nachbarschaft, Leuten von geringem Vermögen zugehörte. Die Einrichtung in seinem Zimmer schickte sich ganz gut zu dieser Nachbarschaft; man sah da nichts als einen hölzernen Stuhl und einen Tisch, auf welchem die Gerätschaften seiner Arbeit standen. Kam einer zu ihm, den er wollte sitzen lassen, dann wurde aus der Kammer noch ein alter hölzerner Stuhl, und wenn zwei kamen, eine hölzerne Bank von dem

Vorplatz bei der Treppe hereingetragen. Denn in der Kammer fand sich außer dem alten Stuhl auch nichts, als ein diesem ebenbürtiger Tisch und ein Bett, über welches eine wollene Decke ausgebreitet lag. Wir waren, als ich den ersten Besuch bei ihm machte, unserer drei, denn Hartmann führte mich und meinen Freund Köthe bei Friedrich ein, deshalb wurden heute alle dem Künstler zu Gebote stehenden Möbeln in Bewegung gesetzt.

Ich konnte vorerst nicht satt werden, mir den merkwürdigen Mann zu betrachten. Denn ein solches Angesicht wie das seinige hatte ich damals und habe wohl auch seitdem selten oder nie an einem anderen Menschen gesehen. Es war keineswegs das, was man schön nennt, ziemlich bleich und mager, aber jeder Muskel desselben, auch wenn er sich nicht bewegte, stellte einen kräftigen Charakterzug dar, welcher durch die sich immer gleich bleibende Stimmung des Gemüthes zu einem feststehenden Gepräge geworden war. Der schwermüthige Ernst, der sich in den Zügen der Stirne kundgab, wurde schon durch den kindlich treuherzigen Blick der blauen Augen gemildert; über dem Munde schwebte ein leichter Zug des Scherzes.

In der Tat ein seltsames Zweigespann der Gemüthsstimmungen, zum tiefsten Ernste wie zum heitersten Scherze, dergleichen sich nicht selten bei den ausgezeichnetsten Melancholikern wie Komikern beisammen findet. Denn, daß Friedrich im höchsten Grade von melancholischem Temperamente sei, das wußten Alle, die ihn und seine Geschichte, sowie den Grundton aller seiner künstlerischen Arbeiten kannten. Seitdem er als Jüngling seinen Bruder, den Knaben, den er wie sein eigenes Herz liebte, unter dem zusammenbrechenden Eise des Meeres mußte versinken sehen, dahin er ihn zum Schlittschuhlaufen verlockt hatte, war er lange Zeit in ein düsteres Grämen versunken, das ihm die Freude am Leben bis zum Gefahr drohenden Überdruß verleidete. Er wollte keinen tröstenden Zuspruch der Freunde, er floh die Gesellschaft der Bekannten und Verwandten. Die stille Wildniß der Kreidegebirge und der Eichenwaldungen seiner vaterländischen Insel Rügen waren im Sommer, noch mehr aber in der stürmischen Zeit des Spätherbstes und im angehenden Frühling, wenn auf dem Meer an der Küste das Eis brach, sein beständiger, sein liebster Aufenthalt. In Stubbenkammer, wo damals noch kein modernes Gasthaus stand, verweilte er am öftesten, dort sahen ihn die Fischer manchmal mit Sorge um sein Leben, ja wie einen, der freiwillig in der Flut sein Grab suchen wollte, auf und zwischen den Zacken der Bergwand und ihren ins Meer hineinragenden Klippen herumklettern. Wenn der Sturm am kräftigsten war und die Wogen, mit Schaum bedeckt, am höchsten heranschlugen, da stand er, von dem

220

heranspritzenden Schaume oder auch von einem plötz-
lichen Ergusse des Regens durchnäßt, hinschauend
wie Einer, der sich an solcher gewaltigen Lust der
Augen nicht satt sehen kann. Wenn ein Gewitter
mit Blitz und Donner über das Meer daherzog, dann
eilte er ihm, wie Einer, der mit diesen Mächten den
Freundschaftsbund geschlossen, entgegen, auf den
Felsensaum der Küste oder ging ihnen nach in den
Eichenwald, wo der Blitz den hohen Baum zer-
spaltete und murmelte da sein halblautes „wie groß,
wie mächtig, wie herrlich". Diese Liebschaft seines
Gemüthes mit der gewaltigen, mit der wilden Natur, sprach sich auch in seinen gelungensten Bildern
aus, die erst in späteren Jahren ein milderes Licht
empfingen. Ein Felsen im anbrandenden Meere; ein
Wald, dem der Sturm das herbstliche Laub und
einen Theil der Zweige entreißt; ein abgestorbener
Baumstamm, auf dem ein Rabe sitzt; ein Fischer-
boot, das mit den Wellen kämpft; eine Winterland-
schaft vom scheidenden Abendlichte beleuchtet, aus
dessen Schnee die entlaubten Bäume und ein Kirchhof mit seiner Kapelle hervorragt, nach welcher ein
Greis an seinem Stabe dahinschleicht und unzählige
Skizzen, sowie viele, meist nur in Sepia ausgeführte Bilder trugen alle diesen Charakter des tiefen Ernstes. Damals soeben war er mit einem seltsamen Bilde beschäftigt. Es stellte keine Landschaft
dar, denn vom Lande sah man nichts als einige über

den Hochnebel hervortretende Berggipfel, sondern
es war ein Bild, dergleichen nur der Luftschiffer
sehen kann, wenn er auf seinem Fahrzeuge sich über
die Tiefe der Wolken, welche das Land unter ihm
bedecken, bis dahin erhebt, wo schon hin und wieder
durch den zerrissenen Nebelschleier das ungetrübte
Blau des Himmels gesehen wird und ein Strahl der
Sonne hereinbricht. Kein Luftschiffer aber, sondern
ein Seeadler war es, den der Künstler als lebenden
Zeugen des Kampfspieles darstellte, das dort in der
Höhe der Sturm mit dem zerreißenden und flüchtigen Gewölke hielt. Denn an der Richtung von
diesem, wie am Gefieder des Adlers, der soeben aus
dem fliehenden Nebel sich herausarbeitete in das
lichtere Blau, konnte man, wie an einem wogenden
Meere, die Gewalt ermessen, welche da oben der
Wind hatte. Es war ein Bild, dem der Künstler,
wie ich nachher sagen werde, seine Deutung gab; für
ihn ein Bild der damaligen Geschichte des Vater=
landes[1]).

Wer aber in dem Maler Friedrich nur diese eine
Seite seines Wesens: den tiefen, schwermütigen
Ernst sah, der kannte ihn nur halb. Ich habe wenig
Menschen kennen gelernt, welche im geselligen Um-

[1]) Ein ähnliches Bild von ihm, das keine Landschaft, sondern
vielmehr eine Luftschaft, mit einer bei Mondschein zwischen den
Wolken schwebenden Eule darstellte, ist oder war im Besitze eines
bekannten vermögenden Kunstfreundes.

gang mit Anderen, wenn diese nämlich ihm zusagten, eine so heitere Gemütlichkeit, eine solche Gabe zum Scherz hatten, als er. Mit der ernstesten Miene sprach und erzählte er Dinge, welche bei allen Anderen ein unverlöschliches Lachen erregten; überall wohin er kam, brachte er, wenn ihm der Kreis gefiel, Heiterkeit mit sich und fröhliches Bezeigen.

Wenn er im tiefen Ernst versunken bei seiner Arbeit saß, und es kamen Kinder aus der Nachbarschaft zu ihm, da plauderte und scherzte er mit diesen selber wie ein Kind. Ein kleines Mägdlein der Nachbarin bat ihn öfters um ein Geschenk von Bildern. Er, der keinem Kinde eine Bitte abschlagen konnte, vermochte dies hier am wenigsten, ihn freute der Sinn und die Neigung des Kindes zur Kunst, er gab ihm, denn anderes hatte er nicht, kleine Skizzen aus seiner Hand. Als aber das Mägdlein gar so oft mit derselben Bitte kam, fragte er es einmal: was thust du mit den vielen Bildern? Ich wickle meine Sachen hinein, antwortete die Kleine.

Doch ich wollte hier nur von dem ersten Eindrucke reden, den der seltene Mann auf mich machte. Es war gegen Ende des Oktobers; Napoleon mit all' seinen Gewalttätigkeiten; die Schmach des Vaterlandes kamen bald an's Gespräch. Mit seinem gewöhnlichen Ingrimme gegen die Franzosen sprach Friedrich zugleich den Schmerz über die Erniedrigung Deutschlands aus. Als aber wir Anderen trübe

Bedenken und bängliche Befürchtungen für die fer-
nere Zukunft äußerten, da deutete er auf den Adler
in seinem Bilde hin. „Er wird sich schon herausarbeiten der deutsche Geist aus dem Sturme und
den Wolken," sagte er, „und dort sind Berggipfel,
die feststehen und Sonne haben. Wäre der Sturm
nicht gekommen, der Adler wäre vielleicht unten im
Nebel sitzen geblieben, wo keine Beute zu sehen und
zu fangen war, hätte gehungert und gelungert. Der
Deutsche muß nur erst warm werden, ehe er den
Arm erhebt, wenn er ihn aber einmal erhebt, da
flutscht es, wie wir Pommern sagen. Es fällt mir
dabei ein Geschichtchen von diesem Warmwerden ein,
das ich euch wohl erzählen will.

Ein Engländer, der sich längere Zeit in Berlin
aufgehalten, machte eine Reise nach Italien und
nahm sich dazu als Bedienten einen pommerschen
Bauernknecht, einen baumstarken, braven Burschen
mit. In Italien fuhren sie bald, bald gingen sie
zu Fuß, denn der Engländer wollte das Alles, was
ihm merkwürdig schien, recht genau sehen. Einmal
auf einer Wanderung über's Gebirge springen vier
Kerle aus dem Gebüsche heraus, mit Pistolen und
gezückten Dolchen in der Hand; treten vor den Engländer hin und begehren sein Geld samt seiner Uhr.
Er gibt ihnen Alles her. Ja, sagen die Kerle, das
Geld und die Uhr sind wohl gut, aber, mein Herr,
Ihr seht, daß es uns gar sehr an neugewaschenen

XIX

Hemden und ganzen Röcken fehlt, wir müssen Euch auch darum ersuchen. Der Engländer winkt seinem Bedienten, welcher, denn er hatte so etwas in seinem Leben noch nicht gesehen, ganz ruhig der Sache zuschaute; der Bursche schnallt den Tornister ab, den er auf dem Rücken trug, und gibt ihn den Spitzbuben. Da nun diese fort sind, wendet sich der Herr zu seinem Bedienten, und zwar nicht nur mit den Blicken allein, sondern mit dem Stocke, den er gut zu schwingen weiß. ‚Du baumstarker deutscher Lümmel‘, sagt er, indem er immer auf den Burschen losschlägt, ‚schämst du dich nicht, daß du deinen Herrn so ruhig ausplündern lässest? Du mit deinen Drescherarmen und Fäusten, mit deinem dicken Prügel in der Hand, hättest es doch wahrhaftig mit vier solchen elenden Kerlen und noch einen mehr aufnehmen können.‘ Der Pommer läßt sich eine Weile prügeln, dann sagte er: ‚jetzt halten Sie einmal ein wenig an‘; läuft mit seinem Prügel in's Gebüsch hinein, den Spitzbuben nach, und es dauert gar nicht lange, da kommt er mit dem Tornister, mit der Geldbörse, Uhr und Allem, was man seinem Herrn genommen, zurück. ‚Denen habe ich es‘, ruft er, ‚tüchtig nachgezahlt; einer liegt noch am Boden, die andern sind davon.‘ — ‚Du alberner Bursche,‘ sagt der Engländer, ‚warum hast du das nicht gleich so getan, da wären wir doch unserer zwei gewesen, denn ich hätte dir gern mit geholfen.‘ — ‚Herr,‘

so antwortete der andere, ‚der Deutsche muß nur
erst warm werden, dann steht er seinen Mann.' —
So, meine ich,“ fügte Friedrich seinem Geschichtchen hinzu, „wie mein Landsmann, der Pommer,
den Spitzbuben, werden es die Deutschen, wenn
sie erst warm, das heißt brüderlich einig geworden
sind, auch noch den Franzosen machen.“

Ich kam seitdem oft zu Friedrich, in sein abge-
legenes Haus in der Vorstadt, hörte gern die Er-
gießungen seines deutschgesinnten Herzens über die
damalige Lage der Dinge an, und ging nie von ihm
hinweg, ohne über vieles belehrt, beruhigt und ge-
tröstet zu sein.

*

Louise Seidler

...Dort lernte ich den interessanten Landschafter Caspar David Friedrich aus Greifswald und den Genremaler Kersting kennen. Jener wird stets bedeutend bleiben, da er die strenge Richtung einführte, nach der Natur gewissenhafte Studien zu machen. Auch die hohe Meisterschaft, mit welcher er in Sepia malte, ist noch nicht wieder erreicht worden. Er liebte es, seinen Kunstschöpfungen einen höheren Gedanken unterzulegen; erst das Verständnis dieser Tendenz machte seine Bilder dem Beschauer werth. Bei einem Besuche seines Ateliers sah ich z.B. die Skizze eines für die Tetschener Kirche bestimmten Altarblattes, auf welchem ein hohes Kreuz über Dornen, Steinen und Gestrüpp sonnig emporstrahlen sollte. Ferner malte er u. A. vier allegorische Landschaften, welche „die Lebensalter" darstellen und die Kindheit, die Jünglingsjahre, das Mannes und Greisenalter des Menschen an der stets wachsenden Mächtigkeit eines Stromes veranschaulichten, der, klein beginnend, immer breiter wird, bis er sich ins Meer verliert, an dessen Gestade ein Kirchhof liegt.

In der Erscheinung glich Friedrich mit seinem aschblonden Haar und Bart, blauen Augen und kräftigen, ausdrucksvollen Gesicht ganz einem alten

Germanen; sein schönes, reines, frommes, kindliches Gemüth, die fast weibliche Zartheit seiner unaffektirt sentimentalen Seele stand freilich in wunderlichem Widerspruch mit seinem derben Stocke und seinem Backenbarte, aber wer ihm nur Ein Mal in sein reines Auge blickte, mußte auch durch die oft bittere Schale in seinem Thun und Bilden den süßen Kern schmecken. Er war und blieb für mich eine der erfreulichsten, angenehmsten Persönlichkeiten in ganz Dresden.

v. Kügelgen

Friedrich war ein sehr aparter Mensch. Mit seinem ungeheuren Kosackenbarte und großen düsteren Augen hatte er ein treffliches Modell zu einem Bilde meines Vaters abgegeben, das den König Saul darstellte, über den der böse Geist vom Herrn kommt. Doch wohnte in ihm vielmehr ein Geist, der keine Fliege kränken, viel weniger geneigt sein konnte den frommen Harfenisten David zu erlegen, ein sehr zarter, kindlicher Sinn, den Kinder und kindliche Naturen leicht erkannten, mit denen er daher auch gern und zutraulich verkehrte. Im allgemeinen war er menschenscheu, zog sich auf sich selbst zurück, und hatte sich der Einsamkeit ergeben, die je länger, je mehr seine Vertraute ward, und deren Reise er in seinen Bildern zu verherrlichen suchte.

Dergleichen Bilder waren früher nicht gewesen, und werden schwerlich wiederkommen, denn Friedrich war ein Einundeinzigster in seiner Art, wie alle wirklichen Genies. Es ist schade, daß man Kunstwerke nicht beschreiben kann; man kann eben nur ihren Stoff andeuten, und es war sonderbares Zeug, was Friedrich malte. Nicht paradiesische Gegenden voll Reichtum und lachender Pracht, wie Claude sie liebte, und alle diejenigen gern sehen, die nur Stoff und Machwerk ansehen. Sehr einfach, ärm-

lich, ernst und schwermutsvoll, glichen Friedrichs
Phantasien vielmehr den Liedern jenes alten Kel=
tensängers, deren Stoff nichts ist als Nebel, Ber=
geshöhe und Heide. Ein Nebelmeer, aus dem eine
einsame Felsenkoppe ins Sonnenlicht aufragt, ein
öder Dünenstrand im Mondschein, die Trümmer
eines Grönlandfahrers im Polareise, — so und
ähnlich waren die Gegenstände, die Friedrich malte,
und denen er ein eigentümliches Leben einzuhauchen
wußte.

Mein besonderer Liebling unter diesen Bildern war
ein junges Kiefernbäumchen im wirbelnden Schnee=
wetter. Dichter Schnee lag oben darauf und fuß=
hoch darum herum. Darunter aber, im Schutz des
Nadeldaches, war es sehr heimlich, da war der
Schnee nicht hingelangt, da schliefen die Kinder des
vergangenen Sommers, Heidekraut und welke
Halme und ein paar zusammengekrochene Schnecken=
häuschen, im tiefsten Frieden. Das war das ganze
Bild.

Mit so einfachen Mitteln große Wirkungen zu
machen, vermag nicht jeder, und doch liegt es so
nahe, Einfaches und Bekanntes darzustellen, wenn
man verstanden sein will. Ein Kiefernbäumchen ist
uns jedenfalls verständlicher als ein Palmbaum,
den wir nie gesehen. Inzwischen hatte Friedrich doch
immer nur ein kleines Publikum, weil er, wenn
schon mittels bekannter Formen, dennoch etwas zur

230

Anschauung brachte, was die meisten Menschen flie=
hen, nämlich die Einsamkeit. Hätte mein Vater die
Fremden, die seine Werkstatt besuchten, nicht regel=
mäßig auf Friedrich verwiesen und überall Lärm
für ihn geschlagen, so würde der bedeutendste Land=
schaftsmaler seiner Zeit gehungert haben.

Dieser originelle Meister entstammte traditionell
einem alten Grafengeschlecht, des evangelischen Be=
kenntnisses wegen, vor Zeiten aus seinem Stamm=
sitz Friedrichsdorf in Schlesien ausgewiesen, sich
nach Pommern gewandt, und dort der Seifen=
siederei ergeben hatte. Auch unser Friedrich war der
Sohn eines Greifswalder Seifensieders, und von
den Eigenschaften seiner Ahnen hatten sich nur die
inneren Werte tapferer Wahrheitsliebe, stolzen
Freiheitssinnes, und einer hohen moralischen Selb=
ständigkeit auf ihn vererbt. Im Übrigen war er
so arm wie Keppler, von dem der Dichter singt:
„Er wußte nur die Geister zu vergnügen, drum
ließen ihn die Leiber ohne Brot." Auch Friedrich
kam aus seiner bedrängten Lage nie heraus, weil er
zu menschenscheu und unbeholfen, vielleicht zu gut
für diese Welt war. Namentlich nach dem Tode
meines Vaters gestaltete sich sein Leben immer trü=
ber, aber der Adel seiner Seele blieb ungebrochen.
Die Felsenkoppe, die aus Nebel nach der Sonne
schaut, das war sein Bild.

★

Wilhelmine Bardua

An einem schönen Sonntagnachmittag, als Caroline am Piano saß, um sich die etwas langgedehnten
Stunden, wie sie ein Feiertagsnachmittag immer
zu bringen pflegt, durch Gesang zu verkürzen,
zeigten sich zwei Fremde auf der Straße. Es war
der Landschaftsmaler Friedrich und der Bildhauer
Kühne, die, von Dresden kommend, auf einer Harz-
tour begriffen waren und ein oder zwei Tage in
Ballenstedt verweilen wollten. Sie kamen sogleich,
Carolinen aufzusuchen und das Zusammensein mit
beiden Künstlern war für sie ein überaus großes
Vergnügen.

Friedrich war damals in der Blüthe seiner Künst-
lerlaufbahn. Seine Persönlichkeit erschien ebenso
interessant wie eigenthümlich. Er war groß, stark ge-
baut, blond, von ernstem Ausdruck: eine echt nor-
dische Erscheinung. Carolinens Eltern bewirteten
die beiden Gäste, die sich's in dem patriarchalischen
Leben des Hauses sehr wohl sein ließen. Friedrich
streifte viel in der Umgegend von Ballenstedt umher und zeichnete nach der Natur. Wie er in seinem
Wesen erschien: still, verschlossen, weltscheu, abson-
derlich, tief denkend, voll warmer Liebe für Kunst
und Natur — so waren auch seine Bilder: wunderbar einfach, melancholisch, eigenthümlich, voll geist-

reicher religiöser Bedeutung. Man erzählte, Friedrich habe in früher Jugend das Unglück gehabt, einen sehr geliebten Bruder beim Baden ertrinken zu sehen, ohne ihm zu Hülfe kommen zu können, nachdem er selbst früher durch denselben Bruder aus ähnlicher Gefahr gerettet worden war. Dieses traurige Geschick habe ihm unauslöschlich den Stempel der Schwermuth aufgedrückt. Doch ist wohl zu glauben, daß der besondere Ausdruck seines Wesens ihm unmittelbar von der Natur gegeben war. Mit diesem Hang zur Melancholie, brachte man den enormen Bart, den er trug, in Verbindung, der ihm manche Neckerei anderer Künstler zuzog. „Wer Friedrich noch einmal sehen wolle," hatte Hartmann gesagt, „solle sich beeilen, da er nächstens ganz zuwachsen werde." Friedrichs Landschaften wurden wegen der gedankenreichen Eigenthümlichkeit ihrer Motive und der hohen Meisterschaft ihrer Ausführung außerordentlich gesucht und werth gehalten. Sein Ruhm war schon damals, als er nach Ballenstedt kam, weit verbreitet.

Mine war stolz darauf, einen so berühmten Mann in ihrer Eltern Haus zu sehen und die hohe, ernste Gestalt des Malers imponirte ihr außerordentlich, wogegen Kühne, der kleine Unberühmte, nicht viel von ihr beachtet wurde. Als beide Künstler zur Fortsetzung ihrer Wanderung aufbrachen, begleiteten die Schwestern sie eine Stunde Wegs durch den Wald.

Mine ging voran, nicht darauf achtend, wer von der kleinen Gesellschaft zunächst folgte. Da wird sie von dem hinter ihr Gehenden angeredet: „Haben Sie auch schon einmal eine Reise gemacht, schönes Min= chen?" — Poß Tausend, wie klingt ihr die Anrede ritterlich und fein! Da sie nun nicht anders denkt, als, es sei der berühmte Maler Friedrich, der so zu ihr spricht, fühlt sie sich über die Maßen geschmei= chelt und antwortet im artigsten Tone. Wie aber fällt der Werth der ihr gewordenen Auszeichnung im Course, als sie sich umdreht und nur den kleinen Bildhauer erblickt. Sie wäre gerne grob geworden über die unliebsame Täuschung.

★

Dahl

Friedrich wurde von seiner Zeit nicht recht ver=
standen, oder doch nur von sehr Wenigen. Die Mei=
sten sahen bei ihm nur einen unnatürlich gesuchten
Mysticismus. Aber das trifft nicht zu. War seine
Vortragsweise auch oft etwas steif, so lagen darin
doch die Grundzüge einer großen Naturtreue und
feinen Beobachtung, getragen von einer Einfachheit
in der Auffassung, die oft ans Peinliche oder Leere
grenzte. Und nicht selten scheint Friedrich die Grenze
zwischen Malkunst und Dichtkunst überschritten zu
haben. In seinen Neigungen und Bedürfnissen dul=
duldete er keine, scheute er vielmehr all jene Über=
ladungen, die jetzt die Welt erdrücken. Darum trat
er in diesen Dingen gewissermaßen als Opposition
auf, ging auch, wie mir scheint, in jeder Hinsicht
etwas zu weit. C. D. Friedrich ist keineswegs ein
Liebling des Glücks gewesen, und es erging ihm wie
es oft den tiefsten Naturen in ihrem Leben ergeht,
sie werden von Wenigen richtig verstanden und von
den Meisten falsch. Die Zeit sah in seinen Bil=
dern construierte Ideen ohne Naturwahrheit. Dar=
um kauften viele seine Bilder nur mehr als Kuriosi=
täten oder weil sie, vornehmlich während der Zeit
der Freiheitskriege, eine eigene, ich möchte sagen po=
litisch prophetische Deutung darin suchten und fan=

den, Hinweise auf eine allmächtige, unsichtbare Hand, die in die verworrenen Geschicke der Menschen und die Befreiung Deutschlands vom Druck des fremden Joches eingreift.

Künstler und Kunstkenner sahen in Friedrich nur eine Art Mystiker, weil sie selber nur das Mystische suchten... sie sahen nicht Friedrichs treues und gewissenhaftes Naturstudium in Allem, was er darstellte; denn Friedrich wußte und fühlte recht wohl, daß man nicht die Natur selber malt oder malen kann, sondern die eignen Empfindungen — die jedoch müssen natürlich sein. Friedrich sah es auf eine eigen tragische Weise, die zwar nicht gerade gesucht, allein übertrieben in Bezug auf dasjenige war, was in der Malerei dargestellt werden kann.

Dies war wohl eine Folge seiner Eigentümlichkeit, und wäre er nicht so gewesen, hätte er nicht werden können was er war: einer der originalsten, eigentümlichsten Menschen und Künstler, die ich gekannt, der nicht seinesgleichen fand und wohl auch nicht sobald wieder zu finden sein wird. Viele haben ihn nachgeahmt, doch noch hat keiner verstanden, jenes stille Naturleben wiederzugeben, das für Friedrichs Kunst so eigentümlich war und seinen scheinbar oft steifen Bildern einen eigenen Reiz giebt.

★

Carus

Was meinen verewigten Freund Kaspar David Friedrich betrifft so waren wir schon um das Jahr 1818 einander näher gekommen. Er stand damals in den 40er Jahren, und die Schärfe seiner Individualität war eben um diese Zeit leiblich und geistig am entschiedensten ausgeprägt. Gebürtig vom Strande der Ostsee, eine recht scharfgezeichnete norddeutsche Natur, mit blondem Haar und Backenbart, einem bedeutenden Kopfbau und von hagerm, stark knochigen Körper, trug er einen eigenen melancholischen Ausdruck in seinem meist bleichen Gesicht, dessen blaues Augenpaar so tief unter dem stark vorspringenden Orbitalrande und buschigen, ebenfalls blonden Augenbrauen verborgen lag, daß darin der Blick des die Lichtwirkung im höchsten Grade concentrierenden Malers sehr charakteristisch sich erklärt fand. Friedrich erfuhr als Jüngling das Schreckliche, daß beim Schlittschuhlaufen ein besonders geliebten Bruder, mit dem er sich bei Greifswald auf dem Eise befand, vor seinen Augen einbrach, und von der Tiefe verschlungen wurde. Kam nun hinzu ein sehr hoher Begriff von der Kunst, ein an sich düsteres Naturell, und eine aus beiden hervorgehende tiefe Unzufriedenheit mit seinen eigenen Leistungen, so begriff man leicht, wie er einst wirklich zu einem Versuche des Selbstmordes sich verleitet finden konnte. Er hüllte dies immer in ein tiefes Geheimnis, aber man wird fühlen, wie gerade eine solche schon begonnene, obwol noch zu rechter Zeit gehinderte Tat nothwendig eine dumpfe und dunkle Nachwirkung auf eine Individualität dieser Art ausüben mußte. Seine ersten Studien hatte er auf der Akademie zu Kopenhagen gemacht und im Jahre 1798 kam er nach Dresden, wo er 1817 zum Mitgliede der Akademie und später zum Professor der Landschaftsmalerei erwählt wurde. In Dresden hatte er sich stets sehr abgesondert gehalten, an keinen der damaligen Professoren sich angeschlossen und so allmählich einen eigenen tiefpoetischen, doch oft auch etwas finstern und schroffen Stil der Landschaft sich ausgebildet. Wie in der Kunst, so war er auch im Leben; von strenger Rechtlichkeit, Geradheit und Abgeschlossenheit — deutsch durch und durch — nie hatte er auch nur versucht, eine der fremden modernen Sprachen zu erlernen, aller Ostentation fremd wie jeder luxuriösen Geselligkeit. Man sah ihn fast nie unter Menschen, und ich erinnere mich eines einzigen Abends, da es uns gelungen war, ihn in einem kleinen Familiencirkel bei uns festzuhalten. Die Dämmerung war sein Element, früh im ersten Morgenlicht ein einsamer Spaziergang, und ebenso ein zweiter abends bei oder nach Sonnenuntergang,

wobei er indes die Begleitung eines Freundes gern
sah; das waren seine einzigen Zerstreuungen; übrigens brütete er in seinem stark beschatteten Zimmer
fast fortwährend über seinen Kunstschöpfungen. Man
kann denken, daß diese Natur mich reizte und ich
darf sagen, auch er hatte mich bald liebgewonnen
und folgte ebenso meiner Art von Natur= und Kunst=
anschauung mit aufrichtiger Theilnahme.

Es war mir von großer Wichtigkeit, Friedrichs
Verfahren bei Entwerfung seiner Bilder kennen
zu lernen. Er machte nie Skizzen, Cartons, Farben=
entwürfe zu seinen Gemälden, denn er behauptete
(und gewiß nicht ganz mit Unrecht), die Phantasie
erkalte immer etwas durch diese Hilfsmittel. Er
fing das Bild nicht an, bis es lebendig vor seiner
Seele stand, dann zeichnete er auf die reinlich auf=
gespannte Leinwand erst flüchtig mit Kreide und
Bleistift, dann sauber und vollständig mit der Rohr=
feder und Tusche das Ganze auf, und schritt hierauf
bald zur Untermalung. Seine Bilder sahen daher in
jeder Stufe ihrer Entstehung stets bestimmt und
geordnet aus, und gaben immer den Eindruck seiner
Eigenthümlichkeit und der Stimmung, in welcher sie
ihm zuerst innerlich erschienen waren.

„Ein Bild soll nicht erfunden, sondern empfun=
den sein,“ war sein Grundsatz, und man darf sagen,
alle seine Bilder sind auf diese Weise entstanden.
Sehr lehrreich für mich war das entschiedene Ge=

fühl für reine Concentration des Lichtes, welche seine Werke auszeichnete. Er sagte mir einmal: „ein Traum habe ihm zuerst darüber die rechte Erkenntnis gegeben," und er hielt diese Erkenntnis, welcher von Künstlern selten die ganz gebührende Rechnung getragen wird, sehr fest. Ist doch überhaupt in dieser Beziehung einer künftigen „Wissenschaft der Kunst" noch viel vorbehalten klar auszusprechen, was jetzt nur einzeln dunkel gefühlt wird.

Was künstlich ist, verlangt geschloss'nen Raum,
Natürlichem genügt das Weltall kaum;

ist ein Wort, das man hier als Grundthema betrachten dürfte. Das Bild, könnte man sagen, ist ein fixierter Blick, das gewöhnliche Sehen, als ein bewegliches und stets bewegtes Umschauen in der natürlichen Welt, kennt eine Concentration der Massen und des Lichts, der möglichst festgeheftete Blick dagegen (einen absolut festgehaltenen gibt es nicht, wegen der steten innerlichen Erzitterung des Auges) zeigt uns allemal in der Mitte des Sehfeldes, da, wo die beiden Augenachsen sich vereinigen, die größte Deutlichkeit, d. h. also auch die vollkommenste Lichtwirkung; das Bild folglich, welches als solches die Anschauung bieten soll eines nachgeahmten, aber durch Geistesabstraction wirklich fixierten Sehfeldes oder Blicks, verlangt eben dar-

XX   Phot. Fr. Bruckmann A.=G.

um durchaus theils den „geschlossenen Raum‟ theils auch objectiv die Concentration der Lichtwir= kung, und unwillkürlich und halb unbewußt fühlt es daher sogleich der Beschauer als einen Mangel, wenn diesen Bedingungen nicht vollständig entspro= chen worden ist. Friedrich empfahl mir einst ein Ex= periment, welches mich sehr aufklärte und welches ich hier noch erzähle, weil es wol manchem nützlich werden könnte. Ein Mondscheinbild fand er einst auf meiner Staffelei, was ihm wahrhaft gefiel sei= ner Empfindung und Anordnung nach, welchem aber eben jene Concentration noch sehr fehlte. Da bat er mich, eine dunkle Lasur auf die Palette zu nehmen, und außerhalb des Mondes und der nächst erleuch= teten Stellen alles, und je mehr gegen den Rand des Bildes um so dunkler, damit zu übertuschen und dann auf die veränderte Wirkung Acht zu geben. Ich that es, und das Bild war mit eins ein anderes geworden; nun erst war die Illusion der Mondbe= leuchtung deutlich.

Dabei erfreute ihn übrigens sehr ein gewisser frei= er Naturalismus in meinen Bildern, wie er eben nur aus unzähligen Naturstudien vollkommen her= vorzugehen pflegt. Friedrich war es daher nament= lich, der mich ermuthigte, einige kleine Ölbilder an Goethe zu senden, dem sie gewiß gefallen würden. Auch dies that ich, und der alte Meister hat denn auch dieser Dinge in seinen Heften von Kunst und

Alterthum sehr teilnehmend gedacht, besonders eines Osterabends mit Faust und Wagner, welches späterhin Eigenthum der Königin Karoline von Baiern geworden ist.

Mein Freund war dann im Jahre 1818 einmal wieder in seiner Vaterstadt Greifswald gewesen, und hatte auch die Insel Rügen wieder durchwandert und mannichfache Studien mitgebracht, welche mich nicht wenig ergriffen und sehr den Wunsch rege machten, diese Gegenden und namentlich das Meer selbst kennen zu lernen. Das nächste Jahr daher gelang mir wirklich die Erfüllung dieses Wunsches, und so danke ich auch dort Friedrich Eindrücke, die, selbst nachdem ich späterhin so viel Größeres und Reicheres gesehen, immerfort eine eigenthümliche Tiefe und Schönheit bewahrt haben, mich aber zugleich auch immer deutlicher verstehen ließen, was eigentlich bei seinen Bildern der Magnet war, der mehr oder weniger ihrer aller Richtung bestimmte. Ich werde darauf noch kommen, wenn ich ausführlich meiner rügenschen Wanderung gedenke.

Sehr überrascht waren Friedrichs Freunde, als er um diese Zeit sich verheirathete, denn dem menschenscheuen, melancholischen Künstler hatte niemand diesen Entschluß zugetraut. Er wohnte da an der Elbe, man nennt es den Elbberg, und eine Bürgerstochter aus seiner Nähe, — er hatte sie wol beim Stellen lebender Bilder kennen lernen, welches die jüngern Künstler zuweilen veranstalteten — war seine Wahl; eine einfache, stille Frau, die ihm nach und nach einige Kinder gebar, übrigens aber sein Wesen und sein Leben in nichts änderte.

Seine Bilder waren damals sehr gesucht und er erhielt viele Besuche hoher und geringer Kunstfreunde, wobei es denn zuweilen auch an wunderlichen Begegnungen nicht fehlte, indem manche seiner Werke geradezu von kältern Naturen gar nicht verstanden werden konnten. So führte der weltbekannte gelehrte Hofrat Böttiger, mit dem auch ich damals öfters in Berührung kam, und von dessen überall behäbiger Gefälligkeit und (nach Goethe's Ausdruck) Ubique=Natur viele Geschichtchen cursirten, einst aristokratische Damen bei ihm ein, als eben ein neues Bild, eine weite nebelige Gebirgsferne mit einem einzigen darüber schwebenden Adler, auf der Staffelei stand. Der blinzelnde Archäolog stellte sich alsbald halb mit dem Rücken davor und entwickelte in fließender Rede den etwas erstaunten Beschauerinnen die Schönheit und tiefe Bedeutsamkeit dieses See stücks, bis Friedrich verdrießlich auf die Gebirge zeigte und das Bild wegnahm. Ein anderer Kunstfreund stellte auch wol einmal eins der von Friedrich allerdings oft etwas barock genommenen Seebilder, in denen aber doch stets irgendein der Ostseenatur charakteristischer Lichteffect dem Künstler tief empfunden vorgeschwebt hatte, verkehrt auf die Staffelei und hielt den dunkeln Wolkenhimmel für die Wellen und den Himmel für das Meer, und sonst dergleichen!

★

...Der erste dieser [hinscheidenden] Freunde war Friedrich. In seiner eigenthümlichen, immer dunklen und oft harten Gemüthsart hatten, offenbar als Vorläufer eines Hirnleidens, dem er auch später unterlag, gewisse fixe Ideen sich entwickelt, welche anfingen, seine häusliche Existenz vollständig zu untergraben. Mistrauisch, wie er war, quälte er sich und die Seinigen mit Vorstellungen von der Untreue seiner Frau, die ganz aus der Luft gegriffen waren, dessenungeachtet aber hinreichten, ihn ganz zu absorbiren. Anfälle von roher Härte gegen die Seinen blieben nicht aus, ich machte ihm die ernstesten Vorstellungen darüber, suchte auch als Arzt einzuwirken, aber alles vergebens, und so wurde denn natürlich auch dadurch mein Verhältnis zu ihm gestört, ich kam fast nicht mehr zu ihm, bis späterhin, nachdem er vom Schlage gelähmt wurde, um ihm noch nach Kräften nützlich zu sein, verlor aber doch immer einen bedeutenden und mir in jeder Beziehung werthen Umgang.

★

…Ich unterließ nun bei dieser Gelegenheit nicht, David auch zu Friedrich zu führen und ihn, der noch von dessen neuer und eigenthümlich poetischer Art der Behandlung der Landschaft gar keinen Begriff hatte, in diese Vorstellungsweise einzutauchen. Die Wirkung war schlagend! David war, womit vielleicht überhaupt seine Verehrung Deutschlands zusammenhing, einer der wenigen Franzosen, welche dergleichen Richtungen unsers Genius wirklich verstehen können, und so brach denn auch vor einem der neuern seltsamen Bilder Friedrich's jenes von mir anderweit schon erwähnte hübsche Wort hervor: „Voilà un homme qui a découvert la Tragédie du paysage."

Auch manche von meinen Bildern wirkten in diesem Sinne bedeutend auf unsern neuen Freund, welcher denn nicht verfehlte, einige Gemälde Friedrichs anzukaufen und ein paar andere von mir anzunehmen, gegen welche er mir später seine kolossale Büste von George Cuvier und einige seiner lebensvollen kleinen Statuetten sendete.

★

„… Was Friedrich betrifft, so lebt er zwar jetzt leidlich genug, jedoch vom Schlage gelähmt, und ohne zu arbeiten oder geistigen Umgang zu gewähren. Seine Tochter ist an einen braven Elbfischer verheiratet — Freunde haben eine Unterstützung für ihn

selbst zusammengebracht, deren er wohl bedurfte. Es
ist aber seltsam, wie doch jene ganze Kunstperiode,
in welcher Friedrich, Matthaei, Vogel, Rößler,
Klengel und Hartmann thätig waren, jetzt schon so
ganz untergegangen, oder durch die neu aufgehenden
hier sich fixierenden Zweige düsseldorfer Schule
weit zurückgedrängt ist! — Da meine Kunstbestre-
bungen selbst noch mehr in dieser frühern Zeit wur-
zelten und immer mit denen Friedrichs so nahe ver-
wandt waren, so macht dies mir oft einen eigen
wehmütigen Eindruck. Es ist wol schon ein paar
Monate, daß ich keinen Pinsel angerührt habe. Ich
fühle mich in meinem Innern noch so jugendlich
und doch merkt man an dem Vorübergehen solcher
Perioden so sehr, wie das Alter herankommt."

★

Foerster

Am andern Morgen gehen wir nach der Bilder-
galerie, die leider nicht offen. Nach vergeblichem
Harren lenken wir unsere Schritte zu Friedrich, dem
sich Cornelius nicht sogleich zu erkennen geben wollte,
„wer er sei, werde sich schon finden“. Als er sich
endlich genannt erklärte Jener, so hoch hinaus habe
er nicht hoffen können. Der liebe treffliche Mann
war in seiner einfachen kindlichen Weise gar liebens-
würdig, ganz Freude und Demuth. Er zeigte Meh-
reres vor, mit einer den tüchtigen Künstler ehrenden
Zaghaftigkeit. Er setzte sich zu uns auf die Erde,
war nicht zu bewegen, einen andern Platz einzuneh-
men; „muß doch ein Bissel meine Ergebenheit zeigen,“ sagte er in seiner treuherzigen Pommerschen
Mundart. Er lachte sich selbst aus, daß er lauter
Mondschein male, und meinte, wenn die Menschen
nach ihrem Tode in eine andere Welt versetzt würden, so käme er sicherlich in den Mond. Wir sahen
1) ein kleines Bild: „das Meer vom Monde beschie-
nen“. Die Idee des Unendlichen möchte sich in so
kleinen Raum kaum vollkommener darstellen lassen; der Wiederschein des Mondes auf den Wellen
vortrefflich. 2) Ein Altan mit dahinter liegendem
gothischen Gebäude, oben über dem Turm ein einzelner heller Stern, ganz so, wie der Maler einen

solchen in der Wirklichkeit gesehen, auf dem Altan ein Mädchen, das in den Himmel hinaussieht. Dies vorzüglich an Friedrich preiswürdig, daß er seine Figuren immer in Beziehung auf die Landschaft sinnreich zu bringen weiß; hier — Beschauung des Unendlichen; diese Idee tritt sogleich recht lebendig hervor. 3) Zwei in Mäntel gehüllte Jünglinge sehen begeistert, sich umschlungen haltend, hinaus in die Mondlandschaft. „Die machen demagogische Umtriebe," sagte Friedrich ironisch, wie zur Erklärung. 4) Schilf, darin zwei Schwäne, magisches Mondlicht. „Das Göttliche ist überall," sagte Friedrich, „auch im Sandkorn; da habe ich es einmal im Schilfe dargestellt." Noch sehen wir Arcona auf der Insel Rügen, schon merkwürdig als das nördlichste Vorgebirge Deutschlands. Ein gewaltiger Kreidefelsen, der erst in rothen, dann in gelben Sand in die See ausläuft. Dann zeigt er noch ein schönes Bild vor, eine Partie aus dem Riesengebirge, oder vielmehr in dem Charakter desselben gemalt, eine Höhe, wo die Vegetation schon aufhört und nur dürftig Knieholz ärmlich gedeiht, höher hinan alles öde. Friedrich begleitete uns zu Maler Heinrich, dem ewig bescheidenen, demüthigen Jüngling. ... Von hier zu dem Norweger Dahl. Er war nicht zu Hause, aber zu seinen Bildern erhielten wir Zulaß. Vorher erzählte Friedrich, mit Anerkennung fremden Verdienstes, die dem

248

Künstler ziemt, Manches von ihm, von der Leich=
tigkeit, mit welcher er seine Bilder fast hinzaubert,
von seinem prächtigen kauderwelschen Deutsch und
von seinen seltsamen Träumen . . .

*

v. Kleist, Brentano, v. Arnim

Verschiedene Empfindungen vor einer Seelandschaft von Friedrich, worauf ein Kapuziner. 1810.

Herrlich ist es, in einer unendlichen Einsamkeit am Meeresufer unter trübem Himmel auf eine unbegrenzte Wasserwüste hinauszuschauen. Dazu gehört gleichwohl, daß man dahin gegangen sei, daß man zurück muß, daß man hinüber möchte, daß man es nicht kann, daß man alles zum Leben vermißt und die Stimme des Lebens dennoch im Rauschen der Flut, im Wehen der Luft, im Ziehen der Wolken, in dem einsamen Geschrei der Vögel vernimmt. Dazu gehört ein Anspruch, den das Herz macht, und ein Abbruch, um mich so auszudrücken, den einem die Natur tut. Dies aber ist vor dem Bilde unmöglich, und das, was ich in dem Bilde selbst finden sollte, fand ich erst zwischen mir und dem Bilde, nämlich einen Anspruch, den mein Herz an das Bild machte, und einen Abbruch, den mir das Bild tat; und so ward ich selbst der Kapuziner, das Bild ward die Düne; das aber, wo hinaus ich mit Sehnsucht blicken sollte, die See, fehlte ganz. Nichts kann trauriger und unbehaglicher sein als diese Stellung in der Welt: der einzige Lebensfunke im weiten Reiche des Todes, der einsame Mittelpunkt im einsamen Kreis. Das Bild liegt mit seinen zwei oder drei geheimnisvollen Gegenständen wie die Apokalypse da, als ob es Youngs Nachtgedanken hätte, und da es in seiner Einförmigkeit und Uferlosigkeit nichts als den Rahmen zum Vordergrund hat, so ist es, wenn man es betrachtet, als wenn einem die Augenlider weggeschnitten wären.

Gleichwohl hat der Maler zweifelsohne eine ganz neue Bahn im Felde seiner Kunst gebrochen, und ich bin überzeugt, daß sich mit seinem Geiste eine Quadratmeile märkischen Sandes darstellen ließe mit einem Berberitzenstrauch worauf sich eine Krähe einsam plustert, und daß dies Bild eine wahrhaft Ossianische oder Kosegartensche Wirkung tun müßte. Ja wenn man diese Landschaft mit ihrer eigenen Kreide und mit ihrem eigenen Wasser malte, so glaub ich, man könnte die Füchse und Wölfe damit zum Heulen bringen: das Stärkste, was man ohne allen Zweifel zum Lobe für diese Art von Landschaftsmalerei beibringen kann.

Doch meine eigenen Empfindungen über dies wunderbare Gemälde sind zu verworren; daher habe ich mir, ehe ich sie ganz auszusprechen wage, vorgenommen, mich durch diese Äußerungen derer, die Paarweise von Morgen bis Abend daran vorübergehen, zu belehren. Ich lauschte auf die Äußerungen der Verschiedenheit der Beschauer um mich her und teile sie als zu diesem Gemälde gehörig mit, das durchaus Dekoration ist, vor welchem eine Handlung vorgehen muß, indem es selber keine Ruhe gewährt.

Eine Dame und ein Herr,

welcher vielleicht sehr geistreich war, treten auf, die Dame sah in ihr Verzeichnis und sprach:

Nummer zwei: Landschaft in Öl. Wie gefällt sie Ihnen?

Herr: Unendlich tief und erhaben!

Dame: Sie meinen die See, ja die muß erstaunlich tief sein, und der Kapuziner ist auch sehr erhaben.

Herr: Nein, Frau Kriegsrat, ich meine die Empfindung des einzigen Friedrich bei diesem Bilde.

Dame: Ist es schon so alt, daß er es auch gesehen?

Herr: Ach, Sie mißverstehen mich, ich rede von dem Maler Friedrich. Ossian schlägt vor diesem Bild in die Harfe. (Ab.)

Zwei junge Damen

Erste Dame: Hast Du gehört Luise? Das ist Ossian.

Zweite Dame: Ach nein, du mißverstehst ihn, es ist der Ozean.

Erste Dame: Er sagte aber, er schlüge in die Harfe.

Zweite Dame: Ich sehe aber gar keine Harfe. Es ist doch recht greulich anzusehn. (Ab.)

Zwei Kunstverständige

Erster: Ja wohl, gräulich, es ist alles ganz grau. Wie der nur solche trockene Dinge malen will.

Zweiter: Sie wollen lieber sagen, wie er so nasse Dinge, so trocken malen will.

Erster: Er wird es wohl so gut malen, als er kann. (Ab.)

Eine Erzieherin und zwei Demoiselles

Erzieherin: Dies ist die See bei Rügen.

Erste Demoiselle: Wo Kosegarten wohnt.

Zweite Demoiselle: Wo die Kolonialwaren herkommen.

Erzieherin: Warum er nur so trübe Luft gemalt? Wie schön, wenn er im Vordergrund einige Bernsteinfischer gemalt hätte.

Erste Demoiselle: Ach ja, ich möchte mir selbst einmal eine schöne Schnur Bernstein zusammenfischen. (Ab.)

Eine junge Frau mit zwei blonden Kindern und ein paar Herren

Herr: Herrlich, herrlich! Dieser Mann ist doch der einzige, der in seinen Landschaften ein Gemüt ausdrückt. Es ist eine große Individualität in diesem Bilde, die hohe Wahrheit, die Einsamkeit, der trübe, schwermutsvolle Himmel — er weiß doch, was er malt.

Zweiter Herr: Und malt auch, was er weiß, und fühlt es, und denkt es, und malt es.

Erstes Kind: Was ist denn das?

Erster Herr: Das ist die See, mein Kind, und ein Kapuziner, der daran spazieren geht und traurig ist, daß er keinen so artigen Jungen hat wie du.

Zweites Kind: Warum tanzt denn der Kapuziner nicht vorn herum? Warum wackelt er nicht mit dem Kopfe wie im Schattenspiel? Das wäre doch schöner.

Erstes Kind: Er ist wohl so ein Kapuziner, der das Wetter anzeigt, wie der vor unserm Fenster?

Zweiter Herr: Nicht ein solcher, mein Kind, aber auch er zeigt das Wetter an, er ist die Einheit in der Allheit, der einsame Mittelpunkt in dem einsamen Kreis.

Erſter Herr: Ja, er iſt das Gemüt, das Herz, die Reflexion des ganzen Bildes in ſich und über ſich.

Zweiter Herr: Wie göttlich iſt dieſe Staffage gewählt, ſie iſt nicht wie bei den ordinären Herrn Malern ein bloßer Maßſtab für die Höhe der Gegenſtände. Er iſt die Sache ſelbſt, er iſt das Bild und indem er in dieſe Gegend wie in einen traurigen Spiegel ſeiner Abgeſchloſſenheit hineinzuträumen ſcheint, ſcheint das ſchiffloſe, einſchließende Meer, das ihn wie ein Gelübde beſchränkt, und das öde Sandufer, das freudenlos wie ſein Leben iſt, ihn wieder wie eine einſame, von ſich ſelbſt weiſſagende Uferpflanze ſymboliſch hervorzutreiben.

Erſter Herr: Herrlich, gewiß, Sie haben recht. (Zur Dame:) Aber, meine Liebe, Sie ſagen ja gar nichts.

Dame: Ach, es war mir vor dem Bilde wie zu Haus, es rührt mich recht, es iſt doch recht natürlich, und als ſie ſo ſprachen, war es mir gerade ſo undeutlich wie ſonſt, wenn ich mit unſeren philoſophiſchen Freunden am Meere ſpazieren ging. Nur wünſchte ich, daß eine friſche Seeluft wehte und ein Segel herantriebe, und daß ein Sonnenblick niederglänzte und das Waſſer rauſchte. So iſt mir's als wie Alpdrücken und Sehnſucht nach dem Vaterland im Traum — kommt weiter, es macht mich traurig. (Ab.)

Eine Dame und ein Führer

Dame: (steht lange stumm): Groß, unbegreiflich groß! Es ist, als ob das Meer Youngs Nachtgedanken hätte.

Herr: Sie meinen, als ob sie dem Kapuziner hier eingefallen wären?

Dame: Wenn Sie nur nicht immer spaßten und einem die Empfindung störten, Sie empfinden heimlich doch dasselbe, aber Sie wollen im andern belachen, was sie in sich verehren. Ich sage, es ist, als wenn das Meer Youngs Nachtgedanken hätte.

Herr: Und ich sage Ja, und zwar den Karlsruher Nachdruck und das „Bonnet de Nuit" von Mercier dazu, und Schuberts „Ansicht der Natur von der Nachtseite" obenein.

Dame: Ich kann Ihnen nicht besser antworten als mit einer parallelen Anekdote: Da der unsterbliche Klopstock zum ersten Male in seinen Gedichten gesagt hatte: „Die Morgenröte lächelt", sagte Madame Gottsched, indem sie es las: „Was macht sie denn für ein Mäulchen?"

Herr: Gewiß kein so schönes wie das Ihre, indem Sie dies sagen.

Dame: Nun fallen Sie ins Fatale.

Herr: Und Gottsched gab seiner Frau ein Mäulchen für das Bonmot.

XXI

Dame: Ich soll Ihnen wohl gar eine Nachtmütze für das Ihrige geben, aber Sie sind selbst eine.

Herr: Nein, lieber eine Ansicht Ihrer Natur von der Nachtseite.

Dame: Sie sind unartig.

Herr: Ach, wenn wir da miteinander ständen, wie der Kapuziner steht.

Dame: Ich ließe Sie und ginge zum Kapuziner.

Herr: Und bäten ihn, mich mit Ihnen zu kopulieren.

Dame: Nein, Sie ins Wasser zu werfen.

Herr: Und blieben mit dem Pater allein und verführten ihn, und verdürben das ganze Bild und seine Nachtgedanken; seht, so seid ihr Weiber, ihr vernichtet am Ende doch, was ihr empfindet, ihr saget vor lauter Lügen die Wahrheit. O, ich wollte, ich wäre der Kapuziner, der so ewig einsam hinüberschaut in das dunkle, verheißende Meer, das wie die Apokalypse vor ihm liegt, so wollte ich mich ewig sehnen nach Ihnen liebe Julie, und Sie ewig vermissen, denn diese Sehnsucht ist doch die einzige herrliche Empfindung in der Liebe.

Dame: Nein, nein, mein Lieber, auch in diesem Bilde; wenn Sie so reden, springe ich Ihnen nach ins Wasser und lasse den Kapuziner stehen. (Ab.)

Während der ganzen Zeit hatte ein glimpflicher langer Mann mit einigen Zeichen von Ungeduld zugehört; ich trat ihm etwas auf den Fuß, und er antwortete mir, als ob ich ihn dadurch um seine Meinung befragt hätte. „Es ist gut, daß die Bilder nicht hören können, sie hätten sich sonst schon längst verschleiert; die Leute gehen gar zu unzüchtig mit ihnen um und sind fest überzeugt, sie ständen hier wegen eines geheimen Verbrechens am Pranger, das die Zuschauer durchaus entdecken müssen." — „Aber was meinen Sie denn eigentlich von dem Bilde?" fragte ich. — „Es freut mich," sagte er, „daß es noch einen Landschaftsmaler gibt, der auf die wundersamen Konjunkturen des Jahres und Himmels achtet, die auch in der ärmsten Gegend die ergreifendsten Wirkungen hervorbringen. Es wäre mir aber freilich lieber, wenn dieser Künstler außer dem Gefühle dafür auch die Gabe und das Studium hätte, es in der Darstellung wahr wiederzugeben, und in dieser Hinsicht steht er ebensoweit hinter einigen Holländern zurück, die ähnliche Gegenstände gemalt haben, als er sie in der ganzen Gesinnung, worin er aufgefaßt, übertrifft. Es würde nicht schwer sein, ein Dutzend Bilder zu nennen, wo Meer und Ufer und Kapuziner besser gemalt sind. Der Kapuziner erscheint in einer gewissen Entfernung wie ein brauner Fleck; und wenn ich durchaus einen Kapuziner hätte malen wollen, so hätte ich ihn lieber schlafend hingestreckt, oder betend, oder schauend in aller Bescheidenheit niedergelegt, damit er den

258

Zuschauern, denen das weite Meer doch offenbar mehr Eindruck macht, als der kleine Kapuziner, nicht die Aussicht verdürbe. Wer später sich nach den Küstenbewohnern umsähe, fände immer noch in dem Kapuziner alle Veranlassung das auszusprechen, was mehrere der Zuschauer in einer überschwenglich allgemeinen Vertraulichkeit allen laut mitgeteilt haben."

Diese Rede gefiel mir so wohl, daß ich mich mit demselben Herrn sogleich nach Hause begab, wo ich mich noch befinde und in Zukunft anzutreffen sein werde.

★

Körner

Friedrichs Totenlandschaft

I.

Die Erde schweigt mit tiefem, tiefem Trauern,
Vom leisen Geisterhauch der Nacht umflüstert;
Horch, wie der Sturm in alten Eichen knistert
Und heulend braust durch die verfall'nen Mauern.

Auf Gräbern liegt, als wollt' es ewig dauern,
Ein tiefer Schnee, der Erde still beschwistert,
Und finstrer Nebel, der die Nacht umdüstert,
Umarmt die Welt mit kalten Todesschauern.

Es blickt der Silber-Mond in bleichem Zittern
Mit stiller Wehmut durch die öden Fenster; —
Auch seiner Strahlen sanftes Licht verglüht!

Und leis und langsam durch des Kirchthors Gittern,
Still wie das Wandern nächtlicher Gespenster,
Ein Leichenzug mit Geisterschritten zieht.

II.

Und plötzlich hör ich süße Harmonieen,
Wie Gottes Wort, in Töne ausgegossen,
Und Licht, als wie dem Kruzifix entsprossen,
Und meines Sternes Schimmer seh' ich glühen.

Da wird mir's klar in jenen Melodieen:
Der Quell der Gnade ist in Tod geflossen,
Und jene sind der Seligkeit Genossen,
Die durch das Grab zum ew'gen Lichte ziehen. —

So mögen wir das Werk das Künstlers schauen.
Ihm führte herrlich zu dem schönsten Ziele
Der holden Musen süße, heil'ge Gunst.

Hier darf ich kühn dem eig'nen Herzen trauen:
Nicht kalt bewundern soll ich — nein, ich fühle,
Und im Gefühl vollendet sich die Kunst.

★

Unbekannt

Auf das Kreuz am Abend,
eine Landschaft in Sepia von Friedrich

Und es wird so wüst das Reich der Lüfte
Und so schaudervoll der leere Raum
Denn die Nacht eröffnet ihre Grüfte
Und es schwebt empor der dunkle Traum.
Schwarze Wolken aus der Tiefe steigen
Geister lispeln und die Vögel schweigen.

Und die Sonne sinkt und will nicht bleiben
Glühend sinkt sie in der Tiefe Schoß
Wo die Träume ihr Geflüster treiben
Nimmt sie hin des Lichtes frohes Loos.
In den Abgrund bringt sie dann das Leben
Wo verirrte Geister hülflos streben.

Doch verlassen wird sie nie die Erde
Ganz verlassen nichts in der Natur
Sondern zeigt mit freundlicher Gebärde
Selbst entflohen ihre heitre Spur
Daß ein frommes Auge seh und finde
Und die Freude nie ihm ganz verschwinde.

So steht dort ein Felsen in der Breite
Ruhig gleich in Licht und Finsternis

Denn er trägt den Machtspruch über beide
Und ist seiner Sicherheit gewiß
Dorthin zeigt im Sinken nun die Sonne
Zeigt dem Tode selbst die Lebenswonne.

Denn es treffen ihre letzten Strahlen
Auf dem Kreuz erhöht das Heil der Welt
Wo es selbst als Mensch zum letzten Male
Sah das Licht und so es hergestellt.
Efeu keimet an dem holden Stamme
Neubelebet von der Liebesflamme

Tannen weilen einzig treue Zeugen
Die dem härtsten Boden nicht entfliehn
Demut neigt sich in den zarten Zweigen
Sanftmut atmet in dem Immergrün
Still ist der Verdienst und die Belohnung
Ewge Treue ewge Lieb und Schonung.

Und ich steh und mit Verwundrung blicke
Diesen allgewaltgen Widerspruch
Wie das Dunkel kommt und weicht zurücke
Und die Wolken hemmen ihren Versuch
Da wo Nacht und Tod gesiegt ich schaue
Licht und Leben und das Ewigblaue.

★

Anhang

Der Ramdohrstreit um den
Tetschener Altar

v. Ramdohr

Über ein zum Altarblatte bestimmtes Landschaftsgemälde von Herrn Friedrich in Dresden, und über Landschaftsmalerei, Allegorie und Mysticismus überhaupt.

Ich trete ungern öffentlich hervor mit der Beurtheilung eines Werks von der Hand eines lebenden Künstlers. Wäre dasjenige Altarblatt, welches der Landschaftsmaler Hr. Friedrich während
der letztverflossenen Weihnachtsfesttage hier in
Dresden zur Beschauung ausgestellt hat, ein Werk,
verfertigt nach den Grundsätzen, welche eine lange
Erfahrung erprobt, und das Beispiel großer Meister geheiligt hat; es möchte vortrefflich oder schlecht
sein; ich würde schweigen. Das gewöhnliche und
schlechte fällt von selbst. Es ist Maxime der Klugheit, seine Ruhe in literärischen Verhältnissen nicht
ohne Noth aufs Spiel zu setzen. Aber das Bild des
Hrn. Friedrich weicht von der gewöhnlichen Bahn
ab: Es eröffnet eine neue, mir wenigstens bisher unbekannt gebliebene Ansicht der Landschaftsmalerei;
es zeigt von einem phantasiereichen, gefühlvollen
Künstler; es teilt die Meinung des Publikums; es
macht Effekt auf den großen Haufen. Und wenn ich
nun sehe, daß die Tendenz, die hier das Talent
nimmt, dem guten Geschmack gefährlich wird; daß
sie dem Wesen der Malerei, besonders der Land-

schaftsmalerei, ihre eigenthümlichsten Vorzüge raubt:
daß sie mit einem Geiste in Verbindung steht, der
die unglückliche Brut der gegenwärtigen Zeit und
das schauderhafte Vorgesicht der schnell heraneilenden Barbarei ist; — dann wäre es Pusillanimität
zu schweigen: Pusillanimität für jeden Mann, der
glauben darf, durch Darlegung seiner Gründe Kunst
und Wissenschaft in ihrer fehlerhaften Richtung
aufhalten zu können: Pusillanimität aber besonders
für mich, der ich mit Abwerfung der Bande, die mich
vorhin an das Lokalnützliche hauptsächlich hefteten,
der Ausbreitung des Guten und Schönen überall
in ihrem grenzenlosen Gebiete den kurzen Rest meiner Tage geweihet habe.

★

Ich wiederhole es, ich sage es deutlicher und bestimmter: nicht gegen das Bild des H. F. allein
ist meine Kritik gerichtet, sondern gegen das System, das daraus hervorleuchtet: gegen eine Menge
mir scheinender Begriffe, die jetzt in Kunst und Wissenschaft einschleichen: gegen Fehler, die das Bild
zum Theil nicht zeigt, die aber mit denjenigen, die
ihm eigenthümlich sind, im nahen Zusammenhange
stehen. Das Publikum wird mich daher entschuldigen, wenn ich über ein einzelnes Bild einen so weit-
läufigen Aufsatz in seine Hände bringe.

268

Der wahre Standpunkt des Kritikers, des Schriftstellers über die Kunst wird oft verkannt. Er kann dem Künstler nicht sagen, wie er es angreifen soll, um ein gutes Kunstwerk zu liefern. Nach einer Theorie der Kunst ist noch nie eines mit Erfolg gedichtet oder gemalt worden. Aber der Kritiker wird nützlich durch Warnung: dem Genie, wenn dies auf neuen Bahnen wandeln will: dem Zeitalter, wenn es entweder durch blinden Glauben an herrschende Manier eingeschläfert ist, oder durch abenteuerliches Blendwerk oder Überraschung bezaubert wird. In dieser Rücksicht haben die Mengs, die Winckelmann, die Reynolds unstreitige Verdienste. Sie haben verdrängt den Kirchenstil, den Boudoirstil, denjenigen insipiden und falschen Geschmack überhaupt, der in der ersten Hälfte des 18. Jahrhunderts herrschte. Freilich sind sie nun wieder Veranlassung geworden, zu der ekelhaften Manier, aus ängstlich zusammengelesenen und kopierten Bruchstücken der lebenden Natur der Werke großer Meister und der Antike, kaltes Flickwerk zusammenzusetzen oder gar den Marmor zu kolorieren und zu jener nicht minder fehlerhaften auf den bloßen Effekt von großen Massen in Formen und Beleuchtung hinzuarbeiten und mit Vernachlässigung der Wahrheit des Details illuminierte Skizzen statt vollendeter Werke zu liefern. Aber diese Fehler unserer Zeit kommen nicht auf Rechnung der unmittel-

baren Absicht jener würdigen Schriftsteller. Warum
wollte der Maler von ihnen lernen wie er es machen
sollte? Wie er es nicht machen sollte, das allein
konnten sie ihn lehren.

Voll von dieser bescheidenen Ansicht meines Be-
rufes wende ich mich an das Publikum, und besonders an H. F. mit meinen Zweifeln an der Vortrefflichkeit seines Werks. Ich kenne kein anderes
von ihm als das angezeigte Altarblatt. Ich kenne
den Verfasser nicht von Person. Ich habe allgemein von seinem Charakter, von seinen Schicksalen,
von seinen Talenten mit Achtung und Anteil sprechen hören. Ein doppelter Grund, in meiner Kritik
denjenigen Ton von Urbanität zu beobachten, der
billig das erste sein sollte, was uns der Dienst der
Musen lehren kann! Aber auch ein vermehrter
Grund, mich von aller Parteilichkeit loszusprechen!
Ich rede frei von jeder fremden Eingebung; keiner
Partei zugetan, als der längst verstorbenen Meister,
eines Claude Lorrain, Nicolas und Caspre Poussin,
Ruisdaels und

— de ce bon sens

Hélas! si rare, et si digne d'encens!

Erfüllen mich diese mit Vorurteile, so verdienen
sie wenigstens eine achtungsvolle Prüfung.

Ehe ich an die Beschreibung und an die Beurteilung des Altarblattes von H. F. gehe, muß ich
einem Einwurfe begegnen, der, wenn er begründet

wäre, meine Kritik sofort zum Schweigen bringen würde. Man kann sagen: „Das Bild macht Effekt, was will man weiter?" Allerdings macht es Effekt und beweist daher, daß H. F. dasjenige besitzt, was Diderot „das Geheimniß" nannte. Aber eben weil H. F. diese schätzbare Anlage besitzt, muß er doppelt über sich wachen, damit sie nicht zum Nachteile der Kunst mißbraucht werde. Sonst wird das Geheimnis, Emotionen bei dem großen Haufen zu erwecken, zur gefährlichen Charlatanerie. Der Effekt beweiset nichts für die Güte eines Werks. Als Algardi und Bernini in der Skulptur malten, als Cortona und seine Nachfolger in der Malerei phantisierten, und Boucher und seine Schule in der nämlichen Kunst buhlerisch witzelten, da staunten ihre Zeitgenossen dasjenige an, was wir jetzt mißbilligen, und was uns zum Teil anekelt. Ein schönes Kunstwerk soll uns und alle Jahrhunderte nach uns um Bewunderung ansprechen. Die Kraft des Ansprechens erhält es von dem Genie des Künstlers, von seinem Geheimnisse; aber das Immerwährende, die Dauer dieser Kraft ist gebunden an die Beobachtung solcher Grundsätze, die abgeleitet werden aus dem eigenthümlichsten Wesen derjenigen Kunst, zu der das Werk gehört.

Jetzt zu dem Gemälde! Die Größe desselben ist ungefähr von 3 Fuß Breite und 4 Fuß Höhe. Den untern Theil nimmt eine felsigte Bergspitze ein.

271

Diese ist mit Tannen bedeckt, von denen einige von der Rückseite des Berges her mit ihren Wipfeln hervorragen, eine aber auf der Vorderseite jedoch nur bis zur Hälfte des Stammes hervorragt; denn der größte Teil desselben, nach der Wurzel zu, wird durch den Rahmen abgeschnitten. Die Tannen, die von der Rückseite hervorragen, sind ziemlich symmetrisch an beiden Seiten des Abhangs des Berges hin geordnet, wenigstens bilden sie keine Gruppen. Sie gehen stufenweise in die Höhe bis zu zwei ungleichen Felsblöcken, die wie eine Art Berghörner sich gegeneinander neigen und soviel Raum lassen, als nötig ist, ein Cruzifix dazwischen zu stellen. Die Christusfigur ist von Bronce und kehrt sich mit ihrem Vordertheile im Dreiviertelprofil nach der Rückseite des Berges zu, so, daß der Zuschauer von jener Vorderseite kaum ein Viertel zu sehen bekommt. Der Boden des Berges zeigt ein paar Granitblöcke und einen steinigten, mit Moos hin und wieder bewachsenen Boden, aus dem ein paar junge Fichten oder Föhren mühsam hervorstreben.

Diese pyramidenförmige Erdmasse zeichnet sich scharf auf dem Himmel ab, der oben ein schmutziges Violet zeigt, unten etwas röter wird, endlich aber in ein kaltes Gelb ausgeht. In dem oberen Theile schwimmen zinnoberrote Streifen. Das Ganze aber wird von fünf Strahlen durchschnitten, die den sehr niedrigen Stand der Sonne anzeigen und übrigens

XXII

Phot. Dr. Brudmann N.-G.

nichts auf der Erdmasse erleuchten, als einige Teile
an der Christusfigur am Kreuze, den Kopf nämlich,
den Unterleib und die Kniee. Alles übrige auf dieser
Bergmasse, selbst das Kreuz, deutet eine Dämmerung an, die mit der Nacht einen so ungleichen
Streit führt, daß man sie, vorzüglich in einiger
Entfernung, mit Finsternis verwechseln muß.

Daß hier eine allegorische Deutung unterliege,
kann von dem unbefangenen Beschauer nicht bezweifelt werden. Dahin führt der Rahm, der das Bild
umfaßt, mit seinen Symbolen, von denen ich weiter unten reden werde. Der Rahmen aber muß die
Billigung des Künstlers für sich haben, weil das
Gemälde von demselben umgeben, zur Beschauung
ausgestellt ist. Es führt aber auch dahin die Bestimmung des Gemäldes zum Altarblatte. Das darin angebrachte Cruzifix, zwei oder drei Zoll hoch,
dem Beschauer den Rücken zukehrend, kann jene Bestimmung nicht rechtfertigen. Es leidet keinen Zweifel, hinter der Naturscene, die der Maler dargestellt hat, liegt eine allegorische Deutung verborgen,
die den Beschauer auffordern soll zu einen frommen,
auf den Genuß des Abendmahls sich beziehenden
Stimmung.

Welches ist diese allegorische Deutung? Ich will
sie entwickeln. Habe ich weniger gesehen als ich sehen
sollte, desto schlimmer für H. F. Warum hat er sich
nicht deutlicher ausgedrückt? Warum rechnete er bei

einem Gemälde, das so Viele erbauen soll, auf das Scharfgefühl einiger wenigen Auserwählten?

Ich stelle mir vor, Hr. F. hat diese Naturscene selbst gesehen: er hat die Empfindungen ausgedrückt, die sie in ihm erweckte. Ich lasse ihn sein Gemälde kommentieren.

„Noch war Alles dunkel um mich her, als ich in die Gegend kam, die mir den Stoff zu dem Bilde gegeben hat, das hier aufgestellt steht. Aber hinter dem vor mir liegenden Berge erhellete sich bereits der Himmel. Rothe Streifen, die ihn überzogen, verkündigten die nahe Ankunft des Tages, und der Abglanz einiger Strahlen auf dem Firmamente zeigten bereits den Aufgang der Sonne, den zu sehen der vorliegende Berg verhinderte. Tief hinter dem Berge war die Sonne verborgen, und die Erdmasse ließ ihre einzelnen Theile in einer zweifelhaften Helle eher ahnen als entdecken. Aber der Umriß des Berges zeichnete sich scharf auf dem Himmel ab. Ganz oben stand ein Cruzifix, den Blick gegen die Rückseite des Berges gekehrt, wie ich aus ein paar erleuchteten Stellen schloß, auf welche Strahlen der Sonne fielen. — Wie bedeutungsvoll dieser Anblick! Christus der Gekreuzigte in einer Einöde! Auf der Scheidewand zwischen Dunkel und Licht! Aber hoch thronend über dem Höchsten in der Natur, allen sichtbar, die ihn suchen! Aber Er, er schauet das Licht von Angesicht zu Angesicht, und uns, die Dämmerung umschwebt in diesem Jammerthale, uns, deren blödes Auge den vollen Glanz der Klarheit noch nicht vertragen mag, uns führt er nur einen Abglanz desselben zu! So, ein Verkündiger des Heils, das unserer wartet, wird er zugleich der Mittler zwischen Erde und Himmel. Und wir, wir ertrösten, wir erfreuen uns seiner Botschaft, seines Verdienstes, wie wir uns des Hervortretens der Sonne erfreuen, wenn wir nach einer dunklen Nacht ihr Beleuchten, ihre Wirkungen früher als ihr Erscheinen wahrnehmen. — Hier fühlte ich das Bedürfnis, jene Gedächtnisfeier zu begehen, die selbst ein Geheimnis, das Symbol eines andern wird, der Menschwerdung und der Leiden des Sohnes Gottes!"

Dürfte ich mich mit der Hoffnung schmeicheln, Hrn. F. ganz gefaßt zu haben, ich würde ausrufen: Viel Gefühl, viel Phantasie! Aber wann und wo? Wenn ich die Beschreibung lesen würde in den Bekenntnissen einer frommen Seele, in einem Romane im Geschmack der Attala! Ja! wenn der Besitzer einer Kapelle in der Gegend jenes Berges mit dem Cruzifixe, in dem Altare eine Öffnung anbringen ließe und der Blick der Gläubigen, die sich demselben nähern, perspectivisch auf die Naturscene hinleitete; der Einfall wäre abenteuerlich genug; aber ich könnte mir denken, daß aus gewissen Standpunkten und zu gewissen Tagesstunden betrachtet, der Anblick manche fromme Seele zu einer gleich feierlichen Stimmung auffordern könnte, als Hr. F. davon einmal erfahren haben mag.

Aber hier haben wir ein gemaltes Bild, ein Kunstwerk vor uns, und hier kommen ganz andere Fragen in Betracht.

Läßt sich die angegebene Naturscene malen, ohne die wesentlichen Vorzüge der Malerei und besonders der Landschaftsmalerei aufzuopfern? Ist es ein glücklicher Gedanke, die Landschaft zur Allegorisirung einer bestimmten religiösen Idee, oder auch nur zur Erweckung der Andacht zu gebrauchen? Endlich ist es der Würde der Kunst und des wahrhaft frommen Menschen angemessen, durch solche Mittel, wie H. Fr. angewandt hat, zur Devozion einzuladen?

Diese Fragen will ich nacheinander untersuchen. Mit Beantwortung der ersten aber zugleich die Prüfung des Werths der Ausführung verbinden. 1. Es kann hier nicht die Absicht sein, eine Theorie der Landschaftsmalerei, und am wenigsten die meinige, aufzustellen. Ich muß aber ein paar Grundsätze festsetzen, die jedem, auch dem Laien einleuchten müssen, und in unmittelbarer Beziehung auf das Gemälde des Hrn. F. stehen.

Der Figurenmaler, der einen einzelnen Körper,

276

oder einige zusammengruppierte Körper, besonders von Menschen vor mir aufstellt, rechnet darauf, daß meine Aufmerksamkeit auf dasjenige geleitet werde, was ich an jedem Körper betrachte, der senkrecht, in geringer Entfernung, in meine Augen fällt. Schon in der bloßen Absicht, ihn als ein für sich bestehendes Ganzes zu erkennen, und ihn als Individuum von andern Körpern auszuscheiden, werde ich ihn beurtheilen in Rücksicht auf die Zeichnung, oder die eigentliche Form, nach der leicht aufzufassenden Eintheilung der Plane und Massen innerhalb des Körpers, nach dem bequemen Übergang des Auges von einer Parthie zur andern, nach dem ununterbrochenen, fortgleitenden Zusammenhang des Umrisses, der den ganzen Körper umschreibt, und ihn von andern Körpern absondert. In Rücksicht auf die Farbe werde ich besonders die Wahrheit der Lokalfarbe oder derjenigen Farbe, die dem dargestellten Körper eigenthümlich ist, und ihre Abwechselungen, und ihre Übereinstimmung prüfen. In Ansehung des Helldunkeln werde ich auf die Rundung, und auf diejenige wohlverstandene Leitung des Lichts sehen, wodurch die Hauptparthieen an Form und Farbe vorzüglich hervorgehoben werden. Dies alles gehört zu der Ansicht und zu dem Scheine der Umsicht, die mir die Figurenmalerei liefert. Auffallendes Wohlverhältnis in der Absonderung der Theile voneinander, ebenso auffallende Vereinigung dieser Theile zu einem abgesonderten Ganzen, durch den Fluß, und wenn ich so sagen darf, Guß der Umrisse: Wahrheit, Mannigfaltigkeit und Harmonie der Lokaltöne: Rundung, sowohl der Wohlgestalt als der Farbe, vortheilhafte Leitung und Wirkung des Lichts, sind die eigenthümlichen Vorzüge der Figurenmalerei. Alles, was sie überher liefert, ist schätzbare Zugabe, aber nicht wesentlich zu meinem Vergnügen.

Die Landschaftsmalerei legt dagegen eine Fläche vor mir nieder, auf der sie mir eine Menge von Gegenständen, die man, wenigstens in der Malersprache, nicht einmal alle Körper nennen kann, schichtenweise, Scenenartig hintereinander herreihet, die sie mir stets in einiger Entfernung zeigt. Sie rechnet folglich darauf, daß meine Aufmerksamkeit sich auf dasjenige beschränken werde, was ich bei einer Aussicht in die fremde Natur erkennen und prüfen will. Mannigfaltigkeit ist hier das erste, was ich suche, und wenn ich gleich zu meiner Befriedigung Abtheilung und Zusammenhang verlange; so will ich doch, daß diese eher versteckt als auffallend sey, daß sich die Massen ungefähr gegen einander balancieren, daß sich die Umrisse der einzelnen Erdplane cadenciren, das heißt, gegeneinander beugen, sanft nebeneinander herlaufen, nicht aber in einen Guß zusammenfließen sollen. Harmonie muß hier vorhanden seyn, wenn ich mich so ausdrücken darf, nicht aber Melodie wie in der Figurenmalerei. Die bestimmten abgestuften Abtheilungen, der ungetrennte Zusammenfluß der Umrisse, würde den Charakter der leblosen freien Natur zerstören. Die Landschaftsmalerei muß daher auf die Wohlgestalt der organischen Natur Verzicht leisten. Aber die leblose freie Natur hat dagegen eine andere Art von Wohlgestalt, welche fließt aus der schichtenweisen, scenenartigen Anordnung der in verschiedenen Distanzen hintereinander vorspringenden Gegenstände. Eine Wohlgestalt, welche die Grotte in der Natur, die Perspektive auf dem Theater, und die treffliche Anordnung der Landschaften eines Nicolas Poussin, begreiflich machen. Wie angenehm gleitet in diesen letzten das Auge von einem Plane zum anderen, wie wird es von dieser geraden Linie angestrengt, von jener sich schlängelnden gedehnt, von einer dritten gemischten zum Hüpfen eingeladen! Und wie nehmen sich diese Plane, diese Linien einander auf? Nicht durch ununterbrochene Fortsetzung, nicht durch ungetrennten Zusammenhang! Nein! sie bieten sich dem Auge nur zum leichten Übersprunge von dem ganz verschieden geformten Nachbar entgegen! Dies ist die Wohlgestalt der Tiefen, der Aushöhlungen der Fläche, oder, wenn man lieber will, die Wohlgestalt der Plan- und Linienperspektive!

In Rücksicht auf die Farbe kann die Landschafts-

malerei durchaus die Lokaltöne nicht so wahr liefern, d. h. der Prüfung in der Nähe so aussetzen,
als die Figurenmalerei. Zwischen mein Auge und
die Gegenstände, welche der Landschaftsmaler mir
gefärbt in der Ferne darstellt, drängt sich allemal
so viel Luft, daß durchaus eine Art von Nebel, oder
von Duft gebildet wird, der die Lokalfarbe nicht
bloß modifizirt, sondern umwandelt. Je entfernter
die Gegenstände von mir sind, um desto auffallender
werden diese Veränderungen. Die braune oder grüne Farbe des Berges wird violett, blau usw. Aber
schon zwischen mir und den ersten Gegenständen auf
dem Vorgrunde herrscht ein Nebel, der seine Farbe
allein demjenigen mitteilt, was ich weiter hin er-
blicke. Demungeachtet hat die Landschaftsmalerei
ihre Wahrheit der Farbe für sich, und sie zieht eben
aus den Wirkungen der Luftperspektive, und aus der
gänzlichen Umwandlung der Lokaltöne in der Ferne,
so wie aus dem Nebel oder Duft, der alle ihre Gegenstände umschwimmt, einige ihr ganz eigenthümliche Vorzüge. Denn ihr gehört im eigentlichsten Sinne jener allgemeine Ton des Bildes an, der zwar der
Figurenmalerei nicht fremd, nicht ungünstig, aber
nicht so wesentlich ist, und bei dieser nicht so auffallend ausgedrückt werden kann. Die Landschaftsmalerei reproduzirt völlig den harmonischen Effekt, den der schwarze Spiegel, oder der Abglanz
der Natur im Wasser hervorbringt, und der in je-

de Lokalfarbe etwas von der Hauptfarbe der Fläche anbringt, auf der sich die Menge der vielfarbigen Gegenstände darstellt. Auf welche anziehende Art haben nicht die Niederländer diesen Vorzug benutzt, wenn sie gleich zuweilen Mißbrauch davon gemacht haben! Welchen unermeßlichen Vortheil hat nicht Claude Lorrain aus den Umwandlungen der Farben durch die Luftperspektive gezogen! Bezeichnen wir nach dieser Luftperspektive die Eigenthümlichkeiten des Kolorits in der Landschaftsmalerei!

Endlich sieht die Landschaftsmalerei das Licht nicht bloß als Mittel zur Rundung der Körper, zur Hervorhebung der Wohlgestalt, und des Reizes der Farbe an. Nein! sie malt das Licht selbst; sie knüpft an diese Darstellung die pikantesten Wirkungen. Man betrachte einen Sonnenaufgang von Claude Lorrain, einen Wald mit durchstreifenden Lichtern von Ruisdael und so manche Werke von Kuyp und anderen Niederländern, in denen die Strahlen der Sonne die Gegenstände, auf die sie fallen, zu vergolden scheinen! Kein Figurenmaler, selbst Correggio nicht, hat dies je erreicht, oder soll und kann es erreichen, weil ihm andere Zwecke vorliegen, und weil ihm die Menge von Oppositionen und Quellen des Lichts, so wie die Luftperspektiv, die hier gleichfalls ihre Rechte äußert, größtentheils abgehen. Ich fasse meine Betrachtungen kurz zusammen, und verbinde sie mit einigen Resultaten.

Die Wohlgestalt der Linienperspektive ist der Landschaft vorzüglich eigen: vorzüglich eigen ist ihr der Reiz des allgemeinen Tons des Bildes, und der Luftperspektive in Farbe und Licht, und nur ihr stehen die pikantesten Wirkungen des Lichts in freier Luft vollständig zu Gebote.

Ist nun der Grundsatz wahr, daß jede Kunst sich an dasjenige vorzüglich halten soll, was ihre eigenthümlichsten Vorzüge ausmacht; so folgt daraus: daß eine schöne Landschaft durchaus mehrere Plane darstellen muß, an der sich die Wohlgestalt der Linienperspektive zeigen kann, und daß die Darstellung eines einzelnen Körpers aus einer Landschaft, wie etwa eines Baumes, einer Felsenspitze, eines Hauses, einer stillstehenden Wasserfläche, gar nicht vor sie gehören. Es folgt daraus, daß sie kein Detail so ausdrücken darf, als ob es von dem Dufte der Luft entblößt in der Nähe gesehen würde; und daß sie vorzüglich keine Dämmerung oder Finsternis darstellen darf, wobei die Luftperspektiv, und der Ausdruck des Lichts völlig wegfallen. Das Gegentheil mag sich allenfalls in einer Zeichnung in Sepia recht artig ausnehmen, für Liebhaber des Neuen und fein fleißig Ausgeführten. Aber es widerspricht dem Ernst des vollendeten Kunstwerks.

Hr. F. hat nun allen jenen Grundsätzen in seiem Altarblatt geradezu und recht absichtlich entgegengehandelt. Er hat den ganzen Grund seines Bildes

mit einer einzigen Felsenspitze, ohne merkliche An=
deutung von verschiedenen Flächen, wie mit einem
Kegel angefüllt. Er hat alle Luftperspektive ver=
bannt, ja! was das Schlimmste ist, er hat sogar eine
Finsternis auf der Erde verbreitet, und sich dadurch
alle die günstigen Wirkungen entzogen, welche der
Zufluß des Lichtes darbieten kann.

Zu Anfang des 18. Jahrhunderts, und in der
Hälfte des 17. verfielen mehrere neapolitanische und
venezianische Meister auf den Einfall, der Ge=
schichtsmalerei die Vorzüge der Landschaftsmalerei
beizulegen. Sie ordneten ihre Figuren ganz schich=
tenweise oder scenenartig an, versteckten so viel mög=
lich das Balancement der Massen, und hoben da=
gegen den allgemeinen Ton, und das sfumato der
Farbe, sowie den Effekt des Lichtglanzes, möglichst
hervor. Dieser falsche Geschmack ist jetzt proscibirt.
Aber fällt Hr. F. nicht in einen umgekehrten Feh=
ler? Will er nicht die Landschaft als einen senk=
recht in der Nähe vor mir aufgestellten Körper be=
handeln, den ich einzeln und in den Halbschatten hin=
stellen kann, weil das umströmende Licht mir doch
immer seine Wohlgestalt, seine Lokalfarbe und seine
Rundung zeigen wird?

Abgesehen von der allegorischen Bedeutung, kann
Hr. F. auch durch das Bestreben nach einer edlen
Simplizität zu der fehlerhaften Wahl seines Su=
jets verführt seyn. Aber im Moralischen sowohl als

in der Kunst gibt es eine Anmaßung auf Einfachheit, die zur Armseligkeit wird. Einfach und edel ist derjenige, der in seiner Aufführung wie in seinen Werken nicht mehr Aufwand macht, als das Wesen beider erfordert. Wer aber etwas davon fehlen läßt, wird grob, unbehülflich, dürftig. Hr. F. verzeihe mir diese Bemerkung, die nicht gegen sein Talent, sondern gegen sein System geht. Bei ihm ist es nicht Dürftigkeit, sondern übelverstandene Sparsamkeit.

Die Ausführung des Bildes zeigt alle Folgen, die von der Vernachlässigung der von mir aufgestellten Grundsätze unzertrennlich sind.

Der Maler hat gar keinen Standpunkt angenommen, oder auch annehmen können, um dasjenige auszudrücken, was er ausdrücken wollte.

Um den Berg zugleich mit dem Himmel in dieser Ausdehnung zu sehen, hätte H. F. um mehrere tausend Schritte in gleicher Höhe mit dem Berge, und so stehen müssen, daß die Horizontallinie mit dem Berge gleichlief. Aus dieser Distanz konnte er gerade gar kein Detail innerhalb der Umrisse des Berges sehen. Keine Felsblöcke, kein Moos, keine Bäume, welche die vordere Seite des Berges umschlossen. Daß alles mußte verschwinden, die ganze Masse mußte sich wie eine schwarze Silhouette scharf von dem Himmel abschneiden. Nicht das allein! Angenommen, welches nicht geläugnet werden

284

kann, die Horizontallinie läuft mit der Spitze des Berges parallel, so ist die Beleuchtung des Kruzifixes völlig gegen die ersten Regeln der Optik. Denn zieht man das Prisma der Sonnenstrahlen, welche den Himmel durchschneiden, bis zu dem Punkt zusammen, von dem sie ausgehen, nämlich bis zur Sonne, so kommt ihr Stand so niedrig zu stehen, daß es unmöglich wird, daß Hr. F., der hinter dem Berge stand, auch nur den geringsten Abglanz des Gestirns an der Christusfigur, am wenigsten von unten auf, habe bemerken können.

Ich könnte mich zum Beweise dieser Behauptung auf das Beste der perspektivischen Lehrbücher, auf Valencienne traité de perspective chap. 7 § 4 berufen. Ich will aber lieber den Lairesse reden lassen, der in aller Künstler Händen ist.

„Es ist zu beklagen, sagt der ehrliche Mann in seinem großen Malerbuche Th. 1. Kap. 15, es ist zu beklagen und recht unverantwortlich, daß viele Künstler, welche eine solche Kunst treiben, die nur auf Mathematik ihre Gründe, auf der Erfahrung ihre Ausübung, und auf der einfältigen Natur, deren Nachahmerin sie ist, ihre Ausführung gebauet hat, auf solche wichtige drei Punkte, worinnen ihr Ruhm bestehet, gleichwohl so schlecht Acht geben, und vornehmlich in der Belichtung der Objekte, wenn die Sonne in einem niedern Stand ist. Denn die Sonne, so niedrig sie auch ist, kann keine Ob-

jekten unter den Parallelen, das ist, sozusagen, von
unten im geringsten nicht bescheinen, wäre gleich, so
zu reden, das Objekt so hoch, daß solches schiene bis
an die Wolken zu reichen. — Es ist solches aus der
Perspektive wohl zu fassen, und leichtlich zu bewei=
sen, daß nämlich, weil der Horizont die Endigung
unserer Aussicht ist, und die Sonne in Ansehung
unseres Auges nicht m e h r untergehen kann, diesel=
bige folglich ihre Strahlen nicht nach hoch hin, son=
dern längst der Erde, das ist parallel oder wasser=
gleich schießen muß. — Ich will auch dieses noch
hinzuthun, daß, wenn man einen Hut hätte, dessen
Rand so breit als zehn Morgen Landes, und wäre
dem Horizonte parallel oder wassergleich, derselbe
doch nicht die Dicke einer Stecknadel breit über die
Augen schießen, noch so viel Schein von unten gegen
den Rand anschlagen sollte, wenn man gleich auf
einen höhern Ort stiege" usw.

Was Hrn. F. zu jenem, alle Regeln der Optik be=
leidigenden Fehler verführt hat, ist, daß er entweder
ein künstliches Licht gegen ein Modell des Berges
von Thon oder Wachs gesetzt, oder sich gedacht hat,
als stände er zur Seite des Berges, und nicht hin=
ter demselben. In dem letzten Falle würde freilich
das Sonnenlicht auf den, viel niedriger als diese
Sonne liegenden Berg zugeströmt seyn; aber dann
wäre auch nicht bloß das Kruzifix, am wenigsten
von unten herauf, sondern alles parallel beleuchtet

286

worden, was auf dem Berge befindlich ist. Hinter dem Berge stehend, konnte Hr. F. garnichts von den Sonnenstrahlen sehen, so wenig als wenn er die Hand in horizontaler Richtung vor die Augen gehalten hätte.

Ein anderer Fehler des Bildes ist der, daß die Tageszeit zweifelhaft bleibt, vermöge des Abgangs aller Flächen. Für den Morgen spricht die Kälte der Luft, gegen ihn der Mangel an Nebel. Diesen Abgang soll wahrscheinlich der silberne Stern auf dem obersten Engelskopfe im Rahmen ersetzen. Aber eben so gut hätte Hr. F. darüber schreiben können: hier ist Morgen!

Die Erdmasse hat einen blaubraunen höchst einförmigen Ton. Ganz des Lichtes beraubt, ist sie platt und ohne alle Ründung. Sie steht im schreiendsten Kontrast mit dem lichten Himmel, ohne Übergang und Harmonie; bloß für denjenigen von Effekt, der die Abtheilung in eine große, lichte und eine große dunkle Masse für Helldunkel annehmen will.

Alle diese Fehler fallen größtentheils der unglücklichen Wahl des Sujets und des Standpunkts zur Last. Andere aber kommen auf Rechnung der Ausführung.

Zuerst ist der Himmel ohne Harmonie und Wahrheit. Ich will mit Hr. F. nicht darüber streiten, ob nicht die zinnoberrothen Streifen am Himmel in eine Gegend seiner Wölbung gehören, die im Zenith des Beschauers steht. Aber gewiß ist es, daß sie nicht ihre wahre Form und Farbe haben: daß sie auf eine unangenehme Art die Harmonie der Farben stören, daß überhaupt der obere Äther mehr perlen=farbig als schmutzig=violett seyn müßte, und daß die Progression dieses Violetts in das Rothe und Gelbe viel zu schroff ist. Alles dies kann jedoch dem Mangel an praktischer Beobachtung und Übung zu=geschrieben werden. Aber die Behandlung des Bergs führt auf ein fehlerhaftes System hin, das jetzt lei=der! zu viel Anhänger findet, als daß ich nicht diese Gelegenheit nutzen sollte, mich dagegen zu erklären.

Einige Maler, die sich erst in späteren Jahren der Kunst ausschließlich gewidmet haben, und den Man=gel einer frühern technischen Bildung fühlen, glau=ben sich dadurch zu helfen, daß sie ihre Aufmerk=samkeit verdoppeln, die Natur so ängstlich als mög=lich zu kopieren. Das Beispiel Albert Dürers und einiger andern ältern Meister kömmt hinzu. Diese haben jedes Haar im Barte, jede Faser in der Pflanze mit sorgsamer Pflege des Modells und ihrer Werke ausgedrückt. Endlich werden auch einige verführt, durch die an sich schöne Idee, der deutschen Schule einen eigenthümlichen Nazionalcharakter der biedern Treue und der anspruchslosen Wahrheit auf=zudrücken.

Allein diese Männer vergessen, daß die ängst=liche Nachahmung des Details der Formen noch kei=

288

XXIII

nem Gegenstande in der Natur seinen wahren Charakter gibt: daß Albert Dürer und seine ganze Meisterschaft elenden Nürnberger Tand geliefert haben würden, wenn sie nicht von früher Jugend an ihr Gefühl für das Wesentliche in jeder Form geschärft, und ihre Hand zu derjenigen Freiheit gefertigt hätten, welche so viel zu dem Eindruck des Natürlichen beiträgt. Sie vergessen, daß die Werke jener Männer dadurch einen ganz besondern Reiz erhalten, daß sie neben der bestimmten Charakterisirung der Gegenstände ihren eigenen originellen Charakter und den Charakter ihres Zeitalters ausgedrückt haben. Sie vergessen vorzüglich, jene Herren, daß unser Zeitalter an den großen Styl der M. Angelo, Raphael in seinen spätern Zeiten, der Carrache gewöhnt, ein Bedürfnis dieses, — wenn die Herren so wollen, — fehlerhaften Luxus eingeimpft erhalten hat, von dem es schwer seyn wird, das verzärtelte Alter zurückzubringen. Sie vergessen endlich, daß für dies, nun freilich einmal durch die Raphaels, M. Angelo und die Carrachen höchst verdorbene und verwöhnte Zeitalter, so sehr es übrigens den Werken Albert Dürers in ihrer Art alle Gerechtigkeit widerfahren läßt, dennoch schwerlich neue Kompositionen in dem Geschmack dieses zuletzt genannten Künstlers ausgeführt werden dürften, von denen es Nebenidee der harten, ängstlichen, steifen und geschmacklosen Nachäffung trennen könnte.

Bis dahin, daß jene Herren dies Wunder verrichten, will ich, der ich das Unglück habe, um funfzig Jahre zu spät geboren zu seyn, um anstatt der
Bildung die ich durch die klassischen Werke der Alten
und Neuen erhalten habe, durch die Werke aus der
ersten Kindheit der Kunst zum Gefühl des Schönen
angezogen zu seyn, ich, sage ich, will wenigstens unterdessen von den Abwegen warnen, welche das
ängstliche Bestreben, die Natur fein fleißig zu kopiren, so leicht herbeiführen kann. Ich weiß nicht,
wo der Geschichtsmaler lebende Modelle hernehmen
will, die jahrelang vor ihm in den Attitüden sitzen
wollen, die er zu seinem Gemälde porträtirt. Aber
das weiß ich wohl, daß, wenn er nun statt dieser
Modelle Behelfe sucht, sich bald von dieser Person
eine Hand, bald von jener das Haar zusammenbettelt, oder gar zum Gliedermann oder zu seinem Modelle von Thon und Wachs seine Zuflucht nimmt,
aus jener Natur, die er zu kopiren glaubt, die aben-
theuerlichste Alfanzerei von der Welt werden wird.
Wehe dem Künstler, der nicht von erster Kindheit
an das ihm angeborne Gefühl für das Charakteristische der Formen, durch langjährige Übung geschärft hat, und durch täglich erneuerte Beobachtung
und Studium zu erweitern und zu erhalten sucht.
Aber wehe auch demjenigen, der, ohne Formenge-
dächtnis, ohne Formenimaginazion geboren, während der Ausführung seines Gemäldes erst allemal
290

auf das individuelle Modell gucken soll, um zu sehen, wie sich die Natur in den einzelnen Exemplars darstellt. Nicht einmal ein gutes Portrait läßt sich machen, wenn nicht der Künstler sein Original so gut im Kopfe als vor Augen hat.

Bei der Landschaftsmalerei ist das ängstliche Kopiren des Details der Formen nun vollends ganz zweckwidrig. Alles in der Landschaft bietet sich dem Auge als Masse dar, und leidet durchaus kein weiteres Detail, als gerade dazu nöthig ist, die Masse zu charakterisiren. Der Unmöglichkeit größere Gegenstände in der Natur an Ort und Stelle so ängstlich nachzuahmen, nicht einmal zu gedenken. Hr. F. hat sich aber dadurch nicht abhalten lassen, jenes gerügte System dennoch auf die Landschaft anzuwenden. Und wie hat er das gemacht? Da er des Berges nicht hat habhaft werden können, so hat er sich mit einem Modelle von Thon oder Wachs beholfen; er hat, statt der Bäume, die gleichfalls nicht gut zu transportiren waren, Tannen und Föhrenspitzen, und statt der Felsen von Granit einzelne Granitkiesel und Moos eingedrückt. Hinter diese Masse hat er ein künstliches Licht gestellt, und nun sich davor, und — fleißig portraitirt. Dies ist die einzige Ansicht, aus der man die Behandlung des Bildes nur einigermaßen erklären kann. Jedes Reischen, jede Nadel an den Tannen, jeder Fleck auf den Felsblöcken ist ausgedrückt; der äußere

Umriß ist vollkommen genau. Aber Tannen und Felsen sind nicht daraus geworden. Silhouetten ohne Rundung, und höchstens Exemplare zu einem Herbario, oder zu einem mineralogischen Kabinette. Man kann hier Wielands bekannten Vers parodiren:

Man sieht den Wald vor lauter Reisern nicht. —

Was würden Ruysdael und Everdingen zu solchen Tannen und Felsen sagen!

Ich glaube nun bewiesen zu haben, daß Hr. F. kein gutes Landschaftsgemälde geliefert habe. Und damit könnte ich billig der Beantwortung der übrigen, mir vorhin aufgestellten Fragen, entübrigt seyn. Denn ein Sujet mag noch so hebend für die Seele, noch so dichterisch seyn; sobald die Ausführung auf Kosten der Wahrheit, oder der eigenthümlichsten Vorzüge der Kunst erkauft werden muß, oder wenn die Ausführung an sich selbst fehlerhaft ist, so ist das Werk der Billigung des Kenners durchaus unwert. Als der, übrigens fromme, Bouchardon auf seinem Sterbebette in den letzten Zügen lag, hielt man ihm ein Kruzifix vor, dessen Verhältnisse unrichtig waren „Ôtez-moi ce bon Dieu, rief der Sterbende, il est hors d'ensemble!"

Aber ich habe gegen die ganze Gattung zu viel auf dem Herzen, als daß ich hier schon schweigen könnte.

2. Also weiter: ist es ein glücklicher Gedanke die Landschaft zur Allegorisirung einer bestimmten religiösen Idee, oder auch nur zur Erweckung der Andacht anzuwenden?

Man hat seit einiger Zeit sehr viel davon gesprochen, „die Landschaftsmalerei könne noch idealisirt werden; hier sey noch viel zu tun für den modernen Künstler, hingegen sey der Kreis der Geschichtsmalerei ziemlich geschlossen." Recht gut! Nur müßte ich, wenn ich mir eine Stimme dabei anmaßen dürfte, drei kleine Bedingungen bei dem Versuche machen. Die erste, daß er nur solchen Künstlern erlaubt würde, welche den technischen Teil der Kunst völlig inne haben. Denn sonst würde mich selbst das Gemälde des Paradieses zu dem nämlichen Ausrufe bringen, wie die Beschreibung desselben durch den Kapuziner, den sterbenden Malherbe: „Votre mauvais style m'en dégoûte!" Zweitens müßten wir über den Begriff des Idealisirens miteinander eins werden, und dann drittens müßte ich mir ganz gehorsamst verbitten, daß es auf dem Wege geschehe, den H. F. eingeschlagen hat: nämlich durchs Allegorisiren.

Es kann zweifelhaft seyn, ob der nachbildende Künstler losarbeiten solle auf pathologische Rührung, das heißt, auf die Erregung eines affektvollen Zustandes in dem Beschauer, wie er ihn

293

etwa von den dargestellten Sujets in der Natur selbst erhalten würde. Ich habe in meinen früheren Schriften die Gefahren gezeigt, die einer solchen absichtlichen Tendenz drohen. Ästhetische Rührung ist von der pathologischen ganz verschieden. Diese treibt nur ein Spiel mit unsern Affekten, gehört zum Charakter und zum Ausdruck eines jeden Kunstwerks, und steht den nachbildenden Künsten, so wie allen übrigen, zu Gebote. Inzwischen muß ich doch bemerken, daß in Rücksicht der Stärke, selbst der ästhetischen Rührung, die nachbildenden Künste sich mit Musik, Tanz und Poesie garnicht messen können. In diesen letzten Künsten reißt die fortschreitende Bewegung der Töne, Geberden und Bilder, und das Maaß dieser Bewegung, der Rhythmus, das Tempo, unsere Nerven zu einer ähnlichen Bewegung unwiderstehlich mit sich fort. Künste, die durch stillstehende Formen rühren, sind dieser Wirkung völlig unfähig. Inzwischen ist es doch ein sehr gemeiner Irrthum, den nachbildenden Künsten alles Tempo, allen Rhythmus abzusprechen, und die verschiedenen Stimmungen unserer Seele durch den Anblick eines Gemäldes bloß der Associazion der Ideen zuzuschreiben. Es leidet nämlich keinen Zweifel, daß unser Sehorgan an gewissen Linien schneller, an andern langsamer hinläuft, daß es gewisse Planen und Massen leichter, andere schwieriger umschreibt, ordnet und von andern nach)

Lage und Verhältnis absondert; daß gewisse Far=
ben und Lichter die Sehnerven geschwinder oder all=
mähliger anstrengen, und aus ihrer angewöhnten
Lage bringen. Aus dieser Bewegung des Auges ent=
steht ein Tempo, ein Rhythmus, den alle große
Maler, besonders auch die Landschaftsmaler, zur
Charakterisirung ihrer Gemälde genutzt haben.

Allein die nachbildenden Künste rechnen freilich
bei der ästhetischen Rührung, die sie hervorbringen
wollen, hauptsächlich auf die Associazion der
Ideen, welche die dargestellten Gegenstände erwek=
ken, und mittelst dieser vermögen sie, nicht bloß wie
die Musik, eine unbestimmte dunkle Rührung, son=
dern eine bestimmte, von besondern Situazionen und
Verhältnissen abhängende, ästhetische Rührung zu
erwecken. Nur glaube man nicht, daß der Rhyth=
mus in Zeichnung, Farbe und Licht dabey gleichgül=
tig sey. Dieser kann jene Associazion der Ideen im=
mer sehr unterstützen, und darf ihr wenigstens nie
widersprechen.

Die ästhetische Rührung, dem Werke als wir=
kende Kraft beigelegt, heißt in dem Landschaftsge=
mälde bald Charakter, bald Ausdruck. Den Unter=
schied zwischen beiden will ich weiterhin entwickeln.

Wir kennen drei Arten des Charakters: den
schnell anstrengenden, feierlichen, — den allmählich
dehnenden, zärtlichen, sanften — und den zum Hüp=
fen einladenden, muntern. Die verschiedenen Arten

der Stimmungen unserer Sensazionen und unserer
Emozionen begründen diese Eintheilung, und die
sind der gewöhnlichen Theorie der Landschaftsmalerei keineswegs fremd.

Diejenige Landschaft, in der, wenn sie auch nicht
mit Figuren und Fabriken staffirt ist, große gerade
Linien, mit abscheinender Regularität abgestufte
Plane, und überhaupt die Ahnung das Wohlge-
ordneten in der Zeichnung prädominiren, in der der
Hauptton der Farbe und des Lichts anstrengender
gestimmt ist; wird, wenn zugleich die dargestellten
Gegenstände auf Ideen von Höhe, Ausdehnung,
Naturkraft überhaupt zurückführen, den Charakter
des Feierlichen haben. Landschaften, auch solche, die
nicht staffirt sind, in denen schlängelnde, sich allmählich cadencirende Linien, ein ebenso allmählig sich
entwickelndes Balancement der Massen und Plane,
ein sanftes Farben- und Lichterspiel prädominiren,
und welche dabey Gegenden darstellen, die zum trau-
lichen Beyeinanderseyn und Ansiedeln einladen,
sind von zärtlichem Charakter. Endlich werden Landschaften, in denen vermischte Linien und eine sehr
versteckte Ordnung der Plane und Massen, eine Art
von Gewirr, prädominiren, die aber zugleich eine
heitere, fruchtbare Gegend darstellen, einen mun-
teren Charakter an sich tragen. Bis hieher treffen
Charakter und Ausdruck völlig zusammen, und sind
gleichbedeutend, wie bei der Instrumentalmusik.

Sie zeigen an, daß etwas in dem Werk liegt, das eine Rührung bei vaguen Ideen, aber von einer bestimmten Art und Gattung erwecken kann.

Erst wenn die Landschaft etwas darstellt, was Beziehung hat auf die Lokalverhältnisse des Menschen, auf seine Sitten, Gebräuche, auf sein Leben überhaupt, kann man sagen, sie hat Ausdruck. Inzwischen fühlt man leicht, daß sie darin der Geschichtsmalerei weit nachsteht. Das Höchste, was sie ausdrücken kann, ist die Beziehung der Gegend, als Scene zu einer sehr allgemeinen Situazion des Menschen überhaupt, oder zu einer sehr bekannten Begebenheit aus der Geschichte.

Nun laßt uns sehen, inwiefern es möglich sey, mit der Landschaft zu allegorisiren? Allegorische Gemälde sind solche, welche sichtbare Gegenstände unter solchen Verhältnissen in dem Bilde darstellen, worunter wir das Sichtbare im gemeinen Leben und in der dazu gehörenden Geschichte und Fabel zu sehen nicht gewöhnt sind. Dies ungewöhnliche Verhältnis des Sichtbaren zu einander, im Bilde, ist es, was uns auf die geheime Bedeutung aufmerksam macht und die Allegorie begründet und enträthseln hilft.

Wie ist es nun möglich, in der Landschaft das sichtbare angewohnte Verhältnis der Gegenstände in ein so ungewöhnliches zu verändern, daß wir uns sagen können, hier ist Allegorie? Freilich, man kann die Erde oben, den Himmel unten sehen, die Bäume mit Backwerk belauben usw. Aber damit ist die Natur selbst zerstört. Die Figurenmalerei kann ihre Natur beibehalten, indem sie allegorisirt. Sie hat diese Natur durch die Fabel erweitert; sie weicht hauptsächlich nur in der Darstellung der Sitten, der Attribute von der gewohnten Ansicht der Dinge ab. Und wo sie dennoch nicht der Allegorie wenigstens eine moralische Wahrscheinlichkeit geben und neben der allegorischen Deutung eine rein menschliche oder historische liefern kann, da darf sie sich garnicht an die Allegorie wagen.

Man verwechsele doch nicht den Ausdruck der Landschaft mit Allegorie! Auf der Galerie zu Dresden befindet sich eine Landschaft von Ruysdael mit einem Kirchhofe. Eine Repetizion davon, in größerer Proporzion, die für original gehalten wird, ist im Besitz des Herrn Tourton zu Paris. Es ist ein Meisterstück von Ausdruck. Es schildert eine Scene zu einer allgemeinen Situazion des menschlichen Lebens und erweckt nicht blos eine feierliche Stimmung überhaupt, sondern die bestimmte, feierlichreligiöse Rührung, die aus der Betrachtung der Nichtigkeit und Vergänglichkeit aller menschlichen Dinge entsteht. Aber wo ist die Allegorie? Nirgends, als in dem median prosaischen Gehirne anmaßender Deklamatoren, die wähnen, zu poetitisiren, wenn sie kalt symbolisch witzeln, und Rüh-

298

rung zu erwecken, wenn sie über Rührung raisonniren.

Es ist unleugbar: wer von der Natur, wie wir sie täglich sehen, in der Landschaft abgehen will, erweckt entweder die Idee einer fehlerhaften Nachahmung, oder der Darstellung einer Gegend in fremden, fernen Theilen der Welt, und diese gehört wieder zum Ausdruck. Nie wird man mit einer gut zusammengesetzten Landschaft allegorisiren können. Die Figuren darin können allerdings eine allegorische Begebenheit ausdrücken. Aber sind sie der Landschaft untergeordnet, so sind sie Nebenwerk, Symbol, Attribut der Landschaft. Sind sie Hauptsache, so liefert die Landschaft nur die Scene zu der Begebenheit und gehört zum Ausdruck der Geschichtsmalerei.

Die allegorische Deutung der Landschaft muß demnach immer außer dem Gemälde aufgesucht werden, in der Bestimmung des Orts, wo sie aufgestellt werden soll, oder in ihrem Rahmen. So hat es denn auch Herr Friedrich gemacht und machen müssen, weil ohne diesen Rahmen in einer öffentlichen Gallerie aufgehängt, seine Landschaft für die bloße Darstellung einer schlecht gewählten Naturscene und das Kruzifix für eine bloße Staffage oder Fabrik gelten würde. Aber er hat nicht bedacht, daß dadurch das selbstständige Kunstwerk zu einem bloßen Symbole herabgewürdigt wird, das bloß, wie die Waage in der Hand der Gerechtigkeit, dadurch seine Erklärung erhält, daß man die Frage aufwirft: „Wie kommst du hieher in diesen Rahmen, in diese Kapelle, auf diesen Altar?"

„Aber", wird man mir einwenden, „da die Landschaft die ausdrucksvolle Scene zu einer sehr allgemeinen, aber bestimmten Situazion des menschlichen Lebens hergeben kann; warum soll sie nicht die Gegend darstellen, wo jeder gebildete Mensch sich so willig der Andacht hingibt? Gottes heilige Natur ist sein schönster Tempel!"

Hier kommt der wichtige Unterschied zwischen pathologischer und ästhetischer Rührung in Betracht.

Geht in die wirkliche Natur! Die frische Luft, die ihr einatmet, der wahre Glanz der Sonne, die Höhe der Berge, die Weite der Flächen usw. afficiren unmittelbar alle eure Organe, erwecken und verstärken durch Spannung und Auflösung und pikanten Reiz der Nerven diejenigen Ideen von Größe, Wohltätigkeit und Leben überhaupt, die jedes wohlgeartete Gemüth zur Liebe, Dankbarkeit und Bewunderung gegen den Schöpfer auffordern. Es ist lächerlich, dergleichen wahrhaft pathologische Rührungen von dem Gemälde zu erwarten, das der Hauptmittel dazu völlig entbehrt. Was es liefert, ist ästhetische Rührung, wobei wir der Entfernung von dem wirklichen Leben uns immer bewußt, uns des Spiels freuen, das die Kunst mit unsern Rührungen treibt.

Wäre es möglich, die Kunst könnte uns in eine wahre pathologische Rührung versetzen, so fiele die ästhetische weg: das Kunstwerk ginge in Natur, der Genuß am Schönen in den der Sympathie über. Wäre das ein Vorzug für das Werk? Keineswegs! Jede Reliquie eines allgemein verehrten Heiligen kann auf dem Altare aufgestellt, die pathologische Rührung viel stärker erwecken, als das schönste Kunstwerk, und die ärgsten Karikaturen haben einen viel unbestrittenern Anspruch auf diesen Vorzug, als das schönste Gemälde.

Soll aber das Gemälde nicht der eigentliche Grund unserer pathologischen Rührung, unserer wahren Andacht seyn; soll dieser in der frommen Handlung selbst liegen, die wir vor dem Altare begehen; soll das Kunstwerk jene Stimmung nur durch ästhetische Rührung unterstützen; in wieviel näherer Beziehung steht dann nicht die Geschichtsmalerei mit diesem Zwecke! Sie, die die Andacht selbst malt! Sie, die uns Begebenheiten darstellt, mit deren Kenntnis wir aufgewachsen sind, deren leiseste Andeutung eine Menge der rührendsten Tatsachen, Charakterzüge, Worte aufregt! Sie endlich, die jenes Liebesmahl, das wir begehen wollen, selbst vergegenwärtigt, und durch die Gestalten und den Ausdruck des Heilands und seiner treuen Gefährten eben so sehr zur würdigen Begehung dieser Feierlichkeit einladet, als durch die Gestalt

und den Ausdruck des Verräthers von dem unwür=
digen Genusse dieses so rührenden Gedächtnismah=
les abschrecken kann!

O ihr Neuerer! Noch tausendfach könnt ihr an die
rührenden Worte: gedenkt meiner! wieder ge=
denken machen, ohne den Charakter, den Ausdruck
zu erschöpfen, den derjenige an sich trug, der sie
sprach, und diejenigen zeigen mußten, die sie hörten.

In der That, es ist eine wahre Anmaßung, wenn
die Landschaftsmalerei sich in die Kirche schleichen
und auf Altäre kriechen will.

Doch! lassen wir das Alles bei Seite, und fragen
nun zuletzt nach dem Wichtigsten.

3. Ist es der Würde der Kunst und des
wahrhaft frommen Menschen angemes=
sen, durch solche Mittel, wie Hr. F. an=
gewandt hat, zur Devozion einzuladen?

Hier muß ich des Rahmens erwähnen, der das
Bild umgibt. Er steht in unmittelbarem Zusam=
menhange mit dem Gemälde, und macht umsomehr
einen integrirenden Theil desselben aus, als ohne
ihn die Allegorie garnicht verständlich seyn würde,
und dieser Rahme selbst den Aufsatz auf den Altar
ausmacht. Ohnehin ist der geschnitzte und versilberte
Morgenstern in der Höhe über dem Bilde offenbar
eine Bezeichnung der vorgestellten Tageszeit.

Als ich in das Zimmer trat, wo hier in Dresden
das Gemälde ausgestellt war, fand ich es in seiner

Einfassung auf einem Tische stehen, der braun von Farbe, von einem schwarzen Tuche behangen war.

Der Rahme ist ohne alles Verhältnis zu dem Bilde. Unten ein großer Sockel, an dem Stufen angebracht sind. In der Mitte desselben sieht man ein Auge in einem von Strahlen umgebenen Triangel, und an jeder Seite eine sich schlängelnde Weinrebe, und eine Kornähre. Auf diesem Sockel ruhen zwei gothische Säulen, aus mehreren Stäben zusammen gesetzt. Aus den Kapitälen gehen Palmzweige heraus, die sich oben vereinigen, und eine Art von Laube bilden. Aus den Zweigen gucken Kinderköpfe mit Flügeln (an den Köpfen) hervor. Über dem obersten Kinderkopf steht ein versilberter Stern, das Übrige ist vergoldet.

Setzt man diese Emblematik mit der Allegorie des Gemäldes zusammen, und erwägt die Tendenz des Ganzen: mit Aufopferung von Wahrheit und Geschmack, eine zwar an sich verehrungswürdige, tröstende, aber garnicht ästhetische Idee unserer Religion: Glauben an die geheimnisvollen Wirkungen des Abendmahls, zu versinnlichen; wie ist es möglich, den Einfluß zu verkennen, den ein jetzt herrschendes System auf Hrn. F.s Komposizion gehabt hat! Jener Mysticismus, der jetzt überall sich einschleicht, und aus Kunst wie aus Wissenschaft, aus Philosophie wie aus Religion, gleich einem narkotischen Dunste, uns entgegenwittert! Jener

Mysticismus, der Symbole, Phantasieen für malerische und poetische Bilder ausgibt, und das klassische Alterthum mit gothischem Schnitzwerk, steifer Kleinmeisterei, und mit Legenden vertauschen möchte! Jener Mysticismus, der statt Begriffe Wortspiele verkauft; auf entfernte Analogieen Grundsätze bauet, und überall nur ahnen will, wo er entweder wissen und erkennen könnte, oder bescheiden schweigen müßte! Jener Mysticismus, dessen Anhängern Ignoranz in Thatsachen und Literatur zum Schiboleth dient! Jener Mysticismus, der die Zeiten des Mittelalters und seine Institute dem Zeitalter der Mediceer, Ludwigs und Friedrichs vorzieht! Jener Mysticismus, der den wackern, rüstigen Enthusiasmus, der mit der wahren Christusreligion sehr wohl zusammengeht, mit schmachtender Kreuzandächtelei verwechseln möchte! Jener Mysticismus endlich, der mich für die Folgen der gegenwärtigen Zeiten zittern macht, und mich an diejenigen erinnert, welche gegen das Ende der römischen Monarchie den Verfall der wahren Gelehrsamkeit und des Geschmacks herbeiführten! Denn damals wie jetzt traten neuplatonische Sophisten, gnostische und orphische Schamanen auf: damals wie jetzt spielte man mit Legenden, mit Deklamazionen, mit Amuleten und Symbolen: damals wie jetzt verkrüppelte man die Kunst, durch die Anmaaßung, sie zu ihrer ersten Einfalt zurückzuführen.

XXIV

Wackerer Friedrich, und ihr Männer alle von Genie und Talent, die der Modeton eine Zeitlang von dem wahren Wege abführte, kehrt auf denjenigen zurück, den Euch die Erfahrung als erprobt gezeigt hat! Jener Modeton wird sich nicht leicht ausbreiten an Orten, wo Geschichte gründlich gelehrt, und das klassische Alterthum mit Geschmack vorgetragen wird; überall wo Können und Wissen Hauptzweck des Künstlers und des Gelehrten ist. Aber in Hauptstädten, in der Nähe der Höfe, überall wo Zerstreuung die Menschen verhindert, dasjenige was außer dem Kreise des eigentlichen Geschäftslebens liegt, gründlich zu studiren; da wo Kunst und Wissenschaft hauptsächlich nur als Stoff zur leichten, geselligen Unterhaltung genutzt wird; da wo die übersättigte Sinnlichkeit in der Phantasie einen erneueten Reiz und einen vermehrten Genuß aufsucht; — da, sage ich, werden solche Lehren Eingang finden, welche Wortspiele, Bilder, einseitig aufgefaßte Tatsachen, in volltönende Phrasen gekleidet, für Kenntnisse und Weisheit verkaufen, und besonders, was die Kunst betrifft, stets von Göttlichkeit und Gemüthlichkeit schwatzen, ohne das erste Erfordernis zu beiden, Wahrheit und fertige Hand zu heischen!

Dresden am 7 ten Jänner 1809.

★

v. Kügelgen

Bemerkungen eines Künstlers über die Kritik des Kammerherrn von Ramdohr, ein von Hrn. Friedrich ausgestelltes Bild betreffend.

So sehr auch das zarte Selbstgefühl dieses Künstlers durch jenen wirklich wenig schonenden Aufsatz beleidigt und gekränkt ist; so muß man doch mit Achtung die Tendenz des Hr. v. R. anerkennen, mit welcher er die nach seinen Ansichten in Regellosigkeit irrenden Künstler auf den rechten Weg zurückführen möchte. Auch kann man seinen über Landschaftsmalerei aufgestellten Sätzen in vielen Stücken beistimmen; nur erlaube man mir, mich als ausübenden Künstler gegen die Art und Weise zu erklären mit welcher Hr. v. R. Hrn. Friedrichs Streben in diese Sätze hineinzwängen und dem Gebiete der Kunst so enge Gränzen abstecken will. Hr. v. R. möge mir verzeihen, wenn ich sein Verfahren hierin diktatorisch nenne und seinen Beruf dazu nicht erkennen kann; wie ihm denn dies auch ein anderer Künstler, Hr. Hartmann, durch einen Aufsatz im Phöbus mit vieler Gründlichkeit dargetan hat. In allen klassischen Werken finden wir die Idee, diesen innern geistigen Gehalt, und die Form, die äußere Gestaltung des Kunstwerks als Einheit im schön-

306

ften Verein, wie Seele und Körper; und so wie der Körper sich nach dem Lebenskeim gestaltet, so empfängt auch das Kunstwerk seine äußere Form, nach der Idee und nach dem Gefühl welches der Künstler ja nur durch diese Form aussprechen will, die sich freilich nach Regeln gestaltet, welche man vorfindet, aber auch wohl erfindet, wie es doch die ersten Künstler thun mußten, welche diese Regeln wahrlich nicht von Adam erbten.

Warum soll nun Hr. F. nicht nach seiner Idee, nach seinem Gefühl, welches man doch erkennt, auch die äußere Form auf seine Weise bilden dürfen? weil es nicht nach der Regel ist, welche Hr. v. R. in den alten Klassikern findet? — wenn nun die Alten es auch immer beim Alten gelassen hätten, wäre die Kunst dann fortgeschritten?

Ich habe nichts dagegen, wenn die Art und Weise von Fs. Ausführung zu manchem Tadel geeignet gefunden wird. Nur tadle man mit Nachsicht und Schonung, und vergesse nicht das geistige Prinzip eines solchen Strebens in unserer Geistarmen Zeit als eine erfreuliche Erscheinung zu bewillkommnen, wo so mancher ihn um diese Prometheusfackel beneiden möchte, welcher mühsam mit allem technischen Fleiß und Beobachtung der Regeln arbeitet, aber doch dadurch für die innere fehlende Lebenswärme nicht schadlos halten kann, die wir in den vom Zauber falscher Schminke strahlenden Histo-

307

rien-Portrait- und Landschaftsdarstellungen so mancher neuerer Künstler vermissen.

In diesem eignen geistigen Leben liegt eben die
Magie oder das Geheimniß, welches die Mengs
und Hackerts vergebens suchten, um Raphaele und
Claude Lorrain zu seyn. Daß Hr. F. dies Geheimnis besitzt, darüber ist nur eine Stimme. Da es
ihm von Herzen geht, so spricht er auch zum Herzen.
Und wenn, wie gesagt, seine Darstellungsweise Tadel verdient, (wie das denn bei seiner noch geringen
Übung im Ölmalen nicht befremden kann) so geschehe dies wenigstens mit Wahrheitsliebe, und nicht
auf die Weise, in welcher Hr. v. R. Friedrichen
andichtet: als habe er ein aus Wachs geknetetes,
mit Reisern bestecktes Berglein, durch ein dahinter
gestelltes Licht beleuchtet, mühsam nachportraitirt. —
Ich habe die vielen Studien gesehen, welche Hr.
F. mit bewunderungswürdiger Treue und Liebe nach
der Natur gezeichnet hat, und kenne nicht nur dies
eine Bild von ihm, wie Hr. v. R., sondern habe
mehrere gesehen, aus welchen allen man ein treues Streben nach Wahrheit erkennt, sodaß ich ein
Recht zu haben glaube, öffentlich zu sagen: daß den
Hrn. v. R. seine Gerechtigkeitsliebe ganz verlassen hatte, wenn er sagen konnte: „man sieht die
Bäume vor lauter Reisern nicht."

Erlaube man mir nun noch die Frage: welche Anmaßung wohl größer sey, — die mit landschaft-

308

lichen Gegenständen das Gemüth zur Andacht zu er=
heben, — d. h.: uns die bessere Seele in uns emp=
finden zu lassen, was doch jedes Kunstwerk bewirken
soll (Hr. v. R. sagt: wenn die Landschafts=
malerei sich in Kirchen schleichen und auf
Altäre kriechen will!) oder die, mit solchen
Ausdrücken das schöne Streben eines sich entfal=
tenden Genius zu beleidigen und mit seinen Geset=
zen der Kunst Gränzen zu bezeichnen, wie weit sie
gehen könne.

Wo Hr. v. R. gegen den Mystizismus eifert, mag
er volles Recht haben; Unrecht finde ich es nur, daß
er in diese Sinn= und Formlose Schaar den Hrn.
F. hinstoßen wollte, dessen Geist von wahrer An=
dacht erfüllt, ohne alle Anmaßung, seinen eigenen
Weg für sich nur gehen will, woraus Hr. v. R.
großes Unglück weissagt. Sollte durch die Fröm=
migkeit, die man in seinen Bildern wahrnimmt, die
Frömmelei, an welcher unser Zeitalter kränkelt,
zu viele Nahrung gewinnen, und sollte diese An=
sicht der Landschaftsmalerei als einzig herrschend
gelten wollen, — alsdann würde es Zeit seyn, in
diesem Streben die krankhafte Seite zu zeigen.

Es ist traurig, wie doch fast alle Kunstkritiken
unserer Zeit so wenig erweisen und wie diese Herren
Kunstkritiker selbst so wenig wissen, was sie von
der Kunst verlangen und denken sollen, sich aber
anstandshalber so stellen, als seyen sie in den ge=

heimsten Geheimnissen dieser Göttin eingeweiht. Da wirft man dann gewöhnlich dem Künstler vor: daß man in seinen Werken zu viele Reminiscenzen aus alten Klassikern und zu wenig Originalität wahrnimmt, und tadelt dann wieder eben diese Originalität, wenn sie erscheint, und will mehr an diese klassischen Werke erinnert seyn. Möchten doch diese Herren Kritiker einmal auf die ganz einfache Idee kommen, jedes Kunstwerk nach dem lebenswahren Eindruck zu würdigen, den es auf Sinn und Gemüth macht, und es da tadeln, wo es kalt, schleppend und unwahr ist. Die Regel existirt freilich in der Kunst, sowie das Gesetz im bürgerlichen Leben. Ist es aber in diesem schon schwer zu finden, und aufrecht zu halten, um wieviel mehr nicht im geistigsten Leben der Kunst. Diese Kunst sehen wir in der Kunstgeschichte sich in mannigfachen Gestalten gefallen, und wer will und kann bestimmen, daß sie nicht in noch ungekannten sich gefallen möge? F.s Originalität sey uns umso willkommener, da sie uns eine bisher weniger beachtete Form von Landschaftsmalerei darbietet, in welcher sich bei seiner Eigenthümlichkeit ein gemütvolles Streben nach Wahrheit zu erkennen gibt.

Möge das Publikum einmal anfangen, es mit den Künstlern und mit sich selbst gut zu meinen, und die Fähigkeit in der Erkenntnis des Guten und Wahren eben so auszubilden, als man bisher das Gegentheil that, damit der Künstler doch von einer Seite eine Aufmunterung erhalten möge, da er wahrlich nicht zum Übermuthe gereizt wird.

Es sey mir vergönnt noch die Bemerkung des Hrn. v. R. anzuführen: daß nämlich unsere Zeit, durch den großen Styl Michael Angelos und Raphaels verwöhnt, der Kleinheit der neuern Kunstjünger nicht huldigen könne. Möchte er wahr gesprochen haben, und es nicht leichter seyn, ihm das Gegentheil darzuthun und wo er Großheit wähnt, nur Leerheit zu sehen seyn, welche aus bunten englischen Kupfern und aus nachäffender Formsucht nach antiken Statuen abstammend leider noch zu sehr den Geschmack dieser Zeit befangen hält.

Gerh. v. Kügelgen.

★

Hartmann

Über Kunstausstellungen und Kunstkritik

Bei Gelegenheit dessen, was Herr Kammerherr von Ramdohr über ein zum Altarblatte bestimmtes Land=schaftsgemälde von Herrn Friedrich, und über Land=schaftsmalerei, Allegorie und Mysticismus in No. 12, 13, 14 und 15 der Zeitung für die elegante Welt hat einrücken lassen.

> Derjenige Weg, auf dem sich der Mann von Geschmack, der Beschützer, der Führer des Talents, um die Ausbildung des Künstlers am meisten verdient machen kann, ist, wie ich glaube, der, daß er den Geist der Originalität in ihm bewahre.
> Basilius von Ramdohr, über Malerei und Bildhauerei in Rom, 3. Theil, S. 149.

Seit den frühsten Zeiten haben sich die Künstler der öffentlichen Ausstellungen bedient, ihre Werke dem Publicum bekannt zu machen. Indem der Künst=ler das Schönste und Herrlichste, was er von sei=nem Genius empfieng und sein sorgsamer Fleiß getreulich pflegte, dem Publicum vorzeigt, reizt er auch in diesem Einbildungskraft, Gefühl und die be=sten Kräfte der Seele überhaupt zur Thätigkeit auf. Die verschiedenen Ansichten und Bemerkungen der ungleichartigen Betrachter geben zu Auseinander=setzung und Berichtigung der Urtheile Anlaß, und führen von den Kunstwerken zur Kunst über. Der Gesichtskreis des Künstlers und des Publicums

wird im Allgemeinen erweitert, nebenbei auch der
erstere auf die Mängel seiner ausgestellten Arbeit
aufmerksam gemacht, und ist er nun (durch Leitung
oder Hang) einseitig geworden, hierdurch am sichersten zu der Vollständigkeit zurückgeführt, deren er
fähig ist. Ohne daß daher der eine oder der andere
Theil bestimmt die Rolle des Lehrenden oder Lernenden übernimmt, bilden sich beide: Künstler und Publicum, durch diese wechselseitige Mittheilung immer mehr aus. Der Sinn des letztern wird durch
die Betrachtung verschiedener Kunstwerke und ab-
stechender Bestrebungen immer mehr erweckt, für
Schönheit, Harmonie und Übereinstimmung reg-
samer, sein Geist für höhere Ideen empfänglicher
gemacht. Der erstre dagegen gewinnt an Umsicht, an
Geschmack und Urtheil, kurz, der aus dieser gegen-
seitigen Reibung sich erzeugende Funke, entzündet
erwärmt und erleuchtet beide.

Bei der immer entschiedneren Unfruchtbarkeit in
Hervorbringung ausgezeichneter Kunstwerke und der
vorzüglichsten Ursache hievon, der Abnahme an Liebe
und Interesse für die Kunst, haben in neuerer Zeit
mehrere Freunde des Schönen sich bemüht, durch
geistige Abspiegelung oder Beschreibung der einzelnen hie und da erschienenen Kunstproducte, den Genuß
derselben allgemeiner und die im Verborgenen lebenden Talente bekannter zu machen. Sie fügten ihren Beschreibungen Urtheile und Untersuchungen

über das Schöne bei, und suchten so nach ihren
Kräften auf den Geschmack zu wirken, und Achtung
und Liebe für die Kunst immer mehr zu verbreiten.
Diese Art von Mitteilung hat nun freilich das Un-
vollkommne, daß sie keinen Einwurf gestattet, auch
verfällt sie oft unbemerkt in den bestimmten Ton des
Tadels und des Lehrens. Jedoch zuweilen wurde das
glückliche Auskunftsmittel gewählt, die Beurtheiler mehr als Organ des Publicums erscheinen zu
lassen, vor dessen Augen das Kunstwerk ausgestellt
worden war, so daß nur die verschiedenen Bemerkungen und Urtheile dieses Publicums unter Einen
Gesichtspunkt gebracht zu sein schienen. Allein die
bescheidenen Beförderer des Schönen, welche scho-
nend und zärtlich, wie ein so leicht verletzliches Bestreben verdient, mit den ausgestellten Kunstwerken verfuhren, verdrängte bald eine dritte Classe,
die sich ganz beherzt zu Lehrern der Künstler und
des Publicums aufwerfen zu müssen glaubte; Kunstkenner, weil sie unbeschadet ihres academischen Brot-
studiums, der schönen Kunst und demjenigen, was
sie unter dem Worte Ästhetik verstehen, nebenher
ein halbes Ohr geliehen, und so viel Zeichnen und
Malen gelernt haben, als in jetziger Zeit die gute
Erziehung nicht füglich entbehren kann: Männer,
von angebornem Geschmack, die späterhin auf ihren
Reisen neben den Zucht- und Arbeitshäusern und
andern gemeinnützigen Anstalten, einige Bilder-

gallerien besucht, und nun deshalb selbst lebendige Exemplare des ineinandergeschobenen und geflochtenen Schönen und Guten abzugeben, sich geeignet finden. Diese handfesten Herren trauen sich alle möglichen Erfordernisse zur Beurtheilung des Schönen zu; sie hören nicht mehr auf die Stimme des unwissenden Publicums; das Sprichwort, daß diese Stimme die göttliche sey, taugt durchaus nicht in ihren Kram. Mit Beweisen ihrer Ansprüche auf den Lehrstuhl meinen sie sich nicht erst abgeben zu dürfen. Das Publicum konnte freilich die Anmaßung dieser Herren hingehen lassen, weil sie ihm weiter nicht damit damit zu nahe traten. Destomehr aber haben sich die Künstler darüber aufgehalten, wenn ihnen auf diese Weise ein geistiges Vermögen nach dem andern mit der Feder weggestrichen, und noch im Vorbeigehen als Kleinigkeit bemerkt wurde, daß sie weder zu zeichnen noch zu malen wüßten, von Perspective, Optik und Haltung nicht das mindeste verstanden usw.

Man pflegte den Künstlern, die sich gegen solche Gewaltthätigkeiten auflehnten, immer zu antworten: der Gelehrte müsse sichs ja auch gefallen lassen, daß man öffentlich über sein Werk urtheile, daß man die schwachen Seiten desselben aufdecke, zerlege, und ihn darüber zurecht weise. Aber indem man eine solche Sprache führte, übersah man den bedeutenden Unterschied, daß der Gelehrte immer von den Gelehrten, der Künstler aber nie von Künstlern öffentlich beurtheilt wird. Denn das Bischen Malen, worauf sich diese Kunstkritiker bei ihren Urtheilen so viel zu gut thun, kann ihnen nur Vorurtheile einflößen, und ist allenfalls zu betrachten, wie es der Kirchenvater Tertullian bei einem seiner Zeitgenossen, dem Hermogenes, betrachtete, von dem er sagt, daß er bei seinen übrigen Lastern, auch das des Malens an sich habe.

Bei einem Gedichte oder einem wissenschaftlichen Werke, wo die Darstellung durch Worte bewirkt wird, kann die Idee und der Plan des Ganzen, weit besser aufgefaßt und mit Worten wiedergegeben werden, als bei einem Werke der bildenden Kunst. Wo alles auf dem bildlichen, auf dem Sinneneindruck beruht, da kommt alles auf das Beschauen an. Läßt sich der Recensent eines poetischen oder wissenschaftlichen Werkes, weiter auf Sprache, Rhythmus, Styl, Ausdruck usw. ein, so kann er alle seine Behauptungen dem Leser beweisen, wenn er sie mit Stellen aus dem Werke selbst belegt. Alles dieses fällt aber bei der Beurtheilung eines Gemäldes oder einer Statue weg. Noch mehr, das Werk des Gelehrten kommt mit der Beurtheilung zugleich, ja noch früher in die Hände des Publicums, und jeder Leser wird in den Stand gesetzt, selbst über den Gehalt der Schrift, und das Wahre und Treffende ihrer Recension, zu entscheiden. Daher sollte dem Beurtheiler schöner Kunstwerke Wahrheit, Behutsamkeit und Bescheidenheit zur zwiefachen Pflicht werden.

Es ist keineswegs meine Absicht, mich im Allgemeinen gegen alle öffentlichen Beurtheilungen von Kunstwerken auflehnen zu wollen, ich glaube vielmehr, daß sie von großem Nutzen für die Künstler und das Publicum sein können, nur muß der Beurtheiler selbst von der Idee des Schönen lebhaft ergriffen sein, und sein Streben nach Erkenntnis der Wahrheit, dem endlichen Zwecke alles Philosophirens beurkunden. Mag dann die Kritik noch so einseitig sein, wenn der Beurtheiler nur den Eindruck, den das Kunstwerk auf ihn macht, rein und unverfälscht zurückgibt, hiermit seine Bemerkungen, sein Lob, oder seinen Tadel verbindet, oder auch zeigt, wie der Künstler seine Idee vollkommener hätte ausdrücken können. Diese Art von Kritik wird zwar nur einen Theil ihres Berufs erfüllen. Es kann auch dadurch dem Einzelnen Unrecht geschehen, dennoch aber ist auch sie im Stande zur allgemeinen Bildung beizutragen, indem sie auf das Gefühl fürs Schöne wirkt, und Ideen über die Kunst und ihr eigenthümliches Wesen in Anregung bringt. Nur gegen jene Kunstkritiker sei daher meine Rede gerichtet, die ohne Kunstsinn und Geschmack, — außer demjenigen, den sie auf allen Wegen im Munde führen, dahin, als hinter dem dunkelsten

317

Sinne, sich ihre Verworrenheit, wenn sie bedrängt wird, zurückzieht, und den ich deshalb ihren Mysticismus nennen möchte — ferner ohne philosophische Liebenswürdigkeit und den leisen Scharfsinn, welchen die Künste fordern, sich mit Anmaßung auf dem Richterstuhl der Kunst setzen, und nach den platesten Regeln und Theorien, die nicht dem innern Wesen der Kunst, sondern nur der Oberfläche verschiedener Kunstwerke oberflächlich abgenommen wurden, Kunstwerke und Künstler beurtheilen, diese Regeln gegen Künstler, wie Prokrustes sein eisernes Bett gegen arme Fremdlinge gebrauchen, alle ohne Unterschied hineinzwingen, denen, die zu groß sind, Kopf oder Beine abhauen, den Kleinern alle Glieder ausrenken, daß sie nur in ihren leeren Raum mit hineinpassen sollen.

Die nächste Veranlassung zu diesem Aufsatze ist das, was kürzlich Herr von Ramdohr über ein zum Altarblatte bestimmtes Landschaftsgemälde von Herrn Friedrich, und über Landschaftsmalerei, Allegorie und Mysticismus in Nr. 12, 13, 14, 15 der Zeitung für die elegante Welt hat einrücken lassen.

Herr von Ramdohr eröffnet seine Kritik damit, daß er sagt, wie ungern er mit der Beurtheilung eines Werks von der Hand eines lebenden Künstlers öffentlich hervortrete. Ich glaube ihm dies sehr gern: so viel als sich die verewigten Künstler von jeher von ihm haben gefallen lassen müssen, wer-

318

den die lebenden wohl schwerlich so ruhig erdulden, — und die Art der Antikritiken ist sehr mannichfaltig. Wenn dem Herrn v. R. die schönen Künste (wie er Seite IX in der Einleitung zu seiner Charis sagt) „nach seiner Denkungsart, Lage und Bestimmung in der Welt, immer nur als Nebensache und Mittel zur Belustigung bleiben," so erlaube er nun auch dem Künstler, daß er bei dem ernsten Worte, was er gelegentlich über Kunstkritiken im Allgemeinen zu sprechen für nöthig findet, sich nebenher an seinen Ansichten und Urtheilen über Kunst belustige.

Das Bild, das Herr Friedrich während der letztverflossenen Weihnachtsfeiertage für einige Freunde und Kunstliebhaber hier ausstellte, ist, wie Herr v. R. in seiner Beurtheilung davon selbst sagt, die einzige Arbeit, die er von Herrn Friedrich gesehen hat. Er erkennt in ihm ein ungewöhnliches Talent, einen phantasiereichen, gefühlvollen Künstler; er sieht, mit welcher zauberischen Macht das Werk auf das ganze gebildete Publicum wirkt, allein es ist, wie Herr v. R. sagt, nicht nach den Grundsätzen verfertigt, die eine lange Erfahrung erprobt und das Beispiel großer Meister geheiligt hat. Es eröffnet eine neue, ihm wenigstens, bisher unbekannt gebliebene Ansicht der Landschaftsmalerei. Dies schon allein wäre hinreichend ihn zu veranlassen, sich mit seinem ganzen Gewichte auf das Talent zu werfen,

um es zu ersticken. Außerdem noch überzeugt er sich
aus diesem einzigen Bilde, daß die Tendenz, die hier
das Talent nimmt, dem guten Geschmacke gefähr=
lich wird; daß sie dem Wesen der Malerei ihre
eigenthümlichen Vorzüge raubt; daß sie mit dem
Geiste in Verbindung stehet, der, eine unglückliche
Brut der gegenwärtigen Zeit, in ihm das schauder=
hafte Vorgefühl der schnell heraneilenden Barba=
rei erweckt. Es wäre daher Kleinmüthigkeit von
ihm, dem Manne, welcher durch Darlegung seiner
Grundsätze, Kunst und Wissenschaft in ihrer fehler=
haften Richtung aufhalten zu können glaubt, Klein=
müthigkeit von ihm, der mit Abwerfung der Bande,
die ihn vorher an das Localnützliche hauptsächlich
hefteten, der Ausbreitung des Guten und Schönen
überall in ihrem grenzenlosen Gebiete den Rest sei=
ner Tage gewidmet hat, wenn er nicht öffentlich ge=
gen sein solches Werk auftreten wollte.

In wiefern es möglich ist, aus einem einzigen
Werke eines Künstlers die Tendenz, die sein Talent
nimmt, zu errathen; in wiefern es möglich ist, daß
diese dem guten Geschmack im allgemeinen gefähr=
lich werden, und gar noch allgemeine Nacht und Bar=
barei herbeiführen könne, das bedarf keiner Unter=
suchung, da die Nichtigkeit dieser Behauptung am
Tage liegt. Wohl werde ich aber im Allgemeinen
und im Einzelnen den Einwürfen, die Herr v. R.
Herrn Friedrich macht, zu begegnen suchen, und dann

XXV

nicht nur aus diesem, sondern aus der Gesamtheit dessen, was Herr v. R. über die Kunst zu schreiben für gut gefunden, die Frage beantworten: ob gerade er zum Kunstrichter, zum Vertheidiger des guten Geschmacks und zum Leiter und Lenker des Zeitalters im Kunstfache berufen sein möchte?

Vorerst vergönne man mir aber mit ein paar Worten von Herrn Friedrich zu sagen, daß er weder ein Partheiführer, noch irgend einer Parthei zugethan ist, daß er in seiner Kunst ganz einzeln und isoliert da stehe, daß erst seit kurzer Zeit das Publicum auf sein schönes Streben, bei seiner Ausbildung blos dem Wege zu folgen, den ihm sein Genius und die Natur zeigen, aufmerksam wurde, daß er seit noch kürzerer Zeit erst Versuche im Ölmalen gemacht hat, und daß dieses Bild das erste war, das Herr Friedrich in dieser Art dem Publicum zeigte. Alles dies sollte bei den vielen Verdiensten, die Herrn Friedrichs Arbeiten nicht abgeleugnet werden können, und die jedem unpartheiischen Beschauer einleuchten müssen, Nachsicht gegen die Mängel, die aus der wenigen Übung im Ölmalen entstanden sind, einflößen. Besonders aber sollten wir diese Nachsicht von einem Manne fordern können, der drei dicke Bände zu dem Endzweck geschrieben hat, für die Vorzüge eines Künstlers Verehrung, gegen dessen Fehler Billigkeit einzuflößen. „Aber, wird mir Herr v. R. einwenden, ich greife ja mehr den

Geist, der aus dem Bilde hervorleuchtet, als das Bild selbst an, ich lehne mich vorzüglich dagegen auf, daß Herr Friedrich einen neuen Weg in der Kunst einschlagen will, daß er nicht dem Beispiel bekannter Meister, der Claude Lorrain, Poussin und Ruisdael, und dem was ich in meinen Werken, besonders in meiner Charis über Landschaftsmalerei gelehrt habe, gehörig gefolgt ist." Allein wenn Claude, Poussin und Ruisdael sich ebenso streng an ihre Vorgänger gehalten hatten, so könnten sie unmöglich das geworden sein, was sie sind; wenn ihnen auch das erforderliche Zeitalter und die erforderliche Geduld vergönnt gewesen wäre um ihr Bildungsgeschäft von der etwas umständlichen Charis des Herrn von Ramdohr zu lernen. Dieser geehrte Dilettant sagt selbst einmal sehr schön und wahr: „Ein sehr wichtiger Grund, warum unsere gegenwärtigen Künstler ihren Vorgängern nicht mehr gleich kommen, liegt darin, daß sie ihre Nachfolger sind, und hätte dieses Princip der Nachahmung von jeher in den Künsten geherrscht, so wäre es wie in China immer beim Alten, bei den ersten Versuchen geblieben, und jedes Talent, jede geistige Kraft hätte in dem unbeweglichen Pfuhle der Observanz vermodern und zu Grunde gehen müssen, und nur die mechanischen Fähigkeiten hätten mit Noth etwas mehr Raum gewonnen, sich auszubilden." Das ganze Streben des Herrn v. R. als Kritiker scheint aber auch vorzüglich dahin zu gehen, den Geist zum Vortheil der mechanischen Fähigkeiten einzuspannen, damit nur diese, in die er das Künstlerische der Kunst zu setzen scheint, bei ihrer Ausbildung kein Hindernis bilden.

Nachdem er unter eigner Signatur eine Beschreibung des Friedrichschen Bildes gegeben, verläßt er, mit einer Resignation, die man seiner kunstrichterlichen Selbstgefälligkeit hoch anrechnen sollte, seine Persönlichkeit: er läßt den Autor des Bildes selbst sprechen, seine Absichten darlegen und die Arbeit commentiren. Wie sehr diese Entäußerung mißlingt, wird niemanden befremden: höchst liebenswürdige, bewegliche und fromme Naturen gehören dazu, um einen so reingesinnten Künstler sprechen, vornehmlich öffentlich sprechen zu lassen, während sie den Geist seines Strebens zu tadeln unternehmen. Vor solchen dialectischen Wendungen müssen wir im Namen des Geschmacks unsern Kunstrichter warnen: hier müssen wir i h n zur Ordnung und in die Schranken s e i n e r Natur zum Vortrag der Grundsätze und zum Preisgeben der eignen Persönlichkeit zurückführen. Vor allen Dingen muß man sich in der Schreibart selbst mit Klarheit repräsentiren, bevor man sich zum Repräsentanten Andrer aufwirft. Auch gehört nach unsern bürgerlichen Begriffen eine Art von Auftrag dazu, um nicht etwa in indirekter Rede, sondern völlig im Namen des Andern zu reden, und sein Ich direct zu übernehmen. Hier finden wir verletzt, was wir Urbanität und guten Ton nennen möchten.

Das Material dieser Auslegung betreffend, denn das Formale verdient eine weitere Kritik nicht, fehlt er darin, daß er den dargestellten Abend für einen Morgen ansah, was ihn natürlich zu einer ganz falschen Erklärung des Bildes verführen mußte. Der Kritiker rügt zwar als einen Fehler des Bildes, daß die Tageszeit zweifelhaft geblieben sei, er erkennt aber an einem silbernen Sterne, der oben in dem vergoldeten Rahmen angebracht ist, den Morgenstern, und macht daher das Bild bestimmt zu einem Morgen. Wenn die Voraussetzung wahr ist, so muß es auch der Schluß sein. Da aber Herr v. R. das Unglück hat, öfters aus irrigen Voraussetzungen Schlüsse zu ziehen, so halte ich es für Schuldigkeit, ihm hier im Vorbeigehen zu sagen, daß der Stern, der zu manchen Zeiten als Morgenstern am östlichen Himmel glänzt, und der, der uns zu andern, am westlichen als Abendstern leuchtet, ein und derselbe Stern ist, und nur von der Zeit seiner Sichtbarkeit am Himmel, Morgen= oder Abendstern genannt wird, daß dieser also auch umso weniger dazu beitragen kann, die Tageszeit zu bestimmen, da er sich einzeln auf einem Bilde vorgestellt, durchaus von andern Sternen nicht unterscheiden läßt. Daß Herr v. R. aus diesem Irrthum

324

auf eine andere, als die von dem Künstler damit verbundene gewesene, Idee geleitet werden mußte, ist natürlich, inzwischen spricht es gerade für den Ausdruck des Bildes, daß Herr v. R. keine andere, als eine religiöse, die wenigstens in Verwandtschaft mit der des Künstlers steht, damit verbinden konnte. Da aber der Beurtheiler seiner Erklärung hinzufügte: „habe ich weniger gesehen, als ich sehen sollte, desto schlimmer für Herrn Friedrich, warum hat er sich nicht deutlicher ausgedrückt, warum rechnete er bei einem Gemälde, das so viele erbauen soll, auf das Scharfgefühl einiger weniger Auserwählten," so muß ich ihm auch hier im Vorbeigehen sagen, daß das Bild keineswegs für eine öffentliche Kirche, sondern für die Hauskapelle einer der ausgezeichnetsten gebildetsten und feinfühlenden Frauen bestimmt ist, auf deren Zartgefühl Herr Friedrich in der That mit Zuversicht rechnen durfte.

Nachdem unser Kritiker eine Beschreibung von dem Altarblatte gegeben, und den Gegenstand desselben nach seiner Weise gedeutet hat, stellt er folgende Fragen auf: Läßt sich die angegebene Naturscene malen, ohne die wesentlichen Vorzüge der Malerei, besonders der Landschaftsmalerei, aufzuopfern? Ist es ein glücklicher Gedanke, die Landschaftsmalerei zu Allegorisirung einer bestimmten religiösen Idee, oder auch nur zu Erweckung der Andacht zu gebrauchen? Endlich ist es der Würde der Kunst und des wahrhaft frommen Menschen angemessen durch solche Mittel, wie Herr Friedrich angewandt hat, zur Devotion einzuladen? Die Fragen sind in der That an und für sich schon komisch genug, aber noch komischer ist es, daß die Antworten nur wenig oder garnicht darauf passen wollen. Um die erste Frage zu beseitigen, stellt Herr v. R. ein paar Grundsätze auf, von denen er glaubt, daß sie auch dem Laien einleuchten müssen. Es möchte wohl sehr schwer sein, aus der Weitschweifigkeit und Unbestimmtheit, womit dieselben dargelegt sind, den eigentlichen Grundsatz dieser sogenannten Grundsätze heraus zu heben, und ich würde in denselben Fehler der unnöthigen Weitläufigkeit verfallen, wenn ich Hr. v. R.s Worte hier wiederholen und Untersuchungen darüber anstellen wollte; ich halte mich daher nur an die Folgerungen, auf die es bei ästhetischen Schriften, wie unsers Autors, vielmehr ankommt, als auf die Grundsätze, die für den gelehrigen Laien zu verworren, für den Künstler und Philosophen zu breit und zu leer und für die leichteren Kinder der Welt zu langweilig vorgetragen sind, um auch das Unbedeutendste zu begründen oder festzusetzen. Wenn also H. v. R. aus seinen uns und aller Welt sehr gleichgültigen Grundsätzen die Folgerung ziehet, daß nemlich eine Landschaft durch=

aus mehrere Plane und Perspective zeigen müsse, und daß einzelne Gegenstände, wie z. B. eine Baumgruppe, ein Fels, ein Haus, eine Wasserfläche usw. durchaus nicht für sie gehören, so verdient er eine ihm angemeßne Antwort. Da er namentlich ein entschiedener Freund von Autoritäten ist, so erlaube er mir, daß ich ihn bei dieser Gelegenheit an die schauerlichen Felsenklüfte des Salvator Rosa, die tiefen Gründe und Mühlen von Everdingen, die Seestücke von Bockhuisen, und an die vielen einzelnen Ruinen, Baumgruppen und Waldparthieen, die Ruisdael und andere niederländische Meister so oft darstellten, erinnere, und ihn frage, ob er diese für keine Kunstwerke halte? — Wäre aber auch sonst nie ein von Herrn v. R. sogenannter einzelner Theil einer Landschaft von einem Künstler zum Vorwurfe seiner Darstellung gebraucht worden, warum sollte er darum dem Talente, das demselbigen eine schöne interessante Seite abzugewinnen, ihm Bedeutung zu geben, und ihn als ein für sich bestehendes Ganzes darzustellen weiß, nicht erlaubt sein, ihn zum Gegenstand seiner Kunst zu erwählen. Wenn daher der Recensent den Gegenstand dieses Friedrichschen Gemäldes darum verwirft weil er nicht genug Mannichfaltigkeit und Aussicht gewährt, so ist dies eine Folge der Beschränktheit seiner Ansichten von der Landschaftsmalerei, wenn er aber behauptet, daß Herr Friedrich alle Luftperspective geflissentlich verbannt und Finsternus auf der Erde verbreitet habe, so dürfen wir diesen Kritiker mit der Blödigkeit seiner Augen um so eher entschuldigen, da seine übrigen Schriften manche Belege von dieser Blödigkeit geben, und er u. a. auch von Raphael behauptet, daß er von Reflexen (ohne die doch keine Rundung möglich ist) garnichts gewußt habe. Gern trete ich der Meinung des Recensenten darin bei, daß Herr Friedrich die Einwirkung der Luft, besonders an den Umrissen des Berges, mehr hätte fühlen lassen können, aber, daß sie ganz fehle, ist unwahr. Dem Vorwurfe der Finsternis widerspricht Herr v. R. dadurch von selbst, daß er weiter unten, dem Künstler zum Fehler anrechnet, jedes Reischen, jede Nadel an den Tannen, und jeden Fleck in den Felsblöcken ausgedrückt zu haben, was ja mit der Finsternis ganz unverträglich gewesen wäre. So widerspricht sich auch Herr v. R. in der Behauptung, daß der Künstler keinen Standpunct angenommen habe, noch habe annehmen können, dadurch, von selbst, daß er früher (wiewohl ohne Grund) voraussetzt, Herr Fr. müsse die Scene so in der Natur gesehen haben, und komisch genug ist die Behauptung, daß der Verfertiger des Bildes mehrere tausend Schritte entfernt, und in gleicher Höhe mit dem Berge hätte stehen müssen, um den Berg zugleich mit dem Himmel in dieser Ausdehnung zu sehen. Könnte denn der Künstler nicht

328

auch näher auf einer andern Anhöhe, oder einem andern Felsen sich befunden haben, von dem der Berg zugleich mit dem Detail des Vordergrundes sichtbar gewesen wäre. Und sollte es denn dem Künstler unerlaubt sein, sich das in seiner Phantasie vorzustellen, und in einem Bilde wiederzugeben, was unserm Fuß unzugänglich ist, und was man der Natur zwar nicht geradezu ab=malen, wovon man aber doch mathematisch beweisen kann, wie es ganz der Natur gemäß gezeichnet und gemalt werden müsse.

Wenn Herr v. R. behauptet, daß Herr Fr. das Crucifix auf seinem Bilde von unten auf beleuch= tet, und ihm mit Valencienne und Lairesse beweist, daß er dadurch gegen alle Regeln der Optik gefehlt habe, so pflichte ich allerdings dem, was diese Män= ner über eine solche Beleuchtung sagen, vollkommen bei, nur Herrn v. R. muß ich widersprechen, indem dieser Ausspruch auf das Friedrichsche Bild gar keine Anwendung leiden kann. Denn das Crucifix ist hier durchaus nicht beleuchtet; es glänzt nur (als ein polirter Körper) in dem Purpur=Reflexe des Abendroths. Was Herr v. R. bei dieser Gelegen= heit vom Prisma der Sonnenstrahlen spricht, ver= stehe ich garnicht, aber seine Meinung, daß Herr Friedrich durchaus keine Strahlen in der Luft habe sehen können, muß ich widerlegen, weil ich dies ver= stehe, und Herr v. R: alle Abende, wenn die Luft mit Dünsten angefüllt ist, eine ähnliche Wirkung in der Natur wahrnehmen kann. Wäre von dem Kritiker behauptet worden, daß Herr Friedrich seinen Berg mit der Luft in harmonischere Verbindung hätte bringen können, so würde ich ihm beipflichten; aber es ist hart und ungegründet, wenn er sagt, daß die Erdmasse einen blaubraunen, höchst einfärbigen Ton habe, und in schreiendem Contrast mit dem lichten Himmel stehe. Daß Herr v. R. mit dem Künstler darüber nicht streiten will, ob die rothen Streifen, mit denen die Wolken besäumt sind, nicht in eine Gegend ihrer Wölbung gehören, die im Zenith des Beschauers stehet, darin müssen wir ihm völlig Recht geben, indem er bei diesem Streite nur verlieren könnte, da die Brechung des Lichts in den Dünsten allein diese Wirkung hervorbringen kann, sie also im Zenith völlig unmöglich ist.

Herr v. Ramdohr läßt sich hierauf sehr mißbilligend darüber aus, daß einige Maler, die sich erst in spätern Jahren der Kunst ausschließlich gewidmet haben, und den Mangel einer frühern technischen Bildung fühlen, sich dadurch zu helfen glauben, daß sie ihre Aufmerksamkeit verdoppeln, die Natur so ängstlich als möglich zu copiren, dem Beispiele des Albert Dürer und einiger andern ältern Meister folgen, die jedes Haar im Barte, jede Faser in der Pflanze mit sorgsamen Fleiße nachbilden, und dadurch glauben, ihren Werken den eigent=

lichen National=Charakter der Deutschen, biedere, treue und anspruchslose Wahrheit aufzudrücken. In= deß meint er aber, daß diese Herren vergessen, wie unser Zeitalter an den großen Styl des Michael Angelo, Raphael in seiner spätern Zeit, der Car= rache gewöhnt, ein Bedürfnis dieses fehlerhaften Luxus erhalten habe. Er bemerkt sehr richtig, daß für das (wie er es zu nennen beliebt) nun freilich ein= mal durch die Raphael, Michael Angelo und die Carrache höchst verdorbene und verwöhnte Zeitalter, schwerlich Compositionen in dem Geschmack Al= brecht Dürers ausgeführt werden dürften, von de= nen es die Neben=Idee der harten, ängstlichen, stei= fen und geschmacklosen Nachäffung trennen könn= te. — „Bis dahin — (sagt Herr v. R.), daß jene Herren dies Wunder verrichten, will ich, der ich das Unglück habe, um funfzig Jahre zu spät geboren zu sein, um statt der Bildung, die ich durch die clas= sischen Werke der Alten und Neuen erhalten, durch die Werke aus der ersten Kindheit der Kunst zum Gefühl des Schönen angezogen zu sein, ich, sage ich, will wenigstens unterdessen vor den Abwegen war= nen, welche das ängstliche Bestreben die Natur fein fleißig zu copiren, so leicht herbeiführen kann.“

Herr v. R. macht nun weitere Ausfälle gegen die Historienmaler, die sich jahrelang Modelle sit= zen lassen, und in Ermangelung dieser, sich bald von dieser Person eine Hand, von jener ein Haar, zu=

sammeln betteln, oder gar zum Gliedermann, oder zu Modellen von Thon und Wachs, ihre Zuflucht nehmen, und statt die Natur darzustellen, die abenteuerlichste Alfanzerei hervorbringen.

Auf wen eigentlich dieser Ausfall gerichtet ist, weiß ich nicht, und kann mir es auch, so sehr ich mir schmeichle, mit dem Streben der jetzt lebenden deutschen Künstler bekannt zu sein, nicht einmal denken. Den französischen Malern wurden in neuerer Zeit öfter ähnliche Vorwürfe gemacht, aber was haben die mit dem Charakter der Deutschen zu schaffen. Wie der Seitenhieb, der beträchtlich über eine Kolumne einnimmt, hieher gehört, weiß ich in der That nicht, so viel aber doch, daß er keineswegs die Frage: läßt sich die angegebene Naturscene malen, ohne die wesentlichen Vorzüge der Landschaftsmalerei aufzuopfern, beantworten hilft. Herr v. R. sucht zwar dadurch wieder einen Übergang, oder vielmehr einen Sprung auf diese Art von Malerei zu machen, daß er sagt, es sei das ängstliche Copiren der einzelnen Gegenstände gerade dem Zwecke am meisten entgegen; denn in der Landschaft biete sich alles als Masse dar, und leide durchaus kein anderes Detail als gerade nöthig sei die Masse zu characterisiren. Da dieser Kunstrichter gleich anfangs in seinem Aufsatze äußert, daß er keiner andern Meinung, als der der längst anerkannten großen Meister, des Claude Lorrain, des Poussin und

Ruisdael zugethan sei; so erlaube er mir, daß ich jetzt gerade diese Männer zu Widerlegung seiner Behauptungen anführe. Gewiß hat nie ein Künstler mit zarterem Sinne die Natur in ihren feinsten Nuancen aufgefaßt und wiedergegeben als Claude. Man könnte aus seinen Landschaften die Botanik erlernen, so sind die Pflanzen und Blumen in den Vorgründen ausgeführt. Aber komisch genug, gerade diesem Künstler, der alles das Einzelne wie das Ganze zur größten Vollendung ausbildete, macht Herr v. R. in seinem Buche über Malerei und Bildhauerei in Rom, den Vorwurf, daß die Form der Blätter seiner Bäume nicht hinreichend bestimmt sei, obschon sein Baumschlag sonst sehr viel Abwechslung habe. Auch muß ich bei dieser Gelegenheit den kritischen Mann an das erinnern, was er in seiner Charis zu vernehmen gibt. „Die Belustigung, welche die schönen Künste dem wohlerzogenen Menschen zuführen wollen, kann in Gemäßheit ihres Wesens, diesen garnicht anders zugeführt werden, als durch einen vollständigen und richtigen Schein eines specifiken Körpers in der Natur." Und in demselben Buche sagt er: „der Kohlkopf im Gemälde muß nicht bloß ein Kohlkopf überhaupt, allenfalls mit besondern Merkmalen einer guten Vegetation dargestellt sein; sondern der Kohlkopf, den ich in diesem oder jenem Garten, in dieser oder jener Reihe, gerade so neben andern Gewächsen und Gegenständen gesehen zu haben glaube." Es sollte mir ein leichtes sein, aus Herrn v. R.s. eigenen Schriften, ein paar Dutzend Stellen für, und eben so viele gegen das, was er über das Vollenden des Einzelnen und die Nachahmung der Natur von sich hören läßt, anzuführen. Ich begnüge mich aber, ihn mit diesen wenigen auf seine Inconsequenz aufmerksam zu machen. Indem sich der Kunstrichter darüber ereifert, daß sich die Künstler jetzt gar zu sehr an die Natur halten, erklärt er es für eine Unmöglichkeit, größere Gegenstände der Natur selbst nachzubilden. Herr v. R. vergißt, oder weiß es garnicht, daß die Künstler gewöhnlich einzelne Gegenstände der Natur zu ihren Studien benutzen, und indem sie an ihnen ihren Sinn für Wahrheit, Characteristik und Individualität ausbilden, und ihre Hand üben, das Beobachtete wieder zu geben, dasselbe ihrem Gedächtnis einzuprägen trachten, daß sie also nicht nöthig haben, ein ganzes Bild nach der Natur zu malen, was ja auch dem Zwecke der Kunst entgegen sein würde. Diejenigen Menschen, denen es durchaus an Phantasie gebricht, können sich freilich nie eine Idee von dieser freien Schöpfungskraft machen. Es bleibt ihnen ewig unbegreiflich, wie andere aus eigener Fülle und Kraft hervorzubringen vermögen, sie müssen daher auch die Kunst immer nur für das halten, was ihr Wissen ist, für loses, thörichtes Flickwerk. Daß aber nun Herr v. R., der Verfasser dreier Bände, über Liebe, moralischer Erzählungen, und so vieler Schriften über die Kunst, dieses Geheimnis der Kunst=Production nicht kennt, wird vielen unglaublich scheinen. Allein, er behauptet schon früher, daß Herr Fr. den Gegenstand, den er zu seinem Bilde wählte, in der Natur gesehen haben müsse, und nun sagt er vollend, da er dieser nicht habe habhaft werden können, um ihr alles getreu nachzubilden, so habe er sich mit einem Modell von Thon oder Wachs beholfen, worin er Tannen- und Fohrenreiser gesteckt, und statt der Felsen Granitkiesel und Moos eingedrückt habe. Diese Masse hätte er nun mit einem Lichte von hinten beleuchtet, sich davor gesetzt und fleißig danach portraitirt. Ich will das Hämische nicht rügen, welches in dieser Behauptung liegt, ich will der Unwahrheit nicht dadurch begegnen, daß ich sage, ich habe das Bild entstehen sehen; daß das Werk das ganze Publicum ansprach, widerlegt die Behauptung von selbst. Was nicht aus dem Herzen kommt, kann nicht zum Herzen dringen, alles was der bloße Verstand mit Mühe und Sorgfalt zusammensetzen kann, wird uns immer fühllos und kalt lassen.

Das Wachs scheint übrigens zur firen Idee bei diesem Kritiker geworden zu sein, und es ist ein Unglück, daß er es nie aus dem Kopfe bekommen kann, wenn er über Kunst Gericht hält. So sagt

er z. B. in seinem Buche über Malerei und Bildhauerei in Rom über Michael Angelo: „In seinem
Colorit, im Helldunkeln, scheint er sich gefärbte
Wachsbilder zum Vorbilde genommen zu haben,
die ein Ungefähr vereinigt hat" und in demselben
Buche von Raphael: „Er scheint inzwischen nach
kleinen Modellen von Thon und Wachs gearbeitet
zu haben, die er der Perspective und der Anordnung
wegen zusammenstellte. Wenn diese von ungefähr
eine glückliche Abwechslung von Licht und Schatten
hervorbrachten, so trug er sie getreu in sein Gemälde über —" Kurz, mit seinem Wachse sucht er
jedem etwas anzukleben.

Die zweite Frage des Herrn v. R. heißt: „Ist es
ein glücklicher Gedanke, die Landschaft zu
einer bestimmten religiösen Idee, oder
auch nur zu Erweckung der Andacht zu gebrauchen?

Er sagt bei dieser Gelegenheit, daß man schon
lange Zeit davon gesprochen habe, die Landschaft könne noch idealisiert werden, und daß hier noch viel für
den modernen Künstler zu thun sei. Er beehrt dieses
mit seinem Beifall, nur, fügt er hinzu, müsse er,
wenn er sich eine Stimme dabei anmaßen dürfte,
drei kleine Bedingungen machen. Die erste davon
wäre, daß dieses Idealisiren nur solchen Künstlern
erlaubt würde, welche den mechanischen Theil der
Kunst völlig innehaben. Zweitens, sei es nöthig,

XXXVI

daß er mit dem Künstler über den Begriff des Idealisirens erst eins werde, und dann drittens müsse er sich ganz gehorsamst verbitten, daß es nicht auf dem Wege des Allegorisirens geschehe, den Herr Fr. eingeschlagen habe. Zuerst bemerke ich, daß der Kritiker zwischen Allegorisiren und aus Idee dichten, eine bestimmte Idee oder Empfindung mit einem Bilde ausdrücken, nicht gehörig unterscheidet, und indem er gegen Allegorie zu sprechen glaubt, sich gegen die Bedeutung, gegen den Sinn auflehnt, also Unsinn in der Kunst zu verlangen scheint. Wir haben dagegen nichts einzuwenden, nur bitten wir, daß uns derselbe nicht aufgetischt werde, besonders, da nach Herrn v. R.s. Meinung, die nachbildenden Künste bei dem Eindruck, den sie hervorbringen wollen, hauptsächlich auf die Associazion der Ideen rechnen, welche die dargestellten Gegenstände erwecken, sie also auch unsinnige Ideen in uns hervorbringen müßten. Aus dieser Ansicht ließe sichs denn auch erklären, was mir anfangs unbegreiflich war, daß ein einziges Bild so viel Unsinn und Narrheit in der Welt verbreiten könnte, daß der Geschmack und das Zeitalter darin untergehen müßten.

Was mich betrifft, so finde ich in Herrn Fr. Bilde keine eigentliche Allegorie, die nur eine Sache oder Eigenschaft anzudeuten, fremde Gegenstände borgt, welche dieselbe nur bezeichnen sollen. Doch

ich stelle das Bild nochmals vor die Augen des Publicums. Hoch auf dem Gipfel eines Felsen stehet
das Kreuz, umschlungen von immer grünenden
Epheu, und von immer grünen Tannen umgeben,
strahlend sinkt die Sonne nieder, und im Glanze des
Abendroths leuchtet der Heiland am Kreuze. Wohl
fühle ich, daß der Künstler eine Idee mit dieser
Darstellung verband, und sie wird mir klarer, deutlicher und bedeutender, jemehr ich mich der Betrachtung seines Bildes hingebe. Ist hier aber Allegorie,
so hat es auch die Natur an sich, daß sie stets allegorisirt, und die Frage, ob es möglich sei, mit einer
Landschaft eine bestimmte Idee oder Empfindung
ausdrücken zu können, wäre denn dadurch schon beantwortet. Character würde Herr v. R. wohl
schwerlich in Herrn Fr. Landschaft vermißt haben,
wenn er, wie er selbst sagt, nicht blos drei Arten desselben kennte, „nemlich den schnell anstrengenden,
feierlichen, den allmählich dehnenden, zärtlichen, —
und den zum Hüpfen einladenden, muntern.“ Es
ist keineswegs meine Absicht, durch Aufsuchung
anderer Arten desselben, den aufzufinden, welcher Herrn Fr. Bilde eigenthümlich ist; aber eine
vierte Art drängt sich mir bei Durchlesung dieser Kritik gar zu gewaltig auf. Dies ist der ganz
gedehnte, Gähnen und Schlafsucht erregende Character.

Wer es für unmöglich hält, mit der Landschaft

Ideen und Empfindungen auszudrücken, und glaubt, daß zu dem Zwecke das angewöhnte Verhältnis der Gegenstände in ein ungewöhnliches verwandelt werden müsse, der kann wohl niemals von der Natur gerührt gewesen sein. Denn sind es nicht Gestalten, Formen, Bilder, Farben und Einwirkungen des Lichts, wodurch die Natur zu unserm Gemüte spricht, sind es nicht dieselben Formen, Bilder und Farben, worein sich unsere Phantasie kleidet, wenn sie heraus in die Außenwelt treten will? Wer aber nie mit der Natur in vertrautem Umgange gelebt, sich nie den Anklängen hingegeben hat, mit denen sie unser Gemüth erfreulich anspricht, dem wird ihre Sprache stets fremd und unverständlich bleiben, für den sollte man freilich, um mich des Ausdrucks unsers Kritikers zu bedienen, die Bäume mit Backwerk belauben, um ihm Interesse und Geschmack für ihre Erscheinung abzugewinnen. Wem aber dieser Sinn für das Hohe und Bedeutende in der Natur abgeht, der wird auch nie in den Geist und das Wesen der Kunst eindringen und ihre Natur und Bedeutung ergründen können, der mag es denn auch als Profanation der Kirche ansehen, wenn ein Poussin in dem Tempel St. Martino al Monti in Rom, die großen erhabenen und rührenden Eindrücke in Bildern wiedergibt, die er vorher in der Natur erhalten hat, der mag wie Herr v. R. ausrufen: „In der That, es ist eine wahre Anmaßung, wenn sich die Landschaftsmalerei in Kirchen schleichen und auf Altäre kriechen will."

Die dritte Frage: Ist es der Würde der Kunst und des wahrhaft frommen Menschen angemessen, durch solche Mittel, wie Herr Fr. angewandt, zur Devotion einzuladen? beantwortet Herr v. R. eigentlich eben so wenig oder noch weniger als die vorhergehenden. Er spricht bei dieser Gelegenheit vorzüglich von dem Rahmen, der das Gemälde umgibt, und dadurch im Zusammenhange mit demselben stehet, daß Herr Fr. durch Symbole auf die Gedächtnisfeier dessen hindeutete, der sein Leben für unser Wohl dahingab, und der in dem Gemälde am Kreuze erscheint. Da die Bilder, deren sich der Künstler hiezu bediente, so klar und deutlich und jedem Christen bekannt sind, so sollte Herr v. R., der selbst die in seinem öfter angeführten Werke, über Malerei und Bildhauerei in Rom aufgeworfene Frage, wie weit der Künstler mit seinen allegorischen Bezeichnungen gehen dürfe? mit der Antwort abfindet: „So weit als er allen Menschen, die zu dem Genusse der schönen Künste berechtigt sind, verständlich zu bleiben glauben darf—" als devoter, zum Genusse der schönen Künste berechtigter Mensch und Christ nichts dagegen einzuwenden haben. Dessen ungeachtet nimmt der Kritiker an diesem Rahmen einen dreifachen Anstoß; erstens darum, weil er ihn für einen integrirenden

Theil des Bildes hält, ohne den (ihm wenigstens)
die Allegorie desselben unverständlich bleiben würde, zweitens, weil Herr Fr. demjenigen Bedeutung
und Interesse zu geben suchte, was nur dazu dienen
soll, das Bild zu begränzen und einzuschließen, und
drittens und hauptsächlich deswegen, weil er, wenn
er die Emblemik des Rahmens mit der Allegorie
des Bildes zusammensetzt, und die Tendenz des Ganzen erwägt, den Einfluß nicht verkennen kann, den
ein jetzt herrschendes System auf die Composition
des Künstlers gehabt hat, nemlich jener Mysticismus, von dem Herr v. R. bemerkt, daß er sich überall einschleiche, aus der Kunst wie aus der Wissenschaft, aus der Philosophie wie aus der Religion
gleich einem narkotischen Dunste entgegen witte-
re, und ihn für die Folgen der gegenwärtigen Zeit
zittern mache, weshalb er an diejenige erinnere,
welche gegen das Ende der römischen Monarchie den
Verfall der wahren Gelehrsamkeit und des Geschmacks herbeiführte.

Wenn es eine Eigenschaft aller Menschen von
wahrer Genialität und von schnell ergreifendem durch-
dringenden Verstande ist, daß sie sich leicht in die
Ideen und Ansichten Anderer zu finden wissen, daß
sie alles Neue für eignen Gewinn, für Bereiche-
rung ihres Wissens und ihrer Umsicht betrachten,
daß sie sich bei allen Erscheinungen mehr an das
Positive, an das Schöne und Eigenthümliche hal-

ten; daß sie leicht über das Mangelnde und Fehlerhafte wegsehen, und bescheiden von sich und ihren Talenten denken: so scheint es dagegen den Leuten, die als das vollkommene Gegentheil von diesen betrachtet werden können, eigen zu sein, daß sie jede Äußerung einer andern Meinung als die ihrige ist, für eine Beeinträchtigung ihres Wesens, für einen Eingriff in ihr Eigenthum betrachten, besonders wenn sie sich einmal mit Speculation befaßt, und Theorieen aufgestellt oder compilirt, und dadurch andern einen Weg vorgezeichnet und gangbar gemacht zu haben glauben. Wehe dem, der dann keine Rücksicht darauf nimmt, davon abweicht, und ihnen seinen Zoll nicht entrichtet.

Werfen wir nun im Allgemeinen einen Blick auf die Kritik des Herrn v. R., auf den urbanen, höflichen Ton, auf die Würdigung des Talents mit der er beginnt und zu bestechen sucht, auf die Anmaßung und Prätension, mit der er seine Sätze aufstellt, auf die Sophisterei, mit der er sie auseinander setzt, auf das Bild anwendet, und womit er am Ende dem Künstler alles und jedes Verdienst abspricht; ferner auf die Nichtigkeit seiner Behauptungen, die Inconsequenz, womit er z. B. die Künstler auf die Nachahmung des Raphael, Michel Angelo und der Carrache hinweist, nachdem er kurz zuvor gezeigt hat, wie unmöglich es sei, die frühern Meister nachzuahmen, weil sich in ihren Werken der eigenthümli-

che Character und Geist ihres Zeitalters ausgedrückt
habe, wie die Nachahmung derselben in unsern Ta=
gen nur geistlose Nachäfferei sein würde, ferner die
Feindseligkeit, mit der er den Bestrebungen neue=
rer Künstler begegnet, in deren Werken sich das Ei=
genthümliche ihrer Zeit, die höhern Ansichten der
Natur und der Wissenschaft zu entwickeln und zu
bilden anfangen, und wie er, der Vielgereiste, ohne
eine Ahndung von dem beständigen Wechsel der Din=
ge zu haben, bei diesen Erstlingen gleich vom Un=
tergang des guten Geschmacks, von Nacht und Bar=
barei spricht: so wird es wohl leicht sein zu bestim=
men, zu welcher Art der oben bezeichneten Geister
dieser Kunstkritiker zu rechnen sein möchte.

Ich habe geflissentlich selbst nichts bestimmtes
über Herrn Friedrichs Arbeiten aussprechen wollen,
weil ich glaube, dies gänzlich dem Publicum und der
Zeit überlassen zu müssen. Aber ich finde es, um mit
Arndt zu sprechen, menschlicher, in dem Höchsten
und Tiefsten zu irren, als sich nie von dem falschen
Boden elender Sicherheit versteigen; daher muß
uns jedes eigenthümliche Streben eines Mannes
von Talent und Kraft achtenswerth und interessant
sein, indem es uns selbst eine neue Ansicht von der
Kunst gibt; wir müssen ihn, wenn er es nur treu
und ernsthaft meint, auch in seinen erhabenen Irr=
thümern ehren, weil er sich selbst opfert, und sich
dem Tadel der nüchternen, polirten, untadelhaften

Gewöhnlichkeit Preis gibt, für eine Sache, die allen freien Naturen etwas mehr gilt als bloße Belustigung, und welche die heiligsten Gedanken des menschlichen Geschlechts, der Mit- und Nachwelt zu offenbaren, bestimmt ist. Ob im vorliegenden Falle wirklich geirrt worden sei, darüber läßt sich nach gewissen auf Treue und Glauben an Andre hingenommenen, oder aus eigenen engen Begriffen hervorgegangenen Regeln und Theorieen nicht absprechen. Gegen etwanige Nachahmer eines solchen Talents, würde ich mir inzwischen schon ein bestimmteres Urtheil erlauben. Auf welche Kraft sich übrigens der Übermuth des Herrn v. R. den Geschmack seines Zeitalters leiten und lenken, in seinem Fortschreiten oder Verfall aufhalten zu wollen, eigentlich stütze, das will ich nicht blos mit der Widerlegung dieser Kritik gezeigt haben, sondern dem Publicum noch ein Pot-pourri aus dessen gesammten Schriften über die Kunst hinzufügen, wodurch es, wie ich hoffe, selbst in Stand gesetzt werden soll, hierüber zu urtheilen.

Dresden, den 21. Febr. 1809.

Ferdinand Hartmann.

★

v. Ramdohr

Über kritischen Despotismus und künstlerische Originalität, als Beantwortung der Bemerkungen des Herrn von Kügelgen über eine von mir herrührende Kritik eines Gemäldes des Herrn Friedrich.

Gegen jene Kritik, die ich im Januar d. J. in die Zeitung für die elegante Welt habe einrücken lassen, sind zwei Aufsätze erschienen. Der erste vom Hrn. Maler Hartmann ist in den Phöbus, der andere vom Hrn. Maler von Kügelgen ist in die Zeitung für die eleg. Welt No. 49 vom 10. März d. J. eingerückt.

Ich würde des ersten nicht erwähnen, hätte sich Hr. v. Kügelgen nicht darauf bezogen, und ihm das Lob der Gründlichkeit beigelegt. Wer Lust und Freude an groben und schwerfälligen Witzeleien findet, den fordere ich selbst auf, diese Schrift zu lesen, und dann zu beurtheilen, ob Hr. Hartmann meine Gründe widerlegt, oder nicht vielmehr da, wo er mich zu widerlegen scheint, meinen Behauptungen einen ganz falschen und verdreheten Sinn beigelegt habe: zugleich aber auch zu entscheiden, ob die, unter Personen von guter Erziehung, unanständige Persiflage zur Sache gehört; ob die Zusammenstellung einiger Sätze, die aus ein paar Schriften gezogen sind, die ich in früher Jugend unter den drückend=

sten Berufsarbeiten geschrieben habe, und die aus
dem Zusammenhang gerissen sind, meine damalige
Unkunde in der Kunst beweise, und ob endlich frü=
here Urtheile, wenn sie auch noch so falsch wären,
mir das Recht nehmen, ein neueres auf Gründe zu
stützen. Nie werde ich auf Angriffe antworten, die
in einem Tone angefaßt sind, in den ich nicht ein=
stimmen mag. Nur zur Beruhigung des Verfas=
sers, der mich auffordert zu erklären, wer die Maler
sind, denen ich bei der Ausführung ihrer Werke ge=
wisse Fehler im Allgemeinen vorgeworfen habe, sey
es gesagt: daß mir die Werke des Hrn. Ferdinand
Hartmann dabei nicht in den Sinn gekommen sind.
Ich zweifle, daß diese irgend eine andre Kritik rege
machen werden, als diejenige, womit er, dem Ver=
nehmen nach, selbst seine Werke in dem Phöbus re=
zensirt, seine Werke, die der Wahl des Sujets und
der Behandlung nach gleich heilig sind.

Sacres ils sont, car personne n'y touche.

Von ganz andrer Art ist der Aufsatz des Hrn. von
Kügelgen, eine Stelle am Ende abgerechnet, die ich
übersehe, um des Anfangs willen. Denn dieser läßt
seinem Tone und seinem Gehalte nach eine Dis=
kussion zu.

Das Werk und das Talent des Hrn. Friedrich
müssen aber fortan völlig aus dem Spiele bleiben.
Es schmerzt mich, daß dieser brave Künstler sich ge=
kränkt fühlt. Ich habe ihm meine Achtung öffentlich

346

bezeugt, und sollte mich die Lebhaftigkeit, die in meinem warmen Gefühle für die Kunst liegt, zu einer zwecklosen Rüge in einigen, dem Systeme, das ich bestreite, gleichgültigen Punkten, und zu einer unbehutsamen Wahl im Ausdrucke fortgerissen haben; so versichere ich ihn hier ebenso öffentlich, daß es mir leid thun würde. Inzwischen können Rücksichten auf das persönliche Zartgefühl des Künstlers, den Kritiker unmöglich aufhalten, da wo er allgemein nützlich zu seyn glaubt, sein Urtheil frei und öffentlich zu sagen.

Und hier noch zum Schluß ein aufrichtiges Geständnis. Getrauet sich Hr. Friedrich auf dem Wege, den er eingeschlagen hat, und den ich getadelt habe, zur Unsterblichkeit zu wandeln; so bin ich von seinem Genie und seiner Selbständigkeit überzeugt, meine Kritik wird ihn nicht irre machen.

Meine Worte werden vergessen werden und seine Werke werden leben. Glaubt er aber einen andern Weg einschlagen zu müssen; so bin ich von seiner edlen Denkungsart ebenso überzeugt, er wird mir nach zehn Jahren danken, ihn einige Jahre früher auf denjenigen Irrweg aufmerksam gemacht zu haben den er am Ende selbst entdeckt haben würde.

Hr. von Kügelgen wirft mir kritischen Despotismus vor. Was heißt hier Despotismus? Ich kenne dreierlei Arten desselben, die besonders in Deutschland herrschen. Der ärgste ist der Despotismus der

Anarchie des Geschmacks und des von ihm geheilig=
ten Grundsatzes: leben und leben lassen. Dieser
will, wir sollen jede Abentheuerlichkeit in Kunst und
Wissenschaft dulden und tragen, entweder weil doch
aus dem Chaos durch Zufall ein Genie hervorwach=
sen könne, oder damit der liebe, augenblickliche Frie=
de, und der tägliche Broterwerb nicht gestört werde.

Dann kommt der Despotismus des Parteigeistes.
Wehe dem, der die Vortrefflichkeit irgend eines
Mitgliedes des auserwählten Häufleins bezweifelt!

Endlich folgt der Despotismus des Künstlers oder
Autors, der eine gewisse Celebrität besitzt. Das [...?]
soll ein Diktatorspruch, seine Billigung ein Pallad=
um für jeden sein, der sich ein billigendes Wort von
ihm zu verschaffen gewußt hat, das doch eben so oft
aus Mitleid, als aus wahrer Achtung gegeben wird.

Unter keinen Despotismus dieser und jeder andern
Art werde ich je meinen Nacken beugen, mir aber
auch eben so wenig die Theilnahme daran erlauben.

Ich habe das Gefühl gehabt, mit vielen sehr ge=
schickten Künstlern in vertrauteren Verhältnissen zu
leben, und sie meine Freunde nennen zu dürfen, ohne
jemals ihr Parteigänger zu werden. Der große Be=
weis davon ist, daß ich mit diesen französ. Künst=
lern in Verbindung stehe, und dennoch in meiner
Kritik des Friedrichschen Werks mehrere, hauptsäch=
lich der neueren französ. Schule vorzuwerfende Feh=
ler, besonders in Ansehung des Begriffs von der

Nachahmung der Natur und dem Arbeiten nach Modellen, gerügt habe. Ich weiß daher nicht, aus welchem Grund Hr. v. Kügelgen glaubt, daß ich mir das Recht zueigne, über ein Kunstwerk abzusprechen. Mit dürren Worten habe ich im Anfang meiner Kritik gesagt: es sey Pusillanimität zu schweigen, für jeden Mann, der glauben dürfe, durch Darlegung seiner Gründe Kunst und Wissenschaft in ihrer fehlerhaften Richtung aufzuhalten. Auf der andern Seite kann ich mir aber weder durch das Werk einer ganzen Schule, noch eines geschickten Künstlers, imponiren lassen. Gründen gebe ich gern nach[1]). Aber auf den bloßen Ausspruch der Werkverständigen kann es in Sachen des Geschmacks nicht ankommen. Nicht jeder, der ein schönes Kunstwerk hervorbringen kann, wird deshalb über das Werk eines andern Künstlers ein mit Deutlichkeit und Bestimmtheit motivirtes Urtheil fällen. Käme es wirklich auf Autoritäten an, so würde es mir ein Leichtes seyn, sehr ehrwürdige Namen in und außerhalb Dresden als Unterschriften unter meine Meinung aufzustellen.

[1]) Ich habe selbst den hiesigen Hrn. Bibliothekssekretär Semler aufgefordert, einige Zweifel, die er mir mündlich gegen die Richtigkeit meiner Grundsätze, in Ansehung der Allegorien, mitgeteilt hat, öffentlich bekannt zu machen. Ich wiederhole diese Aufforderung an diesen von mir wegen der Zartheit seines Gefühls und seiner ingeniösen Ansichten der Natur und Kunst sehr geschätzten Mann.

Hr. v. Kügelgen wirft mir ferner vor, dem Streben des Künstlers nach Originalität durch Regeln Schranken setzen zu wollen, die aus den Werken großer Meister abstrahiert sind. Er thut mir Unrecht.

Ich bin so gut wie er ein Widersacher desjenigen, was man gewöhnlich System nennt, im Grunde aber weiter nichts ist, als eine Sammlung von Maximen, die als Lehr- und Verfahrungsmethode aufgestellt wird. Ich habe es von jeher getadelt, wenn der junge Künstler angelehrt wird, die Natur ebenso anzusehen, wie sein Lehrer, oder wie dieser oder jene große Meister sie angesehen hat. Selbst der Styl der größten Meister wird zur Manier, wenn der Lehrling angewöhnt wird, sich in denselben Styl hineinzustudiren, oder wenn man die Werke des reifen Künstlers bloß nach der Vergleichung mit Werken älterer vortrefflicher Meister beurtheilt. Also lege ich einen eingeschränkten Werth auf Alles dasjenige, was zwar die Autorität großer Meister für sich hat, auch unstreitig aus guten Gründen als ein zweckmäßiges Mittel vertheidigt werden mag, und sogar eine erprobte Erfahrung für sich hat; aber durchaus nicht wesentlich ist. Dahin gehören so manche Vorschriften der Kunstschulen über die Art, wie die Contoure der Figuren geschwungen, wie Massen durch willkürliche Auslassung des Details, welches doch jeder sieht, vergrößert, wie die Farben nebeneinander gestellt und aufgetragen, wie die Lichter ausgetheilt, wie die Gruppen angeordnet werden sollen usw. Gegen die unbedingte Befolgung solcher bloßen Maximen werde ich mich ewig erklären. Aber so viel Freiheit ich dem Künstler hier einräume, so unbedingt halte ich ihn an solche Gesetze gebunden, welche nicht, wie Hr. v. K. zu wähnen scheint, von den großen Meistern erfunden, sondern durch das richtige Gefühl der Natur der Kunst wie durch eine Art von künstlerischem Gewissen, ausgefunden sind. Will Hr. v. K. dem Künstler erlauben, diese heiligen Gebote zu überschreiten, um original zu werden; so wird er an seiner Seite umso gefährlichere Ungeheuer entstehen sehen, als es in der Art jeder Licenz in der wirklichen, wie in der ästhetischen Welt liegt, daß der Nachfolger des ersten Aufsehn machenden, Revoluzionärs, immer seinen Vorgänger an Abentheuerlichkeit übertreffen muß, um wieder als Original zu erscheinen.

Dunkel scheint mir die Stelle, worin Hr. v. K. redet: „von dem geistigen Leben des Künstlers, und seiner Befugnis, nach seiner Idee, nach seinem Gefühle, welches man doch erkennt, auch die äußere Form auf seine Weise zu bilden.“ Ich weiß, daß die Anlage des Menschen, die sichtbaren Gegenstände auf eine ihm eigenthümliche Art aufzugreifen, und mit dem Zusatze seines Gefühls, wenn ich so sagen darf, verschmolzen, dem Beschauer wieder zu liefern, das charakteristische Kennzeichen des großen Künstlers ist, und ich bin mit ihm einverstanden, daß diese Kraft einem Mengs und Hackert fehlte, und einen Raphael und Claude Lorrain auszeichnete. Aber die Befugnis des Künstlers in der Mitteilung seines, wie Hr. v. K. es nennen will, geistigen Lebens, kann nicht weiter gehen, als zur Erweckung des Gefühls bei dem Beschauer: ich habe zwar dasjenige, was ich in dem Bild sehe, in der Natur nicht selbst bemerkt, aber ich hätte es sehr gut bemerken können, wenn ich mit den Augen und mit dem Herzen des Künstlers gesehen hätte. Je leichter die Beziehung des Nichtbemerkten mit dem Bemerkbaren dem Beschauer wird, um desto schätzbarer ist das Werk. So wenigstens sprechen mich die Werke eines Raphael an. Gerade auf diese Art, sag ich mir, wird die Scene in der Natur mir wahr und interessant, gerade so müßte sie jeder, der sie sieht, auffassen, wie kann man anders? Und doch ist meine Aufmerksamkeit auf dasjenige, was mir hier das Bild so anschaulich und fühlbar macht, entweder garnicht, oder schwach und vorübergehend in der Natur geleitet worden!

Ganz von verschiedener Art aber ist dasjenige, was man eigentlich geistiges Leben nennt, ein Zu-

XXVII

stand von Zurückgezogenheit von der wirklichen Welt, um in einer phantastischen mit abstrakten Ideen, Chimären, Hirngespinsten zu leben. Ein Zustand, worin man bei dem Studium der Natur immer davon ausgeht, etwas darin zu finden, was mit jenem geistigen Leben in Beziehung steht. Unmöglich kann Hr. v. K. demjenigen, der, wie einige französische, englische und auch deutsche Künstler in solchen Schöpfungen bloß ingeniöser oder schwärmerischer Träumereien ihren Anspruch auf poetisches Talent gründen, das Recht gestatten den Gespenstern, womit sie täglich hausen, eine Form zu bilden. Wenigstens hat dieses geistige Leben mit demjenigen, was wir altfränkisch, Kunstgenie nennen, nichts gemein.

Der Satz, wes das Herz gibt, spricht zum Herzen, ist viel zu allgemein als daß er der regellosen Originalität zur Schutzwehr dienen könnte. Es ist nur insofern abwendbar, als die übrigen Bedingungen eines schönen Kunstwerks erfüllt werden. Was spricht mehr zum Herzen als die Darstellung der moralischen Natur in den englischen illuminirten Kupferstichen? Daß sie den Erfindern von Herzen gegangen sind, wird Niemand leugnen. Dennoch verwirft Hr. v. K. diese als schöne Kunstwerke. Er kann sich versichert halten, daß ich seinen Geschmack völlig theile.

Ich habe nicht gesagt: Hr. Friedrich hat nach

einem Modelle von Thon oder Wachs gearbeitet; sondern ich habe gesagt: nur unter dieser Voraussetzung kann ich mir die Verfahrungsart des Malers erklären. Es kommt ja garnicht darauf an, ob der Künstler die Natur studirt hat, sondern darauf, wie er sie studirt hat.

Daß ich der Landschaftsmalerei den Weg in die Kirchen versperren will, darüber sollte doch wahrlich ein Geschichtsmaler nicht mit mir rechten. Wo will dieser noch Gelegenheit finden, seine größeren Kompositionen anzubringen, wenn die im Ganzen wohlfeilere und schneller zu verfertigende Landschaft denjenigen Platz einnimmt, den die Geschichte doch unstreitig würdiger anspricht? Wer muß hier nicht an den Vitruv, und an seine Klagen über die redactio artis in compendium denken! Bald wird man die Kirchen auch mit Arabesken schmücken dürfen. Wenigstens unterstehe ich mich mit den nämlichen Gründen, womit man meine Meinung bestritten hat, auch die Aufnahme der Arabesken in heilige Stäten vertheidigen zu könen.

F. W. B. v. Ramdohr.

✱

Rühle v. Lilienstern

Dresden. Künstlerstreitigkeiten. Herr von Ramdohr und Friedrich. Geschichte eines von letzterem angefertigten Gemäldes.

Dresden, den 1. März 1809.

Auch ohne deine ausdrückliche Aufforderung, meine theure Ernestine, würde ich dir in diesem Briefe von Friedrichs Angelegenheiten ausführlich geredet haben, da es eine Sache ist, die nicht allein mein einzelnes Gemüth, sondern das gesamte kunstliebende Publikum in Anspruch genommen hat, und wohl dazu geeignet ist, noch für einen ausgedehnteren Kreis Interesse zu erregen. Mehrere Stellen deines Briefes zeigen mir, auf der einen Seite, wie lebhaft Ihr, Du nämlich und die ganze Familie, Anteil nehmt an diesem Vorfall. Auf der andern Seite aber, ist es mir nicht entgangen, daß Beringer, (der, wie es ihm denn auch am ziemlichsten ist) ganz auf Hr. v. Ramdohrs Seite steht, mir bereits zuvorgekommen sein muß, und Euch die ganze Sache von seinem Standpunkt aus und in seinem Lichte dargestellt hat. Ein langer Brief vom Vetter Ferdinand, der sich zwar stellt, als sei ihm blos das zu Ohren gekommen, was Hr. v. R. in das Januarstück der Zeitung für die Elegante Welt (No. 12—15) hat einrücken lassen, befestigt meine

Vermutung nur noch mehr und erhebt sie fast zur Gewißheit. Ich habe mir vorgenommen, diesem ausführlich über den Ramdohrschen Aufsatz und die darin zur Sprache gebrachten Gegenstände zu antworten, und da Ihr so nahe beisammen seid, muß ich Euch insgesamt darauf verweisen. Für dich habe ich einstweilen blos die einfache und wahrhafte Erzählung des ganzen Vorganges bestimmt, ohne welche keine wahre Einsicht und kein vollständiges Urtheil möglich sind.

So viel wird deinem unbefangenen Gemüthe bei aufmerksamer Durchlesung des Aufsatzes in der Eleganten Zeitung nicht entgangen sein, daß sein Verfasser es eigentlich nicht ausdrücklich mit Friedrich, mit seiner Kunst und seinen Gemälden überhaupt zu tun hat, sondern daß sein Zorn vielmehr auf ein verderbliches System, auf eine immer mehr um sich greifende, dem Gesamtwohl der Kunst und der Menschheit sogar höchst gefährlich drohende Meinung, auf eine ganze Klasse von Menschen gerichtet ist, deren Tun und Denken dem seinigen diametral entgegenstrebt, und daß er eines einzelnen Gemäldes, welches hier in der Stadt Aufsehen erregte, sich blos als eines Vehikels bedient, seinen langen und vielfach verhaltenen Groll auf eine bequeme und vielen eindrücklichere Weise auszulassen. Nebenbei aber leuchtet ebenso deutlich aus der mühsamen und ausführlichen Analyse des Friedrichschen

Gemäldes (die, nach einzelnen belobenden Worten über die Talente und den Genius des Künstlers, sich in einen Strom von Schmähungen ergießt, und in einem Reichtum von Konsequenzen erschöpft, welche nicht allein mit dem vorangeschickten Lobe im völligen Widerspruche stehen, sondern auch dem Gemälde in keinem erdenklichen Sinne einen guten Faden lassen) noch ein anderes Bestreben hervor, das fast nicht zu deuten ist, in wiefern man ihm nicht die Absicht unterlegt, den achtungswerten Künstler in seinem innersten Gemüte zu kränken, ihn vor der Welt lächerlich zu machen, und seinen eben im Aufkeimen begriffenen Ruf zu ersticken. Bei einem Aufenthalte von mehreren Monaten hier an demselben Orte, wo Friedrich lebt, und allgemein geschätzt wird, war es Hr. v. R. nicht eingefallen, sich mit dem Künstler selbst, mit seiner Kunst und seinem Streben überhaupt bekannt zu machen, selbst bei Veranlassung dieses Bildes nicht, und mit einem Male tastet er ihn in der Tendenz seiner Kunst, in seinem Streben und in seiner Persönlichkeit auf die allerunfreundlichste und für ein so zart verletzliches Gemüt allerschmerzlichste Weise an. So wenig das Gefühl einer Mutter es dulden wird, daß man über ihr unmündiges Kind mit Schlägen herfällt, so wenig mag es der Künstler wagen, wenn sein in Liebe und zudem so ohne alle Anmaßung wie dieses, erzeugtes sorgfältig

357

ausgebildetes Werk öffentlich so mißhandelt wird, als es von Hr. v. R. geschehen ist. Zarte Gemüter sprechen ihr Urtheil selbst über selbstlose Gegenstände, deren Urheber längst verschollen sind, mit Schonung aus, wofern nicht durch Schrift und Tradition, der Geist frevelnder Absicht oder alberner Prätensionen, der im Künstler überhaupt oder gerade bei diesem Produkte obgewaltet hatte, zugleich mit auf die Nachwelt vererbt ward, und solchergestalt ein Recht oder ein Anlaß vorhanden ist, in einem angemessenen Tone zu reden.

Das Werk eines noch lebenden Künstlers aber ist keine leblose Sache, kein fühllos unempfindliches Ding, es ist durch die zartesten Fäden mit dem Leben und dem Gemüte seines Urhebers verknüpft, und wenn man auf griechische Urbanität pochend, dem Künstler ansinnen möchte, aus Achtung für den freien Umgang der Kunstübung und der Kunstkritik, mit Gleichmut das Leid hinzunehmen, das seinem Werke angetan ward, so kann diese Zumutung nur einzig unter der Bedingung zur allgemeinen Regel werden, daß nun auch diejenigen, welche Anspruch auf das gleich ehrwürdige Amt eines erfahrenen und gebildeten Kunstrichters machen, ihr Urteil mit möglichster Feinheit, Schonung und Behutsamkeit aussprechen, und vor allen Dingen die Persönlichkeit des Künstlers unangetastet lassen.

Unter jeder anderen Bedingung würde es ein

falsches Prinzip sein; und welch ein schlechter Gewinn für die Menschheit daraus resultiert, wenn
die süßliche, weder heidnisch noch christlich gerechte
Ansicht überhand nimmt, alles gutwillig zu dulden
und ohne ernstliche Rüge hinzunehmen, was andere
für gut und dienlich finden, über uns zu verhängen,
davon liefert der Augenschein und der vormalige
Zustand aller menschlichen Angelegenheiten einen
nur zu bedeutsamen Beleg.

Ferner wirst du dich erinnern, wie bei der vor
zwei Jahren stattgehabten Gemäldeausstellung durch
eine ähnliche Veranlassung in dem bis dahin fried-
lichen Verein der hiesigen Künstler eine unangenehme Störung zuwege gebracht wurde, welche die
Folge hatte, daß einige der ausgezeichnetesten hiesigen Maler den Entschluß faßten, nichts mehr von
ihren Arbeiten in diese Ausstellung zu geben, sondern sie lieber in ihrer eigenen Behausung zur öffentlichen Schau auszustellen.

Auf jene nämliche öffentliche Ausstellung hatte
Friedrich eine völlig ausgeführte Landschaft in
Sepia gegeben, (als derjenigen Art der Malerei,
der er sich bis dahin ausschließlich gewidmet hatte)
die wegen ihrer Abweichung von der meist üblichen
Form landschaftlicher Komposition schon damals
ganz verschiedene, und von den Jüngern der Schule
zum Teil lieblose Urtheile hatte erleiden müssen.
Friedrich, ohne sich irgend einer fremden Autori-

tät hinzugeben, folgt bei der Wahl seiner Gegenstände ganz seinem eignen lebendigen Gefühle, und dem Fingerzeige der Natur. Was hier sein Gemüt bewegte, trägt er sodann auf eine geniale, und ihm völlig eigentümliche Weise auf das Papier, und in wiefern es ihm nur gelingt, das in sichtbaren Zeichen ihm selbstgenügend wieder auszusprechen, was als vollendetes Bild vor seiner Phantasie geschwebt hatte, hat noch keins seiner Gemälde eines höchst gemütlichen Ausdrucks und eines ungeteilten Beifalls, zumal von Seiten der zartempfindenden und weniger durch früh und aus verehrter Quelle eingesogene Vorurtheile befangenen Frauen verfehlt. So hatte auch diese erwähnte Sepiazeichnung das Glück, einer der ausgezeichnetsten, gebildetsten und feinfühlenden Frauen Dresdens vor allen andern so wohl zu gefallen, daß sie bei ihrer unlängst erfolgten Vermählung den Wunsch geäußert hatte, diese Zeichnung zu besitzen. Sie hatte diesen Wunsch mit einer so großen Lebhaftigkeit und so bezeichnend ausgesprochen, daß ihr junger Gemahl, der eben im Begriff stand, auf einem seiner an der sächsisch-böhmischen Grenze gelegenen Schlösser eine kleine Hauskapelle für sie einzurichten, sie nicht angenehmer überraschen zu können glaubte, als wenn er diese Zeichnung zum Altarblatte dieser Kapelle bestimmte. Nach manchem Widerstreben von Seiten Friedrichs, der nur malt und zu seiner Genugtu-

ung schaffen kann, wenn er aus eignem Antriebe,
ohne einen von außen her bestimmten Zweck, sondern durch unwillkürliche innere Begeisterung dazu angetrieben, den Pinsel ergreift, kamen indessen
beide Teile über Form und Größe und auch darin
überein, daß das Bild in Öl und farbigem Kolorit
ausgeführt werden solle, worin Friedrich, nach
einem Studium von wenigen Monaten, bereits
einige für die Zukunft gar viel versprechende Versuche gemacht hatte. Der Vorschlag Friedrichs,
durch einen eigens für das Bild ausgeführten Rahmen, dasselbe mit der ganzen kleinen Kapelle in
Harmonie zu bringen, und mit derselben gewissermaßen organisch zu verknüpfen, ward mit Enthusiasmus aufgenommen. Mehrere Freunde Friedrichs wünschten das Bild, ehe es aus Dresden wan-
dere, in seiner Vollendung, und vornehmlich waren
sie neugierig, es in der ihm bestimmten Einfassung zu sehen. Friedrich protestierte zwar anfangs
dagegen, weil er das ganze Bild, wie es da war,
auf die gesamte Umgebung seines künftigen Be-
stimmungsortes berechnet hatte, und demselben,
aus jenem Zusammenhange herausgerissen, und in
einem auf keine Weise dazu adaptierten Zimmer
aufgestellt, ein großer Teil des beabsichtigten Ef-
fektes entgehen mußte. Er gab indessen, den dringenden Wünschen seiner Freunde und Bekannten nach,
und da sich die Zahl der Seheluftigen täglich ver-

mehrt hatte, entschloß er sich, es in seiner Abwesenheit einige Tage lang in seiner Wohnung zum Anschauen hinzustellen. Der üblen Einwirkung der völlig weißen Wände seines kleinen Zimmers in etwas zu begegnen, und die Dämmerung der durch Lampen erleuchteten Kapelle, so gut sichs tun ließ, nach= zubilden, ward ein Fenster verhängt, und über den Tisch, auf welchen das Gemälde, das für eine gewöhnliche Staffelei ohnehin viel zu schwer ge= worden war, aufgerichtet ward, ein schwarzes Tuch gebreitet. So hat es auch Hr. v. R. gesehen. Die Würdigung und Widerlegung seiner dabei ange= stellten Bemerkungen wirst du in meinem Briefe an Ferdinand antreffen. — Hier gehört nur noch die= ses her, daß, ungeachtet Friedrich selbst weder die Ausführung des Bildes noch die des Rahmens zu seiner ganz ungeteilten Zufriedenheit gelungen fühlte, beiden dennoch ein sehr allgemeiner und lebhafter Beifall zuteil ward. Noch jetzt habe ich mehrere mit Enthusiasmus davon reden hören und zu einer nicht geringen Genugtuung muß dem Künstler einerseits die laute und vielstimmige Miß= billigung gereichen, mit der das hiesige Publikum die Bemühungen des Hr. v. R. aufgenommen hat, und andrerseits der uneigennützige und ausgezeich= nete Eifer, mit dem ein großer Teil der achtungs= wertesten Künstler seine Verteidigung sich wie eine eigne Ehrensache hat angelegen sein lassen.

Rühle v. Lilienstern

Nähere Beleuchtung der von Ramdohrschen An=
tastung eines Friedrichschen Gemäldes. Genie und
Genius. Mittelmäßigkeit, die schlechteste aller Einseitig=
keiten. In der Kunst gesetzliche Freiheit.

An Ferdinand.

Dein langer und ausführlicher Brief hat mir
ungemeine Freude gemacht. Weit entfernt, über
deine gut gemeinten Rügen entrüstet zu seyn, weiß
ich dir im Gegenteil herzlichen Dank dafür. Nur
tut es mir leid, Dir — deiner Aufforderung, mich
offenherzig gegen Dich zu erklären, gemäß — ge=
stehen zu müssen, daß Du mich keineswegs über=
zeugt hast, und daß ich, einige ganz unbedeutende
Dinge ausgenommen, fast nirgends deiner Mei=
nung seyn kann.

Du wirfst mir vor, daß ich in der Angelegenheit
Friedrichs gegen Herrn von Ramdohr mit
meiner gewöhnlichen Vorschnelle und Leidenschaft=
lichkeit Parthei ergriffen habe. Hast Du denn das
nicht auch getan, nur gerade die entgegengesetzte?
Ist denn partheilos und unpartheiisch nicht etwas
ganz Verschiedenes? und sollte man im guten
Sinne nicht stets Parthei ergreifen? nämlich die=

jenige, auf deren Seite das Recht ist, oder wo man wenigstens glaubt, daß es sey. — Daß dieses Partheiergreifen indessen von meiner Seite nicht voreilig und unüberlegt, sondern umgekehrt mit voller Besonnenheit geschehen ist, will ich mich bemühn, Dir darzuthun. Du wähnst, „ich sey aller Kritik abgeneigt, und verwerfe sie unbedingt." Gott behüte! Im Gegentheil bin ich überzeugt, daß eine gesunde, wohlerwogene, und vorurtheilsfreie Kritik, dem Gedeihen der Kunst sowohl in theoretischer als praktischer Hinsicht, durchaus heilsam, und ersprießlich sey. Oder: „nur dem Künstler sey es erlaubt, seinen Genius frei walten zu lassen, während der Kritiker scheu auftreten solle, kaum ein vernehmliches ausgesprochenes Urteil von sich gebend, und wenigstens so lange der Richtigkeit seiner Kunstansichten mißtrauend, bis er allgemein anerkannte Celebrität erworben habe." — Eben so wenig! Soll denn aus dem Kritiker nicht ebensowohl ein Genius reden, als aus dem Künstler, und wodurch mag sich denn das Dasein desselben in ihm bewähren, als eben durch die unbefangene That, durch seine Kritik? Jeder thue, was er nicht lassen kann; jener schaffe, dieser urtheile! Jedoch, da der Kritiker allein der anmaßende, der angreifende Theil seyn kann, während der Künstler und sein stummes Kunstwerk, der Natur der Sache nach, bloß die leichter verletzlichen sind, so ziemt es allerdings dem Kunstrichter, inwiefern er Beförderer des Schönen seyn will, sich Wahrheit, Behutsamkeit und zarte Bescheidenheit zur unerläßlichen Pflicht zu machen.

Du tadelst, daß ich in meinem Briefe an Erne-stine mich desselben Fehlers gegen H. v. R. schuldig mache, dessen ich ihn gegen Friedrich zeihe, und daß ich ihn vornähmlich ungerechter Weise irgend einer feindseligen hämischen Absicht gegen Fried-rich anschuldige, da er doch ausdrücklich das Gegen-teil behaupte, und Beringer aus unverwerflicher Quelle wissen will, daß ihm dies nie in den Sinn gekommen sey. Das kann wohl möglich seyn, allein des Menschen innere Absicht bei seinem Thun und Lassen ist allein dem Himmel unverborgen, wir aber sollen uns an seine Werke halten und auch an seine Worte, inwiefern sie als Werke zu betrachten sind. Es war anfangs meine Absicht, die Ramdohr-schen Bemerkungen Schritt für Schritt durchzu-gehen, und dabei meine Glossen hinzuzufügen. Herr Hartmann ein hiesiger Maler, ist mir indessen zuvor gekommen, und hat eine ähnliche Analyse im zweiten Hefte des Phoebus mit so vieler Geschick-lichkeit und Gründlichkeit durchgeführt, daß ich mich dieser Mühe größtentheils überheben, und Dich auf seine Aussprüche verweisen kann, denen ich vollständig beipflichte. „Werfen wir (heißt es

[S. 342 oben]) im Allgemeinen einen Blick auf die Kritik des H. v. R. auf den urbanen höflichen Ton, auf die Würdigung des Talents, mit der er beginnt und zu bestechen sucht, auf die Anmaßung und Prätension, mit der er seine Sätze aufstellt, auf die Sophisterei, mit der er sie auseinandersetzt, auf das Bild anwendet, und womit er am Ende dem Künstler alles und jedes Verdienst abspricht; ferner auf die Inconsequenz, womit er z. B. die Künstler auf die Nachahmung des Raphael, Michel Angelo, und der Carrache hinweist, nachdem er kurz zuvor gezeigt hat, wie unmöglich es sey, die frühern Meister nachzuahmen, weil sich in ihren Werken der eigenthümliche Charakter und Geist ihres Zeitalters ausgedrückt habe, wie die Nachahmung derselben in unseren Tagen nur geistlose Nachäfferei seyn würde; ferner die Feindseligkeit, mit der er den Bestrebungen neuerer Künstler begegnet, in deren Werken sich das Eigenthümliche ihrer Zeit, die höhern Ansichten der Natur und der Wissenschaft, zu entwickeln und zu bilden anfangen usw., so wird sich leicht bestimmen lassen, zu welcher Art von Geistern dieser Kunstkritiker zu rechnen seyn möchte" usw.

Weil Du, der Du das Bild, von dem die Rede ist, garnicht kennst, mir indessen mehrmals entgegenstellst, daß H. v. R. dem Künstler Gerechtig-

keit widerfahren laſſe, und nur das wirklich Ta=
delnswerte ſeines Bildes rüge, ſo mögen denn doch
ganz kürzlich hier zu deiner beſſern Einſicht das
Lob und der Tadel nebeneinander geſtellt werden.

Zum Lobe wird geſagt: „das Bild ſey weder
gewöhnlich, noch ſchlecht, (ſonſt würde H. v. R. ge=
ſchwiegen haben;) es ſey nicht ohne Effect, nicht
ohne verführeriſchen Zauber für Auge und Phan=
taſie, nicht ohne Ahnung eines ungewöhnlichen Ta=
lents in dem Künſtler; es weiche von der gewöhn=
lichen Bahn ab, es eröffne eine neue Anſicht von
der Landſchaftsmalerei; es zeuge von einem phan=
taſiereichen, gefühlvollen Künſtler; er kenne zwar
dieſen Künſtler nicht, aber er habe allgemein von
ſeinem Charakter, von ſeinen Schickſalen, von ſeinen
Talenten mit Achtung reden hören, und ſein Bild
beweiſe, daß er das beſitze, was Diderot das
„Geheimniß“ nannte.“ —

Und nun der Tadel: „Die Tendenz, welche Fr.
Talent nehme, ſey dem guten Geſchmack gefährlich,
raube dem Weſen der Malerei ihre eigenthümlich=
ſten Vorzüge, ſtehe mit einem Geiſte in Verbin=
dung, der die unglückliche Brut der gegenwärtigen
Zeit und das ſchauderhafte Vorgeſicht der ſchnell her=
aneilenden Barbarei ſey; er habe in ſeinem Altar=
blatte allen (freilich Rahmdohrſchen) Grund=

säßen recht absichtlich und geradezu entgegen gehandelt, alle Luftperspective verbannt, sich durch
übel verstandene Sparsamkeit zu einer fehlerhaften
Wahl hinreißen lassen, gar keinen Standpunkt angenommen, oder annehmen können; bei der Beleuchtung des Kruzifixes völlig gegen die ersten
Regeln der Optik gesündigt, — die Wolken seyen
ohne wahre Form und Farbe, der Himmel ohne
alle Harmonie, die Erdmasse alles Lichtes beraubt,
platt und ohne alle Rundung, im schreiendsten
Contraste mit dem Himmel, und um die Tageszeit
zu erkennen, müsse man darunter schreiben: hier ist
Morgen! Ferner: wie der Geschichtsmaler, der in
Ermangelung lebender Modelle, sich bald von
dieser Person eine Hand, bald von jener das Haar
zusammenbettelt, die abenteuerlichste Alfanzerei von
der Welt hervorbringe, so habe Friedrich, da er
des Berges nicht habhaft werden können, sich mit
einem Modelle von Thon oder Wachs beholfen,
statt der Bäume, die nicht gut zu transportieren
waren, Tannen und Fohrenspitzen, statt der Granit-
felsen, einzelne Granitkiesel und Moos eingedrückt;
dann habe er hinter diese Masse ein künstliches
Licht gestellt, und nun sich davor, und — fleißig
porträtiert. Daher seyen denn auch keine Tannen
und Felsen, sondern Silhouetten ohne Rundung
und höchstens Exemplare zu einem Herbario oder
mineralogischen Cabinette daraus geworden." —

XXVIII

Jetzt frage ich Dich, ohne der Anschuldigung „des Schleichens in die Kirchen und des Kriechens auf die Altäre" weiter zu erwähnen, — ob dies gerecht und consequent seyn heißt, ob man nicht gerade eben dasselbe von der elendsten Sudelei hätte aussagen können, und ob es nicht die gröbste Satire auf den Geschmack des Dresdner Publicums wäre, wenn so ein Bild Jemanden, der nicht zum untersten Pöbel gehörte, hätte gefallen können? Freilich gesteht H. v. R. selbst: „Daß er sich gegen Fehler erhebe, die das Bild zum Theil nicht zeige, die aber mit denjenigen, die ihm eigenthümlich sind, im nahen Zusammenhange stehen." Wenn ihn also sein Beruf und seine Furcht vor dem Verdachte der Pusillanimität so weit treiben konnten, daß er ohne weitere Veranlassung an einem einzelnen prätensionslosen Werke seinen Zorn unbedenklich gegen alle Fehler ausläßt, die es enthält und nicht enthält, so hätte er auch so viel Billigkeit und feines Gefühl haben sollen, sich mit den anderweitigen Vorzügen und Vortrefflichkeiten des Herrn Friedrichs bekannt zu machen, die gerade dies einzelne Bild auch nicht aufweisen mochte. So hätten der Künstler und das Publicum wenigstens die scheinbare Absicht wahrgenommen, Feindseliges mit Freundseligem ausgleichen zu wollen. Wo ist aber von solcher Gesinnung eine unverdächtige Spur? Oder meinst Du, daß es abgetan sey mit

einem: „Wackrer Friedrich!" und der vornehm-
geringschätzigen zweideutigen Erklärung: „daß es
ihm leid tun würde, wenn ihn die Lebhaftigkeit,
die in seinem warmen Gefühle für die Kunst liege,
zu einer zwecklosen Rüge in einigen, dem Systeme,
das er bestreite, gleichgültigen Puncten, und zu
einer unbehutsamen Wahl im Ausdrucke hingerissen
haben sollte; daß inzwischen Rücksichten auf das
persönliche Zartgefühl des Künstlers ihn, den Kritiker, unmöglich aufhalten könnten, da sein Urtheil
frei und öffentlich zu sagen, wo er allgemein nützlich zu seyn glaube"?

Im Märzstück der Zeit f. d. eleg. Welt S. 447
— Eben da fordert H. v. R. alle diejenigen,
„welche Lust und Freude an groben und schwerfälligen Witzeleien finden," selbst auf, die Schrift
des Herrn Hartmann im Phoebus nachzulesen.
Daran hat H. v. R. nicht wohlgethan, denn einmal
möchte der Witz des Herrn H. allerdings etwas
schwerer ins Gewicht fallen als der des H. v. R.
und sodann werden sich alle diese Leser durch den
Augenschein überzeugen müssen, daß H. v. R. eine
Unwahrheit behauptet habe, wenn er Herrn H.
anschuldigt, im Phoebus der Selbstrecensent
seiner Werke zu seyn. Im ganzen Phoebus
kommt keine Recension eines Hartmannischen Gemäldes vor, am wenigsten von ihm selbst, man

müßte denn die Art und Weise, wie Hr. H. den Hrn. v. R. in dem „Noth= und Hilfsbüchlein für Künstler und Kunstliebhaber in Mildheim" als Kritiker zu construiren bemüht gewesen ist, für ein Gemälde gelten lassen. Damit sich indessen Hr. v. R. nicht beschweren möge, daß hier ein Anonymus gegen ihn zu Felde ziehe, dessen er nicht wiederum habhaft werden könne, so sey ihm hier= mit zur Nachricht, daß ihm im Adreßcomptoir zu Dresden über Ernestinens Bruder keine ihm ersprießliche Auskunft soll vorenthalten werden.

Daß Hr. v. R. die sich selbst aufgeworfenen Fragen: „1. Läßt sich die angegebene Naturscene malen, ohne die wesentlichen Vorzüge in der Ma= lerei und besonders der Landschaftsmalerei, aufzu= opfern? 2. Ist es ein glücklicher Gedanke, die Land= schaft zur Allegorisirung einer bestimmten religiö= sen Idee, oder auch nur zu Erweckung der Andacht zu gebrauchen? 3. Endlich ist es der Würde der Kunst und des frommen Menschen angemessen, durch solche Mittel, wie H. Fr. angewandt hat, zur Devozion einzuladen?" eigentlich garnicht be= antwortet habe, hat Hr. Hartmann schon ange= merkt, und mehrere treffende Bemerkungen über die seynsollende Beantwortung hin zu gefügt. Die erste dieser Fragen, die durch das, was Du in Deinem Briefe derohalb angemerkt hast, obenein noch eine mehrseitige Beziehung erhält, kann nur beantwortet werden, nachdem man sich über das Wesen der Kunst, und der malerischen Kunst insbesondere, gehörig verständigt hat — Es würde dieserhalb nötig seyn, weiter auszuholen, als die Form eines einzelnen Briefes erlaubt, (denn eine halbe Beantwortung ist schlechter als gar keine) und als Du vielleicht Geduld haben möchtest, Dich mit mir einzulassen, und ich begnüge mich daher mit ein Paar kurzen Repliken in Betreff der beiden letzten Fragen.

Wer hat denn dem Hr. v. R. gesagt, daß Fr. durch und in seinem Bilde habe in dem Sinne, wie H. v. R. es meint, allegorisiren wollen? Wie kommt er darauf, darin eine Allegorie zu suchen oder zu finden, er, der wenige Zeilen zuvor gesagt hat, es sey unmöglich, durch eine Landschaft zu allegorisiren? er, der die Frage aufwirft: „wo ist Allegorie in Ruisdaels Kirchhofe"? und darauf antwortet: „Nirgends, als in dem median prosaischen Gehirne anmaßender Declamatoren, die wähnen zu poetisieren, wenn sie kalt symbolisch witzeln, und Rührung zu erwecken, wenn sie über Rührung raisonnieren." Wo ist denn, frage ich, in Fr. Felsenspitze, worauf ein Cruzifix steht, die gemeinte Art von Allegorie? — Nirgends, als in den Präsumption des Hrn. v. R. — Überhaupt geht aus seiner ganzen Beantwortung der zweiten Frage, und seinen früheren Schriften, worauf ausdrücklich verwiesen wird, nur dies unzweideutig hervor: daß ihm wahre Andacht nichts als pathologische Rührung, die Kunst nichts als eine Sammlung schöner Fertigkeiten zur Belustigung der wohl erzognen Menschen sey, und daraus scheint mir hervorzugehen, daß H. v. R. das Wesen der Kunst, der Religion und der heutigen Zeit noch nicht deutlich genug begriffen habe, um Andern darüber würdige Aufschlüsse geben zu können. — Allein er beruft sich auf den Rahmen. Die ganz gewöhnlichen Embleme, welche dieser Rahmen enthält, und die sich fast an jedem christlichen Altar finden, Palmzweige, Kornähren, Weinranken, Cherubinköpfe, und ein Auge im Strahlentriangel usw. deuten jedem unbefangenen Sinne an, daß das von ihm umschlossene Bild zu einem Altarblatt oder Kirchengemälde überhaupt bestimmt sey, und nur ein Gemüth, dem „aus Kunst wie aus Wissenschaft, aus Philosophie wie aus Religion, ein gewisser Mysticismus, gleich einem narkotischen Dunste, entgegen wittert," kann dabei auf die Vorstellung gerathen, daß damit ausdrücklich der Glaube an die geheimnisvollen Wirkungen des (heiligen) Abendmahls sollen versinnlicht werden.

Glücklicherweise gesteht H. v. R. selbst ein: „er

sey, falls sich Fr. auf seinem Wege zur Unsterb=
lichkeit zu wandeln getraue, von seinem Genie und
seiner Selbständigkeit überzeugt, daß er sich durch
seine Kritik nicht irre machen lassen werde."
„Meine Worte, sagt H. v. R., werden vergessen
werden, und seine Werke werden leben." Diesem
Ausspruche mögen wir nicht entgegen seyn. Lassen
wir indessen diese individuelle Angelegenheit einst=
weilen fahren, und gehen wir zu allgemeineren Be=
trachtungen über.

Auf Kügelgens Rüge: „daß es eine Anma=
ßung sey, in unerwogenen Ausdrücken das schöne
Streben eines sich entfaltenden Genius zu belei=
digen, und mit seinen Gesetzen der Kunst Gränzen
zu bezeichnen, wie weit sie gehen könne, da die
Regel freilich in der Kunst, wie das Gesetz im
bürgerlichen Leben existiere, aber so wie es schon
in diesem schwer zu finden und aufrecht zu halten
sey, um wieviel schwerer nicht im geistigsten Leben
der Kunst," — hat H. v. R. erwiedert: „Er selbst
lege einen eingeschränkten Wert auf alles dasjenige,
was zwar die Autorität großer Meister für sich
hat, auch unstreitig aus guten Gründen als ein
zweckmäßiges Mittel verteidigt werden mag, und
sogar eine erprobte Erfahrung für sich hat, aber
durchaus nicht wesentlich ist, und er werde sich
ewig gegen die umbedingte Befolgung solcher blo=

ßen Maximen erklären. Aber soviel Freiheit er dem Künstler hier einräume, so unbedingt halte er ihm an solche Gesetze gebunden, welche nicht von den großen Meistern erfunden, sondern durch das richtige Gefühl der Natur der Kunst, wie durch eine Art von künstlerischem Gewissen, ausgefunden sind." Dies führt mich auf die Fragen zurück, die Du in Deinem Briefe aufstellst, nämlich: 1. darf den Bestrebungen des Genius auf keine Weise eine Gränze gesteckt werden? und 2. Gibt es gar keine Regeln, keinen gesetzlichen Zwang in der Kunst? — Willst Du Dich mit ein paar gelegentlichen Bemerkungen begnügen, so mag das Folgende hier einen Platz finden.

„Wer ohne den Wahnsinn der Musen in den Vorhallen der Dichtkunst sich einfindet," (sagt Platon im Phaedros) „meinend, er könne durch Kunst allein genug ein Dichter werden, ein solcher ist selbst ungeweiht, und auch seine, des Besonnenen, Dichtung wird von der des Wahnsinnigen verdunkelt." Und Schiller: „Unbekannt mit den Regeln, den Krücken der Schwachheit, und den Zuchtmeistern der Verkehrtheit, bloß von der Natur oder dem Instinkt, seinem schützenden Engel, geleitet, geht das Genie ruhig und sicher durch alle Schlingen des falschen Geschmackes, in welchen, wenn es nicht so klug ist, sie schon von weitem zu vermeiden, das Nichtgenie unausbleiblich verstrickt wird. Nur dem Genie ist es gegeben, außerhalb des Bekannten noch immer zu Hause zu seyn, und die Natur zu erweitern, ohne über sie hinaus zu gehen. Die verwickeltsten Aufgaben muß das Genie mit anspruchsvoller Simplicität und Leichtigkeit lösen, und dadurch allein legitimiert es sich als Genie, daß es durch Einfalt über die verwickeltste Kunst triumphiert." Demnach möchte es wohl ein mißliches Ding seyn, sich dem Genie als Leitstern aufdringen zu wollen. Aller Genius ist unendlicher Natur, sich selber und allen Andern Maaß und Richtschnur, und Surrogat aller endlichen Erfahrung. Am sichersten ist es, man lasse ihn frei gewähren, wo und so oft er im Schaffen begriffen ist, und gleichwie man die gesunde Natur weder hemmen noch treiben soll, weil sie weniger fehlgreift, als des Menschen klügelnde Weisheit. Dem Genie geziemt es, überall neue Bahn zu brechen, und an eigner Erfahrung zu reifen, wie es sich denn ohnehin auch keine Regel von außen aufdringen läßt, und selbst lieber im Höchsten und Tiefsten irren, als sich vom falschen Boden elender Sicherheit nie versteigen will. „Also kann doch der Genius irren?" Der Genius nie! insofern unter ihm das göttliche schaffende Prinzip verstanden wird. Wohl aber begegnet es zuweilen den größten Genies, (d. i. den Menschen, welchen der

376

göttliche Wahnsinn der Musen vom Himmel in glücklichen Momenten verliehen ward), daß sie auf Abwege gerathen, und in einseitiges Streben verfallen, weil diese auch ihre phantastischen, ihre unbegeisterten Augenblicke haben, wo die schützende Natur sie verläßt, und weil sie dann die Macht des Beispiels hinreißt, oder der verderbte Geschmack ihrer Zeit sie verleitet. Daher wird es begreiflich, und darf uns nicht irren, wenn die entschiedendsten Heroen der Kunst, wie Goethe[1] z. B. (in den Propyläen) mit edler Selbstvergessenheit über das hinwegsehend, was sie besitzen, vor Allem es preisen, das Maaß zu finden, und das Kunstgemäße, das Rechte. Wohl ist dies das Würdigste und Herrlichste von allen, aber niemand wird es ersehen, dem die göttliche Flamme nicht zuvor den Busen erwärmt, und mit ihrem untrüglichen Lichte geleuchtet. Keine todte Regel schafft es herbei, keine fremde bewährte Erfahrung, nur der vom „Universum unmittelbar erweckte und ergriffene,“ gleichfalls ursprüngliche Geist, erreicht und begreift dieses rechte, inmitten der Extreme schwebende Ideal, das weder angebildet, noch andemonstriert, wohl aber durch Betrachtung des Schönen, und Harmonischen geweckt, angeregt, und

---

[1]   Du elbst, der uns vom falschen Regelzwange
       zu Wahrheit und Natur zurückgeführt —
                              Schiller an Goethe.

ausgebildet, oder durch poetische Abbildung zur An=
schauung und durch philosophische Darstellung zur
Erkenntniß gebracht werden kann. Schon um die
Werke des Genies vollständig in sich aufzunehmen
und zu begreifen, bedarf es von neuem einer Art
des Genius, wie viel mehr also desselben, das
Genie zu belehren. Und auch werden Beispiele le=
bendiger wirken, als Belehrung durchs Wort. —
Demnach ist es besser, daß eine genialische Natur
in großer, einseitiger Kunstbestrebung zu Grunde
gehe, und der Nachwelt zum anschaulich warnen=
den Exempel diene, als daß es durch eine eng=
herzige Schule in eine mittelmäßige Nichtswürdig=
keit zurecht gewiesen werde. Allerdings widerstrebt
dem allseitigen Wesen der Kunst nichts mehr als
Einseitiges, aber von allen Einseitigkeiten ist ge=
rade die Mittelmäßigkeit diejenige, die am meisten
verfolgt zu werden verdient. — Auf eine ungemein
ergreifliche Weise hat es Göthe in den Propyläen
auseinandergesetzt, wie jeder einseitigen Bestrebung
in der wahren Kunst unentbehrliches Element zum
Grunde liegt, wie immer je zwei und zwei gegen=
überstehen, wie einer jeden nur das wahre Maaß
gebricht, und es nur darauf ankäme, durch die ihr
entgegengesetzte Einseitigkeit im Gleichgewicht ge=
halten zu werden, um ein Werk höherer Art zu er=
zeugen, und wie endlich der vollendete Künstler,
und der ächte Liebhaber der Kunst nur aus der in=

378

nigsten Verschmelzung aller der Bestrebungen her=
vorgehen könne, die jede einzeln für sich eine eigne
Art der Geschmacksverirrung ausmachen. Gleich=
wie indessen in der Natur jewelcher Körper sein so=
lides Bestehen dem lebendigen Daseyn wenigstens
zweier, sich entgegenwirkenden Kräfte verdankt, und
sich diese Kräfte im weichsten Thon wie im härte=
sten Stahl das Gleichgewicht halten, und gleich=
wie es nicht einerlei ist, ob am Hebel zwei Drach=
men oder zwei Centner die Gleichwägung erzeugen,
so auch in der Kunst, wenn von gegenseitiger Be=
schränkung zweier Einseitigkeiten die Rede ist. Jede
einseitige Bestrebung an und für sich, in wiefern
sie nur mit Energie durchgeführt ist, kann einen
größeren Kunstwerth haben, als die kraftlose Ver=
bindung zweier ärmlich ausgebildeten Einseitig=
keiten zu irgend einer Mittelmäßigkeit; und wie die
allseitigste Mittelmäßigkeit die entschiedendste Cari=
catur eines Kunstwerkes ist, so würde das, freilich
stets außer dem Gebiete irgend einer Erfahrung
liegende Ideal, aus dem colossalen Gleichgewicht
aller, bis ins extreme ausgebildeten Einseitigkeiten
sich zusammen bauen müssen, und wer gern mit
Worten spielt, würde das Ideal und die Carica=
tur der Kunst, den positiven und den negativen
Pol der allseitigen Einseitigkeit nennen können.
Die Hauptsache bei aller Kunstkritik und Kunst=
philosophie scheint mir zu seyn, daß sich der Mensch

überall als ein Werdendes begreife, daß es uns offenbar werde, wie wir stets (aber auch in nichts höherem als) in der unendlichen Annäherung zu einem in der Realität nie erreichbaren Ideale begriffen sind, in der Praxis sowohl als in der Theorie, und daß alle Kunstkritik sich unaufhörlich erinnere, daß sie weniger da sey, dem ausübenden Künstler Schranken anzuweisen, als vielmehr dem Kunstpublicum, dem genießenden Freunde und Liebhaber der Kunst, den Sinn zu entwölken, und aufzuschließen für diese Geliebte, und in einem „unendlichen und liebevollen Gespräche zu entwickeln, wie ein und dasselbe Werk auf recht vielfältige Gemüther vielfältig wirkt, damit sich die Ansicht und Beurtheilung von Kunstwerken überhaupt immer mehr veredle und verallgemeinere." —

Du siehst, daß Deine zweite Frage, (Gibt es gar keine Regeln, gar keinen gesetzlichen Zwang in der Kunst?) in dem soeben Gesagten schon zum Theil mit beantwortet ist. Gesetzliches ist in der ächten Kunst überall, wie in der wahren Natur. Freilich kann nicht die Notwendigkeit und Konsequenz der Natur darin herrschen, sondern die der Kunst, denn sonst wären beide ja Eins und kein Verschiedenes, und stat gesetzlichen Zwanges, möchte ich lieber den Ausdruck wählen: gesetzliche Freiheit. — Du fragst weiter: „Ist bei

380

der Kunst denn garnichts zu lernen, zu lehren? Gibt es für sie keine Theorie? Für sie und für diese keine Gränzen?" — Es gibt überhaupt keine vollendete Praxis ohne eine ihr entsprechende Theorie. Es gibt überhaupt kein zusammengesetztes organisches Thun in der Welt, zu dem nicht Erfahrung, Übung und Wissenschaft gehörte; Keines, wo eine Wahl stattfindet, bei dem man nicht fehlgreifen könnte, und also zurecht gewiesen zu werden vermochte; Nichts, das nicht irgend einer technischen und mechanischen Beihülfe bedürfte, und wo also fremde Erfahrung oder wissenschaftliche Überlegenheit unbedingt überflüssig wäre. Allein wo, wie und wiefern dies Alles nöthig und nützlich sey, ist eine Frage, die sich so allgemein nicht beantworten läßt. — Eben so verhält es sich, wenn nach den Gränzen, oder, wenn man lieber will, nach den Schranken der Kunst gefragt wird. Überall, wo die Rede vom Maaß, und von Verhältnissen ist, da muß auch eine Messung zulässig, eine Verdeutlichung und Entwicklung dieser Verhältnisse möglich, da müssen Gränzen vorhanden seyn.

Auf ein andermal, wenn neue Fragen neue Antworten herbeiführen, mehr über diesen Gegenstand. Für diesmal leb wohl.

★

Anmerkungen

Den handschriftlichen Nachlaß Caspar David Friedrichs besitzt Herr Wolfgang Gurlitt in Berlin, der außerdem eine große Sammlung köstlicher Handzeichnungen bewahrt. Diese Handschriften (ich zitiere „Nachlaß") hat mir der Besitzer in selbstloser Weise zur Veröffentlichung überlassen und hat somit der Wissenschaft wie dem Publikum einen großen Dienst geleistet, wofür ich ihm hier besonders zu danken habe. Zu danken habe ich ferner Herrn Walther Bulst in Karlsruhe, der die Zitate nachprüfte und die Korrekturen las, Herrn Dr. Klinkhardt und Herrn Prof. Biermann, die mir als Verleger in jeder Weise entgegenkamen und den Druck mit Liebe und Sorgfalt beschleunigten, Herrn Dr. C. G. Heise in Lübeck, der mir seinen Fund unbekannter Briefe zur Durchsicht überließ und damit so manches Neue vermittelte, das der Biographie zugute kam, zuletzt und immer wieder meiner Mitarbeiterin, die in mühsamer Arbeit an der Schreibmaschine dies Buch miterlebte, das eigentlich ihren Namen auf dem ersten Blatt tragen sollte.

Literatur: Benutzt wurden die Aufsätze von Andreas Aubert in der „Kunstchronik" und in „Kunst und Künstler", wie auch sein Nachlaßwerk „Caspar David Friedrich. Gott, Freiheit, Vaterland. Aus dem Nachlaß des Verfassers, herausgegeben im Auftrage des deutschen Vereins für Kunstwissenschaft von G. J. Kern, Berlin 1915", ferner: Schildener, Aufforderung zu Nachforschungen über Künstler und Kunstwerke in Pommern, nebst Versuch eines Verzeichnisses derselben in Greifswald. Nebst Bemerkungen und Zusätzen von Herrn Dr. Quistorp. Greifswalder Akademische Zeitschrift, herausgeg. vom Prof. Schildener, Bd. 2, Heft 1, Greifswald 1826. S. 34 f. — Schildener, Nachrichten über die ehemaligen und gegenwärtigen Kunst-, sonderlich Gemälde-Sammlungen in Neuvorpommern und Rügen nebst Beiträgen von Herrn Adjunkt Dr. Quistorp und Herrn academ. Zeichenlehrer Titel, a. a. O., Bd. 2, Heft 2, Greifswald 1828, S. 1 f. — Hermann Petrich, Pommersche Lebens- und Landesbilder. Zweiter Teil: Aus dem Zeitalter der Befreiung. Erster und zweiter Halbband, Stettin 1884, 1887, Register S. 343. — Theodor Pyl, Kunst und Künstler in Greifswald, ein Beitrag zur pommerschen Kunstgeschichte. Festschrift für Prof. H. Lemcke, Beiträge zur Geschichte und Altertumskunde Pommerns, Stettin 1898, S. 198/99. — Ernst Sigismund, Kaspar David Friedrich in Dresden. Dresdener Anzeiger, Sonntagsbeilagen 9./16./23. Januar 1910, Nr. 2, 3, 4; vgl. seine Notizen in Thieme-Beckers Allg. Künstlerlexikon Bd. 12, 1916, S. 464/68. — Martin Klar, Joh. Gottfr. Quistorp und die Kunst in Greifswald. Diss. Greifswald 1911, S. 38/39. — Schon in meinen Vorträgen „Deutsche Maler der Romantik", Jena 1920, S. 39—62 und 122, habe ich aus Josef Nadlers wertvollen Forschungen seiner Literaturgeschichte der deutschen Stämme und Landschaften für Friedrich die Folgerungen gezogen, die dann Nadler in seinem Sonderdruck „Die Berliner Romantik 1800—1814, ein Beitrag zur gemeinvölkischen Frage: Renaissance, Romantik, Restauration. Berlin 1921", S. 87/88 bestätigte. Vgl. Eberlein, Kunstgeschichte und Romantik. In „Faust. Eine Rundschau", Berlin I. 1922, 4. Heft, S. 18—22. Ders., Zur Landschaftsmalerei der Romantik. In „Schöpfung. Ein Buch für religiöse Ausdruckskunst, herausgeg. von Otto Beyer, Berlin 1923", S. 121—26.

Lieder

1. Nachlaß. Geschrieben in Loschwitz am 27. Juli 1803. Vgl. Aubert. Caspar Friedrich. Kunst u. Künstler. III. 1905. S. 203.

2. Nachlaß. Geschrieben in Loschwitz am 19. Juli 1803. Vgl. Aubert. a. a. O. S. 202/3.

3. Nachlaß um 1800. Vgl. Aubert. Aus Caspar Friedrichs Nachlaß. Kunst u. Künstler. IV. 1906. S. 303.

4. 5. 6. 7. 8. Nachlaß.

Gebete

9. Nachlaß.

10. 11. 12. Nachlaß. Geschrieben 1814, im März? Vgl. Aubert. Patriotische Bilder aus dem Jahre 1814. Kunst u. Künstler. IX. 1911. S. 612. 614.

Eine Sage

13. Nachlaß.

Aus dem Tagebuch

14. Nachlaß. Geschrieben in Loschwitz im August 1803. Vgl. Aubert. Kunst u. Künstler. III. 1905. S. 203.

15. Nachlaß. Geschrieben 1803. Vgl. Aubert a. a. O. S. 204.

16. Nachlaß. Vgl. Aubert. Kunst u. Künstler. IV. 1906. S. 304.

Ein Brief in Versen

17. Nachlaß. Geschrieben um 1800. Vgl. Aubert. Kunst u. Künstler. IV. 1906. S. 301/3.

Aus Briefen

18. Brief an den Maler J. L. Lund in Rom. Am 11. Juli 1816. Vgl. Künstlerbriefe aus dem 19. Jahrhundert. Verlag Bruno Cassirer. Berlin 1914. S. 166/7.

19. Brief an die Familie in Greifswald. Am 28. Jan. 1818. Nachlaß.

20. Brief an seine Frau Karoline in Meißen. Am 10. und 11. Juli 1822. Vgl. Künstlerbriefe. S. 168/9.

21. Brief an seine Frau Karoline in Meißen. Am 18. Juli 1822. Nachlaß.

22. Brief an den Bruder Christian in Greifswald. Am 11. September 1830.

23. Aus einem Brief an den Bruder Christian in Greifswald. Am 31. Jan. 1818.

24. Aus einem Brief an den Bruder Adolph in Greifswald. Am 1. Jan. 1824. Die Briefe 22. 23. 24. gehören zu den aufgefundenen unbekannten Briefen Friedrichs, die Dr. C. G. Heise, Direktor des St. Annenmuseums in Lübeck, bearbeitet.

Aphorismen

25. 26. 27. Nachlaß. Vgl. Aubert. Kunst u. Künstler. III. 1905. S. 199.

28. 29. 30. Nachlaß.

31. An Runge. 1806.

32. Nachlaß. Von Aubert auch in Dahls Nachlaß gefunden.

Äußerung bei Betrachtung einer Sammlung von Gemälden von größtenteils noch lebenden und unlängst verstorbenen Künstlern

33. Nachlaß. Das Manuscript, das etwa um 1830 fortlaufend geschrieben wurde, trägt Bleistiftnotizen von Carus, der daraus einige wenige Sätze zusammengestellt und in einem Heftchen herausgegeben hat. (Friedrich, Der Landschaftsmaler. Dresden. Teubner. 1841.) Den ersten Neudruck des Heftchens von Carus habe ich im „Genius" gegeben. (Erstes Buch. 1920. Kurt Wolff Verlag. München. S. 88/94.) Ein Nachdruck davon findet sich in dem Bilderheft Fischers (Caspar David Friedrich. Die romantische Landschaft. Dokumente und Bilder. Herausgegeben von Otto Fischer. Strecker u. Schröder. Stuttgart 1922. S. 5/9). Ich habe den Wortlaut und die Reihenfolge der Sätze gewahrt, einige grammatische Fehler (die den Sinn entstellten) und die eigenwillige Orthographie verbessert, wie ja, mit Ausnahmen, für das ganze Buch unsere neue Ortho-

graphie gewählt wurde. Dieser aphoristische Aufsatz, der auch die witzige und boshafte Art des Künstlers zeigt, hat deshalb besonderen Wert, weil er seine Kritik der zeitgenössischen Malerei und zugleich seine Kunstanschauung gibt und uns immer wieder den Beweis liefert, wie sehr Fr. die Deutsch= römer und Nazarener hassen mußte. Denen, die das alles besser wissen und noch immer die Nazarener mit den Ro= mantikern verwechseln, sei hier endlich das überzeugende Material gegeben, das den ganzen Abstand der feindlichen Lager jedem Einsichtigen erweist. Wenn auch in einzelnen Fällen die Bestimmung der besprochenen Bilder und Künst= ler einwandfrei gelang, verzichte ich hier doch auf entspre= chende Erörterungen, weil ich mir die wissenschaftliche Be= arbeitung dieses Manuscriptes für andere Gelegenheit vor= behalte.

Der Tetschener Altar

34. Beschreibung und Deutung des Bildes und Rahmens. Vgl. über einige Landschaften des Malers Friedrich in Dres= den. Dresden im Februar 1809. C. A. Semler. Journal des Luxus und der Moden. Weimar. April 1809. III. S. 239.

Nachschrift des Redakteurs: „Herr Friedrich gibt, so wie ein Freund mir schreibt, folgende Beschreibung und Deu= tung des Bildes und des Rahmens."

Ich stelle im Anhang die Literatur des Streites zusam= men, der an dies Bild anschloß, das im Dezember 1808 in Friedrichs Werkstatt ausgestellt war und heute das Haupt= stück des Romantikersaales in der Dresdener Gemälde= galerie ist.

Ein Gutachten

35. Gutachten über ein Bild des Schülers August Heinrich. 1820. Vgl. Ernst Sigismund. Kaspar David Friedrich in

Dresden. Dresdner Anzeiger. Sonntagsbeilage. 16. Jan. 1910. Nr. 3. S. 10.

Bekenntnisse zu Caspar David Friedrich
Ludwig Tieck

Walther von Reineck an den Grafen Bilizki. Dresden, den 19. Juni 1803. In der Novelle: Eine Sommerreise, die Tieck auf Grund alter Tagebücher und Erinnerungen im Jahre 1834 schrieb. Vgl. Ludwig Tiecks Ges. Novellen. Siebenter Band. Schriften. Dreiundzwanzigster Band. Berlin 1853. S. 17/18.

Goethe

Annalen oder Tag= und Jahreshefte als Ergänzung meiner sonstigen Bekenntnisse. 1808.

Neu=deutsche religiös=patriotische Kunst. über Kunst und Alterthum in den Rhein= und Maingegenden. 1817. I. 2. Weimar. I. 49. S. 41/42. 50/51. Die Fassung dieser Schrift der W. K. F. ist von H. Meyer. Goethe an Meyer. Jena, den 25. April 1812.

Goethes Briefwechsel mit Heinrich Meyer. Herausgeg. v. Max Hecker. 2. Band. Schriften der Goethe=Gesellschaft. XXXIV. Bd. Weimar 1919. S. 305/6.

Rühle v. Lilienstern

Reise mit der Armee im Jahre 1809. Erster Theil. Rudolstadt 1810. S. 42/44.

Gotthilf Heinrich v. Schubert

Der Erwerb von einem vergangenen und die Erwartungen von einem künftigen Leben. Eine Selbstbiographie von Gotthilf Heinrich v. Schubert. Zweiter Band. Erste Abtheilung. Erlangen 1855. S. 182 f.

388

Louise Seidler

Erinnerungen und Leben der Malerin Louise Seidler. Aus handschriftlichem Nachlaß zusammengestellt und bearbeitet von Hermann Uhde. Berlin 1875. S. 46.

Wilhelm v. Kügelgen

Jugenderinnerungen eines alten Mannes. Bücher der Rose III. Bd. Ebenhausen 1909. S. 109/11.

Zur Ergänzung: Marie Helene v. Kügelgen, geb. Zoege von Manteuffel. Ein Lebensbild in Briefen. Herausgeg. von A. und E. von Kügelgen. Leipzig 1901, das manches Wichtige über Friedrich und einzelne Bilder enthält.

Wilhelmine Bardua

Jugendleben der Malerin Caroline Bardua. Nach einem Manuscript ihrer Schwester Wilhelmine Bardua. Herausgeg. von Walter Schwarz. Breslau 1874. S. 58/61.

Johann Christian Clausen Dahl

Vgl. Aubert. Caspar Friedrich. Kunst u. Künstler. III. 1905. S. 198.

Carl Gustav Carus

Lebenserinnerungen und Denkwürdigkeiten. Leipzig. I. 1865. S. 207/9. 288. II. 1866. S. 303. 388. III. 1866. S. 95.

Karl Förster

Biographische und literarische Skizzen aus dem Leben und der Zeit Karl Försters. Herausgeg. von L. Förster. Dresden 1846. S. 156/7. Der erwähnte Besuch bei Friedrich war am 18. April 1820.

v. Kleist, Bretano, v. Arnim

Verschiedene Empfindungen vor einer Seelandschaft von

Friedrich, worauf ein Kapuziner. 1810. In: Berliner Abend=
blätter. 12. Blatt. 13. Okt. 1810. S. 47/48.

Von Brentano und Arnim abgefaßt, von Kleist umge=
arbeitet. Es gab offenbar wegen Kleists Redaktion bei den
Freunden Verstimmung. Kleists Erklärung a. a. O. 19. Blatt.
22. Okt. 1810. „Nur der Buchstabe desselben gehörte den
genannten beiden Herren; der Geist aber und die Verant=
wortlichkeit dafür, so wie er jetzt abgefaßt ist, mir." —
Brentanos Fassung findet sich in „Clemens Brentanos Ge=
sammelte Schriften. Herausgeg. von Christian Brentano.
Vierter Band. Frankfurt 1852". S. 424/29. Kleists Zusätze
sind gesperrt gedruckt worden. Arnim scheint nur im Schluß=
absatz geholfen zu haben. Friedrichs Bild hing damals auf
der Berliner Akademieausstellung, ging in den Besitz des
Königs über und befindet sich heute noch im Berliner Schloß.

Theodor Körner

Friedrichs Totenlandschaft. 1810 gedichtet.

Ein Unbekannter

Das Gedicht fand sich im Nachlaß, von fremder Hand
geschrieben.

Anhang: Der Ramdohr=Streit um den Tetschener Altar

Über das Altarblatt, das Friedrich für die Hauskapelle der
Gräfin Thun auf Schloß Tetschen gemalt und auf Wunsch
der Freunde in seiner Werkstatt in den Weihnachtstagen des
Jahres 1808 ausgestellt hatte, entbrannte ein Streit, dessen
Literatur ich hier zuerst zusammenstelle:

Über ein zum Altarblatte bestimmtes Landschaftsgemälde
von Herrn Friedrich in Dresden, und über Landschaftsmale=
rei, Allegorie und Mystizismus überhaupt. Von dem Kammer=
herrn F. W. B. von Ramdohr.

Zeitung für die elegante Welt.

Nr. 12. Dienstag, den 17. Januar 1809. S. 89/95.
Nr. 13. Donnerstag, den 19. Januar. S. 97/104.
Nr. 14. Freitag, den 20. Januar. S. 108/111.
Nr. 15. Sonnabend, den 21. Januar. S. 112/119.

über Kunstausstellungen und Kunstkritik. Bei Gelegenheit dessen, was Herr Kammerherr von Rambohr über ein zum Altarblatte bestimmtes Landschaftsgemälde von Herrn Friedrich, und über Landschaftsmalerei, Allegorie und Mystizismus in Nr. 12, 13, 14 und 15 der Zeitung für die elegante Welt hat einrücken lassen. Dresden, den 21. Febr. 1809.

Ferdinand Hartmann.

Mit dem Anhang: Not= und Hilfsbüchlein für Künstler und Kunstliebhaber in Mildheim aus den Schriften des Herrn v. Rambohr mit Fleiß zusammengetragen.

Phoebus. Ein Journal für die Kunst. Herausgegeben von Heinrich v. Kleist und Adam Müller. Dresden. I. 1808. 11. 12. Stück. (Vgl. Etwas über die Landschaftsmalerei von A. Müller. Phoebus. I. 1808. 4. 5. Stück. Hier ist die Kunsttheorie des Kleist=Friedrichkreises offenbar.)

Bemerkungen eines Künstlers über die Kritik des Kammerherrn von Rambohr, ein von Hrn. Friedrich ausgestelltes Bild betreffend. Von Gerh. v. Kügelgen.

Zeitung für die elegante Welt.

Nr. 49. Freitag, den 10. März 1809. S 389/392.

über kritischen Despotismus und künstlerische Originalität. Als Beantwortung der Bemerkungen des Herrn von Kügelgen über eine von mir herrührende Kritik eines Gemäldes des Herrn Friedrich. F. W. B. von Rambohr.

Zeitung für die elegante Welt.

Nr. 56. Montag, den 20. März 1809. S. 446/448.
Nr. 57. Dienstag, den 21. März 1809. S. 453/456.

über einige Landschaften des Malers Friedrich in Dresden. Dresden, im Februar 1809. C. A. Semler.

Journal des Luxus und der Moden. Weimar. April 1809. III. S. 239.

Beilage zu einem Briefe *) über Friedrichs Landschaften.

C. A. Semler.

*) Der Brief ist im Aprilstück des Journals des Luxus und der Moden durch ein Versehen ohne den hier vollständig mitgeteilten Epilog abgedruckt worden.

Zeitung für die elegante Welt.

Nr. 73. Donnerstag, d. 13. April 1809. S. 579/581.

Rühle von Lilienstern.

Reise mit der Armee im Jahre 1809. Rudolstadt 1810. Vierter Brief: (1. März 1809) Dresden. Künstlerstreitigkeiten. Herr von Ramdohr und Friedrich. Geschichte eines von letzterem angefertigten Gemäldes.

Anhang I: Nähere Beleuchtung der von Ramdohrschen Antastung eine Friedrichschen Gemäldes. Genie und Genius. Mittelmäßigkeit, die schlechteste aller Einseitigkeiten. In der Kunst gesetzliche Freiheit. S. 273/300.

★

Abbildungen

I. J. L. Lund. Caspar David Friedrich. Ölminiatur. (1809.) 13 × 13 cm. Kestner=Museum. Hannover.

II. G. F. Kersting. C. D. Friedrich in seiner Malerstube. Öl. (1819.) 51,5 × 39 cm. Städtische Kunsthalle. Mann=heim.

III. C. D. Friedrich. Selbstbildnis. Blei, Kreide. Originalgröße. Carusalbum. Stadtmuseum. Dresden.

IV. C. D. Friedrich. Landschaft mit Liebespaar. Öl. 73 × 106 cm. Gallerie Dresden.

V. C. D. Friedrich. Der Tetschener Altar. Öl. 114 × 110 cm. Gallerie Dresden.

VI. C. D. Friedrich. Der Fischer. Öl. 34,5 × 52 cm. Gallerie Dresden.

VII. C. D. Friedrich. Die zwei Bäume. Öl. 70 × 103 cm. Landesmuseum. Stuttgart.

VIII. C. D. Friedrich. Der Mönch am Meer. Öl. 180 × 170 cm. Schloß. Berlin.

IX. C. D. Friedrich. Morgen im Riesengebirge. Öl. 180 × 170 cm. Schloß. Berlin.

X. C. D. Friedrich. Begräbnis im Eichenwald. Öl. 121 × 170 cm. Nationalgalerie. Berlin.

XI. C. D. Friedrich. Der Mönch im Schnee. Öl. 73 × 106 cm. Gallerie. Dresden.

XII. C. D. Friedrich. Gartenterrasse. Öl. 53,5 × 70 cm. Schloß. Berlin.

XIII. C. D. Friedrich. Morgen. Öl. 22 × 30 cm. Privat=besitz. Frankfurt.

XIV. C. D. Friedrich. Mittag. Öl. 22 × 30 cm. Privat=besitz. Frankfurt.

XV. C. D. Friedrich. Abend. Öl. 22 × 30 cm. Privatbesitz. Frankfurt.

XVI. C. D. Friedrich. Nacht. Öl. 22 × 30 cm. Privatbesitz. Frankfurt.

XVII. C. D. Friedrich. Nebel im Riesengebirge. Öl. 55 × 70 cm. Neue Pinakothek. München.

XVIII. C. D. Friedrich. Felsenschlucht. Öl. 93 × 73 cm. Privatbesitz. Leipzig.

XIX. C. D. Friedrich. Hermanns Grab. Öl. 49 × 70 cm. Kunsthalle. Bremen.

XX. C. D. Friedrich. Die Frau am Fenster. Öl. 44 × 37 cm. Nationalgalerie. Berlin.

XXI. C. D. Friedrich. Zwei Männer in Betrachtung des Mondes. Öl. 35 × 44 cm. Galerie. Dresden.

XXII. C. D. Friedrich. Meeresküste bei Mondschein. Öl. 77 × 97 cm. Nationalgalerie. Berlin.

XXIII. C. D. Friedrich. Hochgebirgslandschaft. Öl. 132 × 167 cm. Nationalgalerie. Berlin.

XXIV. C. D. Friedrich. Gebirgswiese. Aquarell. 25 × 34 cm. Privatbesitz. Berlin.

XXV. C. D. Friedrich. Morgen. Öl. 20,5 × 29,5 cm. Provinzialmuseum. Hannover.

XXVI. C. D. Friedrich. Mittag. Öl. 20,5 × 29,5 cm. Provinzialmuseum. Hannover.

XXVII. C. D. Friedrich. Nachmittag. Öl. 20,5 × 29,5 cm. Provinzialmuseum. Hannover.

XXVIII. C. D. Friedrich. Abend. Öl. 20,5 × 29 5 cm. Provinzialmuseum. Hannover.

★

Zu den Abbildungen

1. Lunds Ölminiatur ist 1809 signiert. Johann Ludwig Lund aus Kiel war gleichzeitig mit Fr. auf der Kopenhagener Akademie, ein Schüler Abildgaards, kam 1799 zu seinem Freunde nach Dresden, lebte später in Paris und Italien und starb 1867 als Professor der Kopenhagener Akademie. Ich verdanke die Aufnahme dem Kestner=Museum in Hannover.

2. Dieses Bild von Kersting ist eine Replik des ersten Bildes von 1811, das kürzlich die Kunsthalle in Hamburg erworben hat. Ich verdanke die Aufnahme der Städtischen Kunsthalle in Mannheim.

3. Das Selbstbildnis Fr.s im Carus=Album ist etwas früher als die große Kreidezeichnung der Berliner Nationalgalerie. Also um 1818. Ich verdanke die Aufnahme dem Städtischen Museum in Dresden.

4. Die Landschaft mit dem Liebespaar ist kürzlich wieder aufgetaucht und hängt als Leihgabe z. Zt. in der Dresdener Galerie. Das Bild, das ein Aufsatz im Journal des Luxus und der Moden 1807 beschreibt, gehört zu den eigenartigsten Frühwerken des Meisters. Ich verdanke die Aufnahme dem Kunsthändler P. Rusch in Dresden, dessen rühriger Findigkeit und Ausstellungstätigkeit die Friedrich=Forschung zu Dank verpflichtet ist.

5. Der bekannte Tetschener Altar, um den der Ramdohr-Streit entbrannte, gilt im allgemeinen als das erste Ölbild F.s, was ich aber nicht glauben kann. Das Bild entstand im Winter 1808, das Sepiablatt war am 28. Februar 1807 bereits fertig und im Frühjahr 1807 auf der Dresdener Akademie=Ausstellung.

6. Der Fischer. Als Leihgabe z. Zt. in der Dresdener Galerie. Das Bild zeigt den holländischen Einfluß und die

Schule des 18. Jahrhunderts in Fr.s Jugendwerk. Ich verdanke die Aufnahme dem Kunsthändler P. Rusch in Dresden.

7. Die zwei Bäume. Dies Gegenstück zu der böhmischen Landschaft in der Dresdener Galerie ist um 1810 entstanden. Ich verdanke die Aufnahme dem Direktor der Stuttgarter Galerie, Dr. O. Fischer.

8. Der Mönch am Meer. Das berühmte Bild ist nach der Heimkehr von Rügen im Frühling 1809 gemalt und wurde 1810 auf der Kunstausstellung der Berliner Akademie vom Kronprinzen erworben.

9. Morgen im Riesengebirge. Wahrscheinlich bald nach der Wanderung, die Friedrich im Sommer 1810 mit Kersting ins Riesengebirge unternommen hatte, gemalt. Auf der Kunstausstellung der Berliner Akademie 1812 vom König angekauft.

10. Das Begräbnis im Eichenwald geht auf eine Sepiazeichnung vom Jahre 1803 zurück. Das Bild, das 1809/10 entstand, gab die Anregung zu Körners Gedicht „Friedrichs Totenlandschaft" und wurde auf der Ausstellung der Berliner Akademie 1810 vom Kronprinzen angekauft.

11. Der Mönch im Schnee. Das Bild, das z. Zt. als Leihgabe in der Dresdener Galerie hängt, geht auf das oft verwandte Motiv der Ruine Eldena zurück und ist wahrscheinlich gleichzeitig mit der nächtlichen Ruine im Schnee entstanden, also wahrscheinlich 1810. Ich verdanke die Aufnahme dem Kunsthändler P. Rusch, Dresden.

12. Gartenterrasse. 1811 gemalt und 1812 auf der Ausstellung der Berliner Akademie vom König angekauft.

13/16. Die vier Tageszeiten. Wahrscheinlich Erinnerungen an die Rügenreise von 1809. Ich verdanke die Aufnahmen dem Leiter des Kunsthauses in Mannheim, Herrn Dr. H. Tannenbaum, der die Bilder besaß.

17. Nebel im Riesengebirge, um 1812.

18. Felsenschlucht. Eine Beschreibung im Journal des Luxus und der Moden, Februar 1812, scheint auf dies Bild zu stimmen. Ich kenne das Original noch nicht. Ich verdanke die Aufnahme der Kunsthandlung Gerstenberger in Chemnitz, die es auf ihrer trefflichen Ausstellung „Romantik und Biedermeier in der deutschen Malerei und Zeichnung" im Frühling 1924 zeigte und habe Frau Professor Thieme in Leipzig für die Reproduktionserlaubnis zu danken.

19. Herrmannsgrab. Die zweite Fassung von 1813. 1814 auf der patriotischen Kunstausstellung der Dresdener Galerie ausgestellt.

20. Die Frau am Fenster. Wahrscheinlich aus der ersten Zeit von Friedrichs Ehe und wahrscheinlich seine Frau Line, am Fenster seiner Malerstube in der ersten Wohnung am Terrassenufer darstellend. Also etwa 1818.

21. Zwei Männer in Betrachtung des Mondes. Das Bild fand Karl Foerster bei seinem Atelierbesuch mit Cornelius am 18. April 1820 vollendet vor. Die beiden Jünglinge sollen Friedrichs Schwager Bommer und Friedrichs Schüler Heinrich sein.

22. Das Bild gehört in die erste Epoche des Künstlers, die wir „die Rügensche" nennen, weil beinahe alle Bilder dieser Periode Motive aus der Heimat und aus Rügens Umkreis gestalten. Also vor 1818.

23. Hochgebirgslandschaft. Wahrscheinlich eine Erinnerung an das Riesengebirge, das größte bekannte Bild, in den 20 er Jahren entstanden.

24. Gebirgswiese, späteres Aquarell, nach einer Zeichnung in meinem Besitz, die vom 10. July 1810 datiert ist. Ein Gegenstück dazu befindet sich in demselben Berliner Privatbesitz. Ich verdanke die Aufnahme dem Kunsthändler P. Rusch in Dresden, der die Blätter besaß.

25/28. Die vier Tageszeiten. Aus dem Ende der 20 er Jahre. Neuerwerbung des Provinzialmuseums in Hannover. Ich verdanke die Aufnahmen Herrn Dr. Klinkhardt in Leipzig.